한국
근대사
산책

8권

한국 근대사 산책 8

ⓒ 강준만, 2008

초판 1쇄 찍음 2007년 11월 12일 • 초판 7쇄 펴냄 2020년 1월 9일 • 지은이 강준만 • 펴낸이 강준우 • 편집 박상문, 김소현, 박효주, 김환표 • 디자인 최진영, 홍성권 • 마케팅 이태준 • 관리 최수향 • 펴낸곳 인물과사상사 • 출판등록 제17-204호 1998년 3월 11일 • 주소 서울시 마포구 양화로 7길 4(서교동) 삼양E&R빌딩 2층 • 전화 02-325-6364 • 팩스 02-474-1413 • 우편 (134-600) • www.inmul.co.kr • insa@inmul.co.kr • ISBN 978-89-5906-075-7 04900 [978-89-5906-070-2(세트)] • 값 13,000원 • 이 저작물의 내용을 쓰고자 할 때는 저작자와 인물과사상사의 허락을 받아야 합니다. 파손된 책은 바꾸어 드립니다.

한국 근대사 산책

8권

만주사변에서 신사참배까지

강준만 지음

인물과
사상사

제 **1** 장

만주사변과 만주국 탄생

01

세계 대공황과
다리 밑의 토막민

'광란의 20년대' 의 종언

미국에서 1920년대는 '광란의 20년대(Roaring Twenties)' 또는' 재즈 시대(Jazz Age)' 라고도 할 만큼 번영과 즐거움이 솟구친 시대였다. 실업률은 감소했고, 생활수준은 높아졌다. 실제로 1920년대의 번영은 눈부신 것이었다. 1919년 제1차 세계대전이 끝나자 미국은 돈 버는 데 관심을 쏟아 제조업 생산량은 10년간 64퍼센트나 늘어났다. 디트로이트 자동차공장에서는 17초마다 승용차가 1대씩 굴러 나왔고, 미국인 5명당 1대꼴로 자동차를 가지면서 교외 거주자들이 늘어나 건설업이 폭발적 호황을 맞았다.[1]

자동차와 건설뿐이었으랴. 전 분야에 걸쳐 생산이 폭발적으로 증가했다. 과잉 생산이었다. 1929년 대통령 취임사에서 허버트 후버(Herbert C. Hoover, 1874~1964)는 "빈곤에 대한 최후의 승리가 눈앞에 다가왔

먹을 것을 구하기 위해 줄을 선 뉴욕 시민들. '광란의 20년대'가 지나자 대공황이 닥쳤다. 뉴욕 증시의 대폭락으로 시작된 세계 대공황은 미국뿐 아니라 전 세계를 강타했다.

다"고 큰소리쳤지만, 수개월 후인 1929년 10월 24일 오전 11시 뉴욕월가 '뉴욕 주식거래소'에서 이상한 징후가 감지됐다. 매도 주문이 갑자기 늘어나더니, 이는 곧 눈덩이 사태로 변해 너 나 할 것 없이 "팔아. 빨리 팔아. 얼마라도 좋다. 팔기만 하면 된다"고 외쳐대기 시작했다.[2]

사상 초유의 주가 대폭락 사태가 빚어졌다. 곧 수십 명의 주식 브로커들이 뉴욕 맨해튼의 고층빌딩에서 떨어져 자살했다. 이른바 '암흑의 목요일'은 그렇게 시작되어 이후 10년간 세계경제를 지배하게 된다. 1931년 한 해 동안 미국 내 은행 약 2,300개가 문을 닫았으며, 1934년까지 실업률은 25퍼센트에 달했고, GNP는 30퍼센트나 떨어졌다.[3]

미국의 불황은 전 세계에 영향을 미쳤다. 1929년 미국은 세계 총생산량의 42퍼센트를 생산하는 초강대국이었기에 유럽을 비롯한 다른 나라들의 경제까지 연쇄적으로 무너지기 시작했다. 1929년~1932년 대공황 기간 동안에 실업률은 미국 22퍼센트, 독일 17퍼센트로 상승했으며, 일본도 1930년 한 해 동안 823개 기업이 도산하고 300여만 명의 실업자가 발생했다.[4)]

'소비' 개념의 재탄생

1929년의 대공황은 인류 문명사에도 한 가지 큰 변화를 몰고왔으니, 그건 바로 소비(Consumption)라는 개념의 재탄생이었다. '소비'는 14세기 초에 만들어진 단어로 'Consume'이라는 동사의 본래 뜻은 파괴하고, 약탈하고, 정복하고, 소진시킨다는 의미였다. 1900년대 초반까지만 해도 '소비(Consumption)'라는 단어는 낭비, 약탈, 탕진, 고갈 등과 같은 부정적인 뜻으로 쓰였으며, 심지어 폐병을 뜻하는 말로 쓰이기도 했다. 그러나 '소비'에 대한 이런 부정적인 이미지는 대공황 이후 대중광고와 마케팅이 본격적으로 도입되면서 긍정적 이미지로 돌아서기 시작했다. '소비'라는 단어는 '선택'과 동일시되면서 '축복'으로 다시 태어났다.

장 보드리야르(Jean Baudrillard)는 "자동차를 만드는 일보다 파는 일이 더 어렵게 되었을 때에야 비로소 인간 자체가 인간에게 과학의 대상이 되었다"고 말했는데, 이는 대공황을 기점으로 소비의 시대가 열린 것과 맥을 같이 한다. 소비에 대한 이미지와 더불어 영웅도 바뀌었다. 1929년 대공황 이전엔 대중잡지에서 대부분 '생산의 우상'이 다뤄졌으나 이후엔 주로 '소비의 우상'이 다뤄졌다. 어떻게 상품을 생산할 것인가에서 어떻게 상품을 소비할 것인가 하는 문제가 제기되

었기 때문이다.[5]

물론 기본적인 생존의 문제로 고민해야 하는 식민지 조선은 아직 그런 '소비의 시대'엔 진입할 수 없었다. 그럼에도 세계 대공황의 무풍지대는 아니었다. 국내 경기는 극도로 위축되었으며, 일본으로 일하러 갔던 노동자 10여만 명이 실직하여 일제히 귀국함으로써 사태를 악화시켰다. 대공황 이전에 이미 조선은 굶주림에 시달리고 있었기에 고통은 더욱 컸다.

일제의 산미증식계획

특히 1920년부터 실시된 '산미증식계획'은 농민들을 굶주림의 벼랑으로 몰고 갔다. 산미증식계획은 일본의 부족한 식량을 값싼 조선의 쌀로 채우려는 목적으로 추진되었기에 농민들은 생산한 곡식들을 고스란히 일본에 빼앗겼으며, 이로 인해 농민들은 쌀을 생산하고도 정작 쌀이 없어 굶주려야 했다.[6]

특히 1924년은 봄에서 초가을에 걸쳐 10여 년 동안 볼 수 없었던 대한발이 엄습했다. 전국 제일의 곡창지대인 전라북도에서조차 농가 총수 24만 2,492호 중 돈과 식량을 빌리지 않으면 생활할 수 없는 빈농이 14만 7,131호(61퍼센트)였고, 신속히 식량원조를 받지 못하면 결식을 하게 되는 궁농이 3만 1,329호(13퍼센트)에 이르는 지경이었다.[7] 1924년 전북 고창군의 총인구 10만여 명 가운데 하루 세 끼 먹는 인구가 26.3퍼센트인 데 비해 하루 두 끼 먹는 인구는 45.2퍼센트고 하루 한 끼 먹는 인구는 31.1퍼센트나 되었다.[8]

그럼에도 쌀은 계속 일본으로 퍼 날라졌다. 군산은 쌀 수탈의 전초

일본으로 보낼 반출미가 산더미처럼 쌓여 있는 군산항 풍경. 일본의 부족한 쌀을 조선의 쌀로 채우려는 일제의 산미증식계획 탓에 조선농민들은 굶주림의 벼랑 끝에 서야 했다

기지였다. 최대 곡창지대였던 호남평야와 논산평야의 쌀이 지금은 벚꽃 길로 유명한 '전군가도'를 통해 군산항에 쌓였다가 일본으로 수송됐다. 1925년 일본 어용학자들이 펴낸 『군산 개항사』는 이렇게 말하고 있다. "세관 옥상에도, 부두에도, 도로에도 눈길 가는 곳마다 도처에 수백 가마씩 쌓여 20만 쌀가마니가 정열하였으니 …… 오호 장하다! 군산의 쌀이여!"[9]

『동아일보』 1927년 6월 8일자에 따르면, "경기도 양평군 양동면 계정리는 빈한한 농촌으로 춘궁을 당하여 초근목피까지 먹어버리고 먹을 것이 없어서 뒷산에서 나오는 흰 진흙(백점토)을 파서 거기다 좁쌀가루를 넣어 떡을 만들어 먹었다."[10]

『동아일보』1928년 8월 2일자에 따르면, 경성 시내에 하루 한 끼만 먹는 극빈자는 1만 7,000여 호에 10만여 명에 달했는데, 이는 경성시내 전체 조선인의 40퍼센트를 넘는 수였다.[11]

먹고사는 문제뿐만이 아니었다. 일제 경찰의 횡포도 극심했다. 『동아일보』1929년 7월 21일자는 조선인 부녀를 고문한 일본인 경찰이 무죄로 풀려난 것을 문제 삼아 "한 인간이 다른 인간을 고문으로 대하는 것은, 자유권을 존중하는 20세기에 도저히 있을 수 없는 일이다. 다른 사람을 고문해도 된다는 야만적인 생각은 인류의 수치다"라며 "고문의 악습을 근절하자"고 외쳤다.[12]

심훈의 「그날이 오면」

그런 상황에서 맞이한 세계적 대공황은 조선에 이중, 삼중의 고통을 안겨주었다. 전봉관에 따르면, "엎친 데 덮친 격으로 가을에는 유례없는 풍년이 들어 쌀값이 폭락했다. 헐값으로 쌀을 팔아 지세, 수리조합비 내고 나면, 자녀들 수업료는커녕 끼니조차 때우기 어려운 농민이 허다했다. '풍년에 배가 고프니 전례에 없던 일이다. 말세가 가까울 증거로구나!' 도시건 농촌이건 굶어 죽는다는 원성이 끊이지 않았다. 부자들은 경제 공황을 틈타 헐값으로 땅을 긁어모으고, 고리대금을 일삼아 재산을 불려갔다. 경제 공황은 가난한 사람과 부자들의 격차를 더 벌려 놓았다."[13]

거기에다 자유까지 없었으니, 식민지 조선에서의 삶이란 참으로 견디기 어려운 것이었으리라. 그런 심정이었을까? 1930년 3월 1일 『상록수』의 작가 심훈(1901~1936)은 「그날이 오면」이라는 시를 썼다. 그렇지만 발표를 할 수는 없었다. 해방만 된다면 두개골이 깨어져 산산조각이 나도 좋고 칼로 몸의 가죽을 벗겨도 좋다는 울부짖음을 속으로 삭여야만 했다. 심훈은 그 시를 발표할 기회도 갖지 못한 채 1936년 36세의 젊은 나이에 장티푸스로 사망하고 말았으며, 이 시는 해방 4년 후인 1949년 7월『그날이 오면』이라는 유고 시집으로 발표된다. 이 시를 감상한 뒤에, 이야기를 계속해보자.

그날이 오면

그날이 오면 그날이 오면은
삼각산이 일어나 더덩실 춤이라도 추고
한강물이 뒤집혀 용솟음칠 그날이,
이 목숨이 끊치기 전에 와 주기만 할량이면,
나는 밤하늘에 나는 까마귀같이
종로 인경을 머리에 드리받아 울리오리다.
두개골은 깨어져 산산조각이 나도
기뻐서 죽사오매 오히려 무슨 한(恨)이 남으오리까
그날이 와서 오오 그날이 와서
육조(六曹) 앞 넓은 길을 울며뛰며 딩굴어도
그래도 넘치는 기쁨에 가슴이 미어질듯하거든
드는 칼로 이 몸의 가죽이라도 벗겨서
커다란 북을 만들어 들쳐메고는
여러분의 행렬에 앞장을 서오리다.

우렁찬 그 소리를 한 번이라도 듣기만 하면
그 자리에 거꾸러져도 눈을 감겠소이다.[14]

조선인들의 논을 빼앗는 법

이대로 가다간 식민지 유지조차 어렵겠다고 판단한 조선총독부로선
무슨 대책을 세워야 했다. 1931년 벽두, 사이토(齋藤實, 1858~1936) 총
독은 "금년부터 3년간 6500만 원을 들여 궁민(窮民)구제 토목사업을
시행한다. 연인원 2000만 명을 고용하여 전 조선 각 지방의 도로, 하
천, 치수, 수도, 사방 공사에 투입할 것이다"고 발표했다.[15]

6500만 원은 전년도 세수(稅收) 4300만 원의 1.5배에 달하는 거금
이었는데, 이 돈으로 도로망의 80퍼센트를 구축하고, 12개의 하천을
개수하고, 11개의 항만을 건설하겠다는 것이었다. 이를 위해 1,000여
명의 공무원까지 새로 뽑았다. 4월 1일, 제방 공사 · 도로 공사 · 수로
공사 · 다리 공사 등 각종 공사가 일제히 시작되면서 한 부대에 90전
하던 시멘트가 1원 50전을 주고도 구하기 어려웠다. 전봉관은 "미쓰
이, 미쓰비시 등 대재벌들은 시멘트 가격을 담합하여 수백만 원의 폭
리를 취했다. 사업의 의미가 무색하게 궁민보다 불황에 시달리던 대
재벌이 먼저 '구제' 받았다"며 다음과 같이 말했다.

"농번기에 공사가 집중되는 바람에 정작 궁민의 대다수를 차지하
던 농민은 혜택을 보지 못했다. 지역에 따라 노동자가 모자라 임금이
치솟는 현상이 생겨났다. 궁민구제가 목적인 사업이라면 임금이 오르
면 오르는 대로 주면 그만이었지만, 임금이 폭등한 지역에서는 값싼
중국인 노동자를 고용하여 사업의 의미를 퇴색시켰다. 궁민구제를 위

한 사업이라곤 하나, 토목 공사에서 노동자의 임금이 차지하는 비중은 40퍼센트 이하였다. 80전 남짓 일당도 청부업자가 20퍼센트를 떼고, 1차 하청업자가 20퍼센트를 떼고, 2차 하청업자가 20퍼센트를 떼고 나면 노동자가 손에 쥐는 것은 30전 남짓이었다. 청부업자는 쥐꼬리만 한 일당도 체불하기 일쑤였다. 궁민구제 사업이 아니라 청부업자 구제사업이라는 비난이 쏟아졌다."[16]

게다가 부정부패까지 기승을 부렸다. 윤치호(1865~1945)의 1929년 1월 12일자 일기에 따르면, "전국 방방곡곡에서 모든 관직을 걸고 뇌물수수가 이루어지고 있다는 건 공공연한 비밀이다. 오늘 보도된 바에 따르면, 군수직과 도지사직에 정찰가격이 매겨져 있다고 한다. 그런데 공직에 있는 조선인들에게 뇌물을 주지 않으면 창문사, 구세군, 성결교 등에서도 일자리를 구할 수 없다는 게 더 심각한 문제다. 조선에서 기독교가 순조롭게 발전하지 못하는 게 너무나 당연하다."[17]

여기에 더하여 일제의 농촌정책은 멀쩡한 농민마저 궁민으로 만들곤 했다. 친일인사인 윤치호마저 1931년 1월 10일자 일기에선 "총독부의 가장 교활하고 잔인한 시책은 수리사업을 통해 조선인들의 논을 빼앗는 것이다"며 다음과 같이 말했다.

"그들은 우선 저수지를 만들 때 가장 좋은 논 중에서 수백만 평을 골라 공시지가로 징발한다. 그리고 나서 조선인 지주들에게 터무니없이 과도한 수리조합비를 물린다. 결국 조선인 지주들은 일본인들에게 자기 논을 팔거나, 아예 줘버릴 수밖에 없다. 이 모든 게 가난한 조선인들을 구제하려고 농업을 진흥한다는 미명하에 이루어진다. 사악하면 득될 게 없다는 말은 맞지 않는다. 일본의 이런 비정함이야말로, 영악함과 권력만 있으면 불의도 화려하게 치장될 수 있음을 보여주는

일제시대, 도시 인구의 15퍼센트를 차지한 토막민은 궁민 중의 궁민이었다. 땅을 파고 자리조각을 덮고 살던 이들은 1930년대 접어들면서 일제의 전쟁광기가 심해지자 더욱 힘겨운 상황 속으로 내몰렸다.

단적인 증거다."[18]

늘어만 가는 토막민

궁민 중의 궁민인 토막민(土幕民)은 더 늘어갔다. 토막민에 대한 경성부의 공식 정의는 "하천부(河川敷), 혹은 임야 등 관유지·사유지를 무단 점거하여 거주하는 자"였다.[19] 토막은 땅을 파고 자리조각이나 짚, 거적때기로 지붕과 출입구를 만든 집으로, 도시 주변 어디에나 존재했다. 주로 제방, 하천변, 다리 밑 등지에 몰려 있었다. 토막에 사는 토막민의 직업은 날품팔이나 공사장 막일꾼, 행상 등 육체노동자가 대부분으로 당시 도시 인구의 15퍼센트를 차지했다.[20]

『조선일보』 1931년 10월 7일자에 따르면, "땅을 파고 자리조각을 덮고 원시적 생활을 하는 소위 토막민이 시내·시외의 산곡과 개천가에서 수백, 수천을 헤아리게 되며, 그 토막이나마 유지하지 못하여 구축(驅逐)을 받으며 방황하고 있는 것이 많다. 시내 송월동 경성중학교 뒷산 일대에 모여 있는 170여 호의 토막민 800명은 동 토지소유자인 경성중학교로부터 철거 명령을 당하고 장차 임박하는 엄동을 앞에 두고 갈 곳이 없어 방황하게 되어……."[21]

『동광』 1931년 12월호에 실린 「세계 공황 1주년 개관」이란 글은 "종로에는 '싸구려' 소리가 늘어나고 신당리에는 빈민굴이 늘어가고 농촌에는 유랑객이 늘어가고 소작쟁의가 늘어가고 노동쟁의가 늘어가고 세계적으로는 적기가(赤旗歌) 소리가 높고 만주에는 총소리가 들리고"라고 적기도 했다.[22]

일제의 '무자비한 정책'

토막민의 참상은 1930년대 내내 갈수록 악화되었다. 일제가 전쟁에 미쳐 날뛴 탓이다. 경성 부내의 토막민 인구는 1931년 5,092명에서 1935년 1만 7,320명, 1942년 3만 7,020명으로 늘었다.[23] 1930년대 말의 한 풍경을 미리 보자. 윤치호의 1939년 8월 5일자 일기다.

"한 신문이 보도한 바에 따르면, 가뭄으로 신음 중인 남부지역에서 올라온 800여 명 가량의 빈민들이 물이 전혀 없는 한강 다리 아래서 살고 있다고 한다. 오늘 아침에 그들을 보려고 한강변에 나가보았다. 참혹한 광경이 눈에 들어왔다. 전 세간을 종이 상자에 넣어가지고 올라온 상당수의 세대들에게 깔거나 덮고 잘 것이라곤 돗자리밖에 없었으며, 이것마저 없는 사람들도 수두룩했다. 노파들, 아이들, 기진맥진한 아낙네들, 굶주린 남자들이 다리 아래에 웅크린 채로 모여 있었다. 비가 내려서 강물이 불어나기라도 하면, 그들은 어쩐담? 전방에 있는 말들을 먹이기 위해서 먹을 거라곤 눈을 씻고도 찾기 어려운 마을들로부터 수만 가마의 보리가 수집되고 있다. 전쟁은 진짜 잔인하다."[24]

전쟁이 잔인한 건가? 전쟁을 일으킨 일제가 잔인한 거지. 전쟁에 쓸 말을 먹이기 위해 사람을 굶게 만드는 일제의 광기를 어찌 설명할 수 있을까. 그러나 이게 끝이 아니었다. 식량은 일본으로도 공출되어야 했다. 윤치호의 1939년 12월 8일자 일기를 보자.

"총독부가 쌀 600만 석을 일본으로 가져갈 거라고, 오늘 발행된 신문이 보도했다. 쌀 1200만 가마라면, 조선인 500만~600만 명이 10개월 동안 먹을 수 있는 분량이다. 지금 조선은 예기치 못한 흉작으로 고통을 겪고 있고, 부자조차도 자기 가족이 먹을 쌀을 구하기가 힘들다. 이렇게 열악한 상황에서 조선인들은 이런 의문을 품게 될 것이다. '이 무자비한 정책이 조선인을 일본인과 똑같이 자비로 대우하겠다던 천황의 약속에 부합되는 건가?' 각 도는 이웃한 도로 곡식이 유출되는 걸 막으려고 혈안이 되어 있다. 그런데도 일본으로 600만 석이 이출되어야만 한다!"[25]

윤치호가 그의 일기에 여러 차례 지적했듯이, 일본은 전쟁을 위해 태어난 나라였다. 도대체 무엇이 그들을 그렇게 만들었을까? 윤치호는 "당파성이 조선을 움직이는 기본요소라면, 전쟁은 일본을 움직이는 기본요소다"라고 했다(1932년 4월 17일자 일기).[26] 당파성은 조선의 본성이 아니라 힘이 없어 무너진 나라에서 나타날 수밖에 없는 현상이었겠지만, 일제의 전쟁광기는 어떻게 보아야 할 것인가?

02

코민테른에 놀아난 신간회 해소

'12월 테제'의 문제점

세계 대공황은 공산주의자들에게 혁명의 신호탄으로 받아들여졌다. 세계 대공황이 일반적으로 찾아오는 주기적 공황이 아니라 자본주의 제도의 붕괴과정이라고 본 것이다.[27] 종교적 말세론과 비슷한 심리 상태였다고나 할까? 국내 공산주의운동은 조선의 현실과는 동떨어진 코민테른(Comintern, 제3인터내셔널)의 지시에 따라 움직이고 있었다.

코민테른의 '12월 테제'에 따라 조선공산당 만주총국은 1929년 9월 20일 해체를 결의하고, 1930년 3월 20일 해체성명서를 발표한 뒤 마침내 해산했다. 일본총국은 1931년 12월 23일 '조선공산당 일본총국 및 고려공산청년회 일본의 해체성명서'를 발표하고 해체했다.[28]

신용하는 코민테른이 내린 '12월 테제'의 내용이 '좌익소아병적' 이었을 뿐 아니라 당시의 식민지 조선사회와 조선공산당의 실정에 전혀 맞지 않는 부당한 지령이었다고 비판했다. 그는 "코민테른 간부들은 일제하 한국 실정을 제대로 알지도 못하면서, 혈투를 전개하고 있는 풍부한 경험의 한국 공산주의자들에게 실정에 맞지 않는 지령을 요구하기 일쑤였으며, 특히 '조선위원회' 위원장 사노 마사부(左野學)는 한국 문제를 전결하다시피 하면서 무의식적 애정은 자기 조국 '일본'에게 갖고 한국의 민족해방운동에는 잠재적 적의를 가진 채 '조선공산당'에게 이래라 저래라 지령을 내렸으니 문제는 구조적으로 심각한 것이었다"며 다음과 같이 말했다.

"일제의 야수적 탄압과 함께 코민테른의 부당한 전제적 독재와 자율성을 상실한 '조선공산당'의 코민테른에 대한 사대적 굴종이 조선 공산주의운동의 비극을 낳은 것이었다. …… 그 후 식민 한국의 수많은 공산주의 청년들이 순진하게도 코민테른의 지령만 따라 활동하면 조국해방과 무계급사회의 낙원이 실현되리라는 거의 종교적인 신념을 갖고 수천 명이 목숨을 잃으며 혈투를 전개했으나 조선공산당은 재건되지 못하였다. 코민테른은 1928년부터 이미 스탈린(Iosif Vissarionovich Stalin, 1879~1953)과 소련의 세계지배를 위한 도구로 전락하여, 식민지·반식민지 민족들의 민족해방운동이나 공산주의운동 어디에도 도움을 주지 못하고 소련과 스탈린의 세계지배욕만 충족시키면서 공산주의자들을 희생시키고 있었기 때문이었다."[29]

서중석은 "중국과 같이 무장력을 갖춘 해방구에서나 부분적으로 실현이 가능한 토지 문제의 혁명적 해결과 노농 소비에트 건설에 의한 부르주아 민주주의 혁명을 제시한 것이 12월 테제의 기본 골격"이라며 다음과 같이 말했다.

"1930년대에 프랑스, 독일 등 유럽에서 강력한 조직을 갖고 있었던

스탈린. 1922년부터 1953년까지 소련 공산당 서기장과 소련 국가평의회 주석을 지내며 강력한 독재를 펼쳤다. 일제시대 조선 공산주의운동세력에게 지침을 내리던 코민테른은 1928년부터 이미 스탈린 독재를 위한 도구로 전락한 지 오래였다.

공산주의자들도 파시즘 앞에서는 무력해졌는데, 나약하고 미숙한, 그리고 분파로 찢어진 한국의 공산주의자들은 군국 파시즘과 일본 제국주의의 식민통치라는 엄청난 힘과 맞싸워야 했을 뿐만 아니라, 이제는 모든 부르주아지, 모든 민족주의자도 적으로 돌려야 했다. 그런 한편, 경제 공황에 몰락하고 파시즘통치에 더욱 무력해진 민족주의자들은 공산주의자들의 공격 앞에 고립되거나 친일화의 길을 가기도 하였다."[30]

신간회 해소

요컨대, 12월 테제는 '일제'의 식민지인 한국의 현실을 충분히 감안하지 않은 채 '좌경 관념주의'로 흐른 것이었다. 그럼에도 조선 공산주의자들은 코민테른의 지령을 맹목적으로 추종하였다. 12월 테제를 획기적인 것으로 받아들인 고경흠(1910~?)은 다음과 같은 주장을 할 정도였다.

"파업이 육혈의 투쟁으로 시종하여 노동자 대중이 자본가 계급에 대한 증오와 반역을 배우고, 풍부한 계급적 훈련을 획득했다고 한다면, 요구조건이 하나도 승인되지 못하였다고 하더라도 투쟁은 완전히 성공한 것이 되는 것이다."[31]

관념의 유희라고나 할까? 고경흠뿐만이 아니었다. 조선 공산주의자들은 1925년 창당과정부터 '관념의 생산지'라 할 코민테른의 승인을 얻으려는 치열한 경쟁을 벌였다. 승인이 없으면 존립 자체가 불가능할 정도였다. 코민테른은 국내 운동의 조건을 전혀 고려하지 않았던 바, 그런 맹목적인 승인 경쟁이 국내 운동을 왜곡시키는 건 필연이었다.[32]

12월 테제는 사실상 신간회의 존립을 부정하는 것이었다. 신간회의 해소(解消)는 12월 테제를 획기적인 것으로 받아들인 고경흠에 의해 강하게 주장되었다. 반면 우익의 반(反)해소투쟁은 무기력했다. 침묵으로 일관하거나 뚜렷한 반대의견을 개진하지 못했다. 안재홍(1891~1965)만이 고군분투(孤軍奮鬪)했을 뿐이다.[33]

한때 전국 140여 곳에 지회가 설치되고 회원 수도 4만여 명에 달할 만큼 활발한 활동을 보이던 신간회가 내리막을 걸은 것은 1929년 12월의 민중대회 사건 때부터였다. 광주학생운동에 대한 민중대회를 강행하려다 일제의 탄압으로 관련자 수십 명이 연행·구속된 것이다. 여기에 민족주의진영에 비해 열세였던 좌익진영도 내분을 부추겼다. 신간회를 계급적 투쟁목표가 선명한 조직으로 탈바꿈시키고자 해소론을 내세우며 전체대회를 요구한 것이다.[34]

1931년 5월 15일~16일, 이틀간 신간회 전체대회가 열렸다. 창립 4

년 4개월 만에 처음 열린 대회였다. 민족주의진영은 '해소론'을 비판하고 신간회를 계속 존속시킬 생각으로 대회에 임했고 결과도 낙관했다. 하지만 16일의 투표결과는 그 기대와 달랐다. 찬성 43, 반대 3, 기권 30. 해소안이 가결된 것이다. 일제는 "해소는 해체와 같다"며 신간회 활동을 금지시켰다.[35]

'최대형의 의도와 최전선적 논리'

신간회는 1931년 5월 16일 해체되기까지 일제하 최대 인원이 참여한 독립운동의 구심체였다. 당시 인구가 2000만 명이 안 됐고 교육받은 사람이 많지 않았던 점을 생각하면 이 땅의 지식인은 거의 모두 참여했다고 할 수 있다. 신간회의 전국 조직은 각지에서 야학과 연설회를 열어 대중의 의식을 높이고 소작권 보호, 노동조건과 임금의 차별 철폐 등 다양한 활동을 벌였다.[36]

신용하는 신간회의 역사적 의의를 ①신간회는 국내 민족독립운동 노선에 교란을 가져오던 각종의 자치론과 자치운동을 철저히 분쇄하고 '완전독립' '절대독립' 의 민족운동 노선을 확고부동하게 정립하였다 ②신간회는 국내의 민족독립운동을 크게 고양시켰다 ③신간회는 노동운동, 농민운동, 여성운동을 비롯한 사회운동의 고양에도 크게 기여하였다 ④신간회의 창립과 민족운동은 국내의 비타협적 민족주의자들과 사회주의자들이 사상의 차이에도 불구하고 대동단결하여 전민족적 단일협동전선을 수립하는 데 성공한 것이었다 ⑤신간회의 창립과 민족운동은 국외의 민족유일당 또는 민족단일당 형성에 큰 자극과 고취를 주었다 등을 들었다.[37]

계급운동자들에 대한 불신을 피력해온 안재홍은 『조선일보』 1931년 5월 16일자에 쓴 「기로에 선 신간회」에서 조선의 운동이 걸핏하면 최대형의 의도와 최전선적 논리에 열중 집착하는 동안, 왕왕 일정한 과정적 기획정책을 소홀히 한다고 사회주의자들을 비판하였다. 해소 후 안재홍은 "해소는 확대 강화의 전경(前景)만 바라보고 실은 분산 와해의 허전한 광야에 헤매게만 할 것이다"고 전망하였다.[38]

신용하는 신간회 해소엔 코민테른과 스탈린주의자들의 해소 지시가 큰 영향을 미쳤다며 "더 존속했으면 민족운동에서 더 큰 성과를 낼 수 있었을 중요한 민족기관을 코민테른과 스탈린주의자들이 해체시키도록 지시했다. 한국의 사회주의 · 공산주의 청년들이 코민테른과 스탈린의 부당한 지시에 맹종하여 결국 신간회를 해소시킨 것은 참으로 애석하고 통탄할 일이었다"고 했다.[39]

한인 사회주의자들의 '소련 콤플렉스'

왜 한인 사회주의자들은 그토록 코민테른을 맹종하였던 걸까? 권희영은 한인 사회주의자들의 '소련 콤플렉스'를 지적했다. 그들이 소련에 대한 존경과 감탄을 토로한 수많은 글들을 분석한 권희영은 소련 콤플렉스의 몇 가지 징시 상태로 ①소련의 거대함에서 비롯된 정서, ②소련 사회주의자들의 도덕적인 위대함에 대한 환상에서 나오는 정서 ③소련으로부터 직접적으로 당한 고통과 희생에 대하여 놀라울 정도로 맹목적으로 감수하는 태도 등을 들었다.[40]

그런 정서의 밑바탕에 놓여 있었던 것은 무엇인가? 권희영은 "이는 가부장적인 전통 속에서 존경의 대상을 상실한 사회주의자들이 소련

이라는 존재에서 그리고 그의 지도자인 레닌(Nikolai Lenin, 1870
~1924)이나 스탈린 속에서 가부장적인 이미지를 발견하고 그에 고착
하여 그를 이상시하게 된 것이라고 말할 수 있다"며 다음과 같이 주장
했다.

"사회주의자들은 우선 전통을 부정하였다. 이들은 전통교육과는
단절된 근대적 제도의 틀 내에서 성장하였다. 전통에 대한 이해를 깊
이 할 수가 없었으며 이들의 출신 배경을 보아도 전통적인 학문을 배
경으로 하는 집안의 자제들이 아니라 새로이 근대교육제도라는 틀 내
에 편입되어 교육을 받은 계층들이라고 할 수 있다. 이들은 몰락한 한
국에서 더 이상의 영웅을 발견할 수 없었지만 그렇다고 하여 영웅 없
이도 견딜 수 있을 정도로 개인의식이 성장한 것은 아니었다. 때문에
몰락한 한국이라는 식민지의 현실 속에서 그들이 기댈 수 있는 희망
을 찾기를 원하였다. 이들이 추구한 거울 이미지는 소련에 의하여 해
석된 사회주의였다. 그리고 한국 지식인들의 좌절된 욕망을 대리충족
시켜주는 역할로서 사회주의가 등장하였으며 이 같은 대리충족과 환
상적인 만족은 한국 사회주의자들의 정서 속에 소련에 의존하는 전체
주의 지향의 심리를 형성시켰다고 말할 수 있다."[41]

이어 권희영은 "이들은 역사의 진보를 위하여 헌신하려고 하면서
개인적 성숙성을 인정하지 않고 오로지 집체성만을 인정하였다. 그
결과는 치명적인 것으로 보인다. 자율이 주체의 내부에 확립되지 못
하였기 때문이다. 그것은 문명의 소산인 공격충동의 억제를 유지하는
대신 계급투쟁을 기회로 하여 발산시켰기 때문이다"고 주장했다.[42]

반면 신춘식은 조선 공산주의운동의 코민테른 · 소련 종속에 대해
"이것은 우리만의 특수성은 아니다. 전 세계 모든 공산주의운동이 그

러하였다"고 주장했다. 그는 조선공산당의 잘못 중 가장 많이 언급되는 분파투쟁(파벌투쟁)의 폐해에 대해서도 다음과 같이 '변명'했다.

"일제하의 공산주의운동은 분파투쟁으로 말미암아 실천적 활동을 방기하기도 하였지만, 북한의 평가처럼 당대의 공산주의자들이 자기의 공명과 출세만을 위해 파벌투쟁을 수행했다고 보기는 어려울 것이다. 일제와 자본의 지배 체제에 반대하는 공산주의운동을 통해 무슨 공명과 출세를 얻을 수 있겠는가? 오히려 분파 발생의 기본적 이유는 당건설의 과정이나 당대의 실천 활동과정에서 발생한 조직적, 이념적 차이에 있었다고 보아야 할 것이다."[43]

무슨 이유에서 비롯됐건 분파투쟁 경향은 1930년대 후반까지도 지속되었다. 『노동자신문』1938년 6월 7일자에 실린 「혁명운동 중에서 투기적 경향」이라는 제목의 글은 기존의 운동에서 보이는 극좌적 편향을 비판하고 나섰다. 이 글은 '투기적 경향'을 러시아혁명에서 볼셰비키들의 영웅적 투쟁과 대중적 신망을 받은 지도자들의 "화려한 현재를 몽상하는 것에 의하여 생기는 그릇된 경향으로서의 소부르주아 영웅주의"로 정의했다.

이 글에 따르면, 투기적 경향의 운동자들은 ①노동자의 일상적 소투쟁까지도 사보타주(Sabotage) 또는 거부하고 ②적의 힘을 항상 과대평가하면서 일어나고 있는 투쟁을 억누르려고 하며 ③이론이 매우 혁명적인 것처럼 보이지만 실제 행동은 기피하고 자신만 숨으려고 하며 ④일상투쟁보다 마르크스 · 레닌 · 스탈린주의 강의를 중심으로 하는 피상적 이론과 혁명적 잡담만을 일삼으면서, '노동자는 무지하므로 우선 혁명 이론을 배워야 하며 그러한 후 투쟁에 나설 때 견실한 것이다'고 하여 실천 경험을 통해서 노동자가 배우고 성장하는 것을 알지 못하며 ⑤혁명사업에서 현 지위를 보전하면서 공산대학에 진학하거나 혁명 후에 올 지위를 노리는 경향을 보였다.[44]

신간회 창립 80돌 행사

2006년 2월 15일 사단법인 민세(民世) 안재홍기념사업회 주도로 1931년 신간회 해체 이후 첫 창립기념식이 열리면서 신간회가 다시 주목을 받았다. 민세 안재홍선생기념사업회 회장 김진현은 신간회 창립 제79주년을 맞아 "대한민국은 지금 위대한 기회와 절명한 위기의 갈림길에 있다. 세기적 희망과 절망의 교차점에 있다"며 다음과 같이 주장했다.

"이 갈등·혼돈·위기에서 극진하고 경건한 자정(自淨)의 눈물과 땀을 통하여 새로운 주류가 나와야 한다. 79년 전 신간회의 주류를 오늘에 다시 만들어야 한다. '21세기 신간회'가 나와야 하는 것이다. 보수이되 개혁적이고 부패하지 않고 이기주의를 거부하는 사람들, 진보이되 현실적이고 폭력을 거부하고 아집을 거부하는 사람들, 좌우와 보수·진보 모두 사회공동선, 국가공익, 보편윤리에 충실하고 이를 위하여 기꺼이 자기를 희생하는 엘리트 군(群)이 그런 주류이다. 이제 광복 60주년을 지내고 '경제 제1주의'와 '민중민족 제1주의'라는 양극단의 독성(毒性)을 이겨낸 진짜 우파와 좌파가 나올 때가 되었다. 진짜들은 합작할 수 있다. 국익·공익·인류의 공동선(共同善)에서 합작할 수 있다."[45]

2007년 1월 항일독립운동가를 기념하는 단체들로 구성된 항일독립운동가단체협의회의 공동집행위원장을 맡은 열린우리당 의원 김원웅은 "이념적 갈등이 증폭되고 있는 최근의 정치상황이 다시 신간회의 창립정신을 생각나게 한다"며 "이번 대회를 계기로 노선을 뛰어넘는 민족 통합을 추구한 신간회의 정신이 현실에 반영될 수 있기를 바란다"고 말했다.[46]

『조선일보』 2007년 2월 15일자 사설은 "우리 사회는 지금 이념·지역·세대로 나뉘어 극심한 진통을 겪고 있다. 민족적·시대적 과제였던 독립과 민족역량 강화에 좌우가 힘을 합친 80년 전 신간회의 정신이 더욱 소중한 상황이다"며 다음과 같이 주장했다.

"신간회가 품었던 그때 그 꿈은 독립과 건국·산업화·민주화를 통해 하나씩 달성됐고, 이제 강력한 경제와 국민적·국가적 품격을 함께 갖춘 선진통일한국 건설이라는 과제가 우리 앞에 놓여 있다.' 선진통일국가'라는 민족적 과제 해결을 위해서 다시 한 번 국민적 역량을 모을 때다."[47]

안재홍이 개탄한 '최대형의 의도와 최전선적 논리'는 사회주의자들만의 것은 아니었다. 오늘날에도 그런 경향은 좌우를 막론하고 널리 퍼져 있다. 신간회 정신을 역설하는 『조선일보』도 이념투쟁엔 능할망정 통합의 가치를 모색하는 데엔 인색하고 무능하다. 모두 각자 '내 마음속의 신간회'부터 먼저 세워야 하지 않을까?

03

만보산 사건과
만주사변

일제의 음모에 놀아난 『조선일보』

1931년 5월 하순부터 만주 창춘(長春, 장춘) 근교의 만보산 삼성보(三姓堡)에서 조선인 농민과 중국인 농민 사이에 수로 개설 문제를 둘러싸고 분규가 일어났다. 6월 초순 중국 경찰이 개입해 조선 농민을 몰아내자, 일본의 영사경찰은 조선 농민들이 법적으로 일본 신민이라며 이 분규에 개입했고, 조선 농민들은 일본 경찰의 보호 아래 수로공사를 강행했다. 몇 차례 충돌 끝에 7월 1일 중국 농민 200여 명이 조선인들이 만든 수로를 파괴하자 일본 경찰이 출동해 중국 농민들을 향해 발포했다. 다행히 인명피해는 없었다. 이른바 '만보산 사건'이다. 그러나 이 사건은 이후 1931년 9월에 일어난 만주사변의 전주곡이 했다.[48]

만보산 사건은 원래 중국 동북지방에서 종종 일어나곤 했던 조선·

중국 농민 간의 충돌에서 비롯됐다. 인명피해도 없어 그냥 넘어갈 수 있는 사건이었는데, 중국 동북지방에 대한 침략의 구실을 찾고 있던 일본 관동군이 이 사건을 악용하면서 문제가 커졌다. 관동군은 창춘 영사관에 지령을 내려 많은 조선인 농민들이 큰 피해를 입은 것처럼 조선에 허위보도하도록 했다. 그 결과 일본의 음모대로 조선 내에서 화교에게 보복을 가하는 사건이 발생했고, 이에 맞서 중국 내에서도 조선인에 대한 보복사태가 일어났다. 그러자 일제는 이 사건이 만주에 사는 조선인을 중국 당국이 박해하고 내쫓으려 한 데서 비롯되었다고 대대적으로 선전하면서 조선·중국 민족의 대립과 충돌을 격화시키고자 했다.[49]

당시 언론은 어떠했던가? 『조선일보』와 『동아일보』는 치열한 보도 경쟁을 벌이고 있었다. 최준은 "이러한 양지(兩紙)의 경쟁은 경무국 당국의 탄압정책을 의식적으로 잊어버리려는 하나의 회피책이기도 했다. 즉 종래와 같이 일제 당국과 정면적으로 대들던 적극적인 시대로부터 민족적인 정치적 의식을 되도록 피하는 대신에 다채로운 보도주의(報道主義)로 방향을 돌린 데 내적인 큰 원인이 있었다"고 분석했다.[50]

그로 인한 부작용이 없을 리 없었다. 특히 『조선일보』는 경쟁에 눈이 멀어 일제의 음모에 놀아나기도 했는데, 그게 바로 만보산 사건에 대한 무책임한 보도였다. 만보산에서 조·중 농민 간에 처음 충돌이 발생한 이래 1931년 6월부터 『동아일보』는 모두 3번 이 사건을 보도한 반면, 1927년 이래 재만동포옹호운동을 주도해 온 『조선일보』는 이 사건을 모두 16차례나 보도했다. 1920년대 후반 이래 중국 관헌들이 재만동포를 박해하고, 또 중국인 노동자들 때문에 조선인들이 일

만보산 사건을 머리기사로 다룬 『조선일보』. 대륙 침략을 노린 일제의 허위정보에 속은 『조선일보』는 두 차례나 이 사건을 다룬 호외를 발간했고, 이는 결국 조선 내 화교에 대한 보복 사건으로 이어졌다.

자리를 잃는다는 의식이 퍼지면서 조선에는 반(反)중국인의식이 자라고 있었다. 이런 반중국인 감정에 불을 댕긴 것은 1931년 7월 2일 밤과 3일 새벽에 『조선일보』가 이례적으로 두 차례나 발간한 호외였다.

호외는 '중국 관민 800여 명과 200동포 충돌 부상, 창춘 일본 주둔군 출동 준비, 대치한 일·중 관헌 1시간여 교전, 급박한 동포 안위, 기관총대 급파, 전투 준비 중' 등 당시의 상황을 다급하게 전했다. 이 기사의 내용은 동포 다수가 부상이 아니라 살상당한 것으로 되어 있었지만, 이는 오보(誤報)였다. 한홍구의 말처럼, "오보도 단순한 오보가 아니라 일본 제국주의자들이 만주 침략의 길을 닦으려는 목적으로 조선인과 중국인의 감정을 악화시키기 위해 제공한 허위정보에 속아 넘어간 역사적인 오보였다."[51]

'호떡집에 불났냐'의 기원

『조선일보』는 왜 그렇게 다급했을까? 앞서 말한 것처럼, 그건 당시 『조선일보』가 『동아일보』와 맹렬한 경쟁 중에 있었기 때문이다. 그렇지만 그로 인한 희생은 너무도 컸다. 호외가 뿌려진 직후인 7월 3일 새벽부터 인천에서 중국인 가옥과 상점에 대한 투석이 시작되더니, 7월 4일 폭동은 전국으로 확대되었다. 서울 서소문의 중국인 거리에는 5,000여 명의 군중이 몰려들어 중국인 상점의 물품을 끄집어내 파괴하고 중국인들을 닥치는 대로 구타하는 등 모두 400여 회 이상의 습격 사건이 전국 방방곡곡에서 일어났다.[52]

사태가 악화되자 오보로 폭동을 촉발하게 된 『조선일보』는 재만동포의 옹호를 위해서는 재조선 중국인의 안전을 보장해야 한다고 역설했으며, 처음부터 신중하게 보도한 『동아일보』역시 이 사건에는 조·중 두 민족을 이간시키려는 음모가 숨어 있다면서 흥분한 대중들에게 자제를 촉구했다. 만보산 사건으로 재만동포들이 엄청난 피해를 입었다는 것이 오보임이 밝혀지고, 그런 폭동 자제 호소가 먹혀들어가 7월 7일부터 폭동의 기세는 꺾여 7월 10일에서야 안정을 되찾았다.[53]

폭동으로 인한 피해는 엄청났다. 총독부 경무국의 발표로는 사망 100여 명에 부상자 190명, 조선총독부 고등법원 검사국 자료에 의하

평양에서 벌어진 만보산 사건 보복 궐기대회 풍경. 『조선일보』의 오보로 촉발된 폭동은 하루 만에 전국으로 확대되어 수많은 사상자와 재산피해를 낳았다(위). 평양 시민들에 의해 파괴된 중국인 거리. 폭동으로 인해 평양에서만 94명(전체 100여 명)의 사망자가 나왔을 정도로, 대부분의 폭동피해는 평양에 집중되었다(아래).

면 사망 122명, 부상 227명, 국제연맹에 제출된 '리튼 보고서'에 의하면 사망 127명, 부상 393명, 재산피해 250만 원이었고, 중국 쪽 자료에 의하면 사망이 142명, 실종 91명, 중상 546명, 재산손실 416만 원, 영사관에 수용된 난민이 화교 전체 인구의 3분의 1에 육박하는 1만 6,800명이었다. 이 사건으로 검거된 자만 1,800여 명이었고, 사형 1명을 포함하여 벌금 이상의 처벌을 받은 자만 해도 1,011명에 달했다. 폭동 직전인 1930년 말 화교의 총인구는 6만 9,000여 명이었으나, 폭동과 뒤이은 1931년 9월 18일 일제의 만주 침략의 여파로 중국으로의 귀환자가 속출하여 1931년 말에는 5만 6,000여 명, 1933년 말에는 3만 7,000여 명으로 급감했다.[54]

한홍구는 "우리는 무슨 시끄러운 일이 있으면 '호떡집에 불났냐'는 말을 쓰곤 한다. 이 말이 언제 생겼는지 장담하기는 힘들지만 아마 1931년 7월 초순 이후라고 해도 틀린 말은 아닐 것이다. 이해 7월 3일부터 9일 사이에 조선에 있던 호떡집 대부분이 불에 탔기 때문이다"며 다음과 같이 말했다.

"이때만큼 우리나라 사람들이 호떡집에 불난 것을 한꺼번에 본 적은 없었다. 불이 난 것은 호서방네 호떡집만이 아니었다. 비단이 장사 왕서방의 포목점도, 장서방의 이발소도, 주서방네 청과상도 중국인이 경영하는 상점이란 상점은 전국에서 대부분 불에 타고 파괴되었다. 최소 백 수십 명의 목숨을 앗아간 대대적인 반중국인 폭동이 1931년 7월 초순의 뜨거운 여름을 더 뜨겁게 달군 것이다."[55]

호떡 이야기가 나온 김에 짚고 넘어가자면, 호떡은 당시 먹을거리로 인기가 대단했다. 한복진에 따르면, "1930년대에는 한 개 5전씩으로 크기는 보통 지름이 16센티미터 정도로 하나만 먹어도 요기가 되어 학생들이 많이 드나들었다. 호떡 속에는 흑설탕과 밀가루를 섞어 넣고 그것이 흑갈색으로 녹아 철철 흐르는 것을 꿀이라고 했다. 호떡은 크고, 싸고, 꿀이 들어있는 것이 특징인데 차츰 작아져서 지름이 10센티미터 정도가 되었다. 당시 이름난 호떡집은 서울 종로 탑골공원 건너편 중국인촌과 재동, 운현동 사거리, 을지로 사거리, 명동 어귀, 광화문 네거리를 꼽았지만 그중 재동, 운현궁 쪽 호떡이 가장 커서 인기가 있었는데 근방에는 학교가 집중되어 있고 하숙집도 많이 있어 잘 팔렸다."[56]

일제의 음모와 사주

만주의 독립혁명단체들이 조직한 만보산 사건 대책위원회는 이 사건이 일본의 침략적 선전의 전파로 침소봉대(針小棒大) 되었다는 점을 밝혀냈다. 신문들도 진상조사단을 현지에 파견했는데, 『조선일보』 기자 신영우는 현지 동포들에게 혹독한 힐난을 받아, 한때 행방불명을 전할 위기 사경(死境)에까지 빠졌다. 처음 만보산 사건을 타전한 창춘지국장 김리삼은 만주에 망명 중인 독립운동가들로부터 관동군의 앞잡이로 지목당해 그해 7월 15일 지린(吉林, 길림)에서 암살을 당하였다고 한다.[57]

밝혀진 바에 따르면, 『조선일보』는 관동군만을 취재원으로 삼아 편향된 보도를 했으며 자극적인 제목을 달아 호외까지 발행하는 등 선정적인 보도를 했다.[58] 윤치호의 1931년 7월 13일자 일기는 "최근 조선에서 발생한 화교 박해 사건이 일본인들의 사주를 받아 일어났다는 의혹이 제기되고 있다. 사람들이 제시하는 정황증거는 이렇다"고 했다.

"①『조선일보』 창춘지국장은 중국인들이 조선인 마을을 습격한 사건에 대해 자극적이고 과장된 기사를 송고(送稿)했다. 그런데 그는 밀정이라고 알려져 있다. ②『조선일보』는 호외를 발행했지만, 동일인으로부터 똑같은 소식을 접한 『동아일보』는 호외를 발행하지 않았다. 그러자 이름만 대면 다 알만한 종로경찰서 형사가 동아일보사에 전화를 걸어 이토록 중대한 사건에 대해 호외를 발행하지 않은 이유를 추궁했다. ③서울의 경찰당국은 조선인들에게 대표자회의의 개최를 허가해주지 않았다. 이 회의는 화교들에게 어떤 행패도 부려서는 안 된다고 조선인 주민들을 계도하기 위한 것이었는데도 말이다. ④의지만 있었더라면, 그토록 유능하고 막강한 경찰이 평양과 인천에서 발생한 난동을 못 막았을 리 없다."[59]

'일본인 사주설'은 그럴 만한 충분한 근거를 갖고 있었다. 인명피해가 평양에서 집중적으로 일어났다는 점이 대표적인 근거다. 1923년 평양의 화교인구는 779명으로 서울의 4,107명, 신의주의 3,641명, 인천의 1,774명에 비해 훨씬 적었다. 그런데 폭동이 가장 먼저 발생한 인천에서 화교가 피살된 것은 2명이고, 규모 면에서 가장 큰 반중국인 시위가 있었던 서울에서는 중국인 사망자는 없이 조선인 1명이 살해당했다. 그에 비해 평양에서만 경무국 발표의 전국 사망자 100여 명 중 절대다수인 94명이 살해당했다. 한홍구는 "왜 전국적으로 발생한 반중국인 폭동이 유독 평양에서만 집중적인 살상극으로 발전했을까?"라는 물음을 던지며 일본, 특히 만주의 관동군과 연결된 조선 주둔 일본군이 만주 침략을 앞두고 조선인과 중국인을 이간시키기 위해 음모를 꾸몄을 가능성이 높다고 보았다.[60]

동아일보사는 훗날 사사(社史)에서 『조선일보』의 보도태도를 노골적으로 비난하고 있지는 않으나 우회적으로 자찬(自讚)을 하면서 『조선일보』를 간접 비판했다. 동아일보사는 "처음 만보산 사건이 불거졌을 당시 신의주지국에 근무하던 서범석 기자를 현지로 보냈다. 서 기자는 현지에서 '『동아일보』가 교민피해보도에 소극적'이라는 이유로 항의를 받고 폭행을 당했다. 당시『동아일보』와『조선일보』두 신문을 함께 취급하던 창춘지국은『조선일보』기자만 사태지역으로 안내했다. 흥분한 현지 교민들이『동아일보』를 거부한 것이었다.『동아일보』는 사태 초기부터 신중한 태도를 유지했다"며 다음과 같이 말했다.

"아무래도 일제의 시나리오일 가능성이 크다고 본 편집진으로서는 조선과 중국의 우의를 고려할 때 동포의 피해에만 집착하는 것은 위험하다고 판단한 것이다. 서 기자가 현지 조사를 통해 속속 보내오는 보도로 이와 같은 예측은 사실로 드러났다. 군대 출동은 오보이며 중국인 폭동은 사그라졌고 충돌도 경미한 수준이며 현재 동포들은 무사하다는 사실을 기초로『동아일보』는 국내 동포를 진정시키는 데 주력했다. …… 장개석(蔣介石, 장제스, 1887~1975) 총통은『동아일보』에 고맙다는 감사패를 보냈다.『동아일보』를 보이콧했던 장춘(창춘)지국장은 이후 길림에서 독립군에 체포돼 살해됐다."[61]

9월 18일 만주사변

일제의 음모는 일관되고 집요했다. 1931년 7월 16일 조선총독부는 만보산 사건이 유발한 국내 사태로 중국인 100여 명 사망하고 수백 명이 부상했다는 사실을 소상히 발표했다. 이 소식이 전해지자 조선인은 만주와 중국에서 다시 박해를 받게 됐으며, 일본 관동군은 만주 거주 조선인을 보호한다는 구실로 출병을 시작했다. 9월 18일 밤 일

일제는 유조호 부근 남만주 철도 일부를 폭파한 뒤 중국군의 소행으로 위장, 이를 빌미로 만주를 침략했다. 이것이 이른바 '만주사변'의 서막이었다.

본군은 봉천(奉天, 지금의 선양) 교외의 유조호(柳條湖) 부근에서 남만주 철도의 일부를 폭파하고 이를 중국군의 소행으로 돌리며 공격을 개시했다. 이게 바로 이른바 '만주사변(9 · 18사변)'의 시막이었다.[62]

조동걸은 "'사변(事變)'이란 정부의 전쟁 결정 절차를 기다리지 않고 군부의 일부 부대가 무력충돌을 일으키는 변고를 일컫는 말이었다"며 1931년 9월 18일 일본 군부의 만주사변은 "군부에 의한 '사변'이 아니라 일본 제국주의의 계산에 의한 침략전쟁의 도발로 이해해야 할 것이다"고 했다.[63]

1931년 9월 18일, 관동군은 지린을 침공했다. 만주 거주 조선인을 보호한다는 구실이었다. 정작 만주사변이 시작되자 만주에 거주하던 한인들에 대한 테러는 더욱 심각해졌다.

만보산 사건은 만주사변으로 인해 관심의 대상에서 사라지게 되었지만, 이후에도 만주 한인들의 곤경은 계속되었다. 일본 측 기록에 의하면 1932년 5월 이전까지 한인 사망자 148명, 부상자 226명, 부녀자 강간 48건, 가옥 방화 76건, 가옥 파괴 98건, 가옥 약탈 1121건, 종자 씨앗 방화나 약탈 350건, 일본 영사관의 보호를 받은 한인은 3만 5,000명에 달했다.[64]

구대열은 "만주에서 중국의 행정기능이 마비되고 장쉐량(張學良, 장학량, 1898~2001) 군대가 각지에 흩어져 산적이 되거나 반일활동을 전개하는 과정에서 한인들에 대해서는 공포정치를 방불케 하는 테러가 자행된 것이다"며 다음과 같이 말했다.

"이같이 엄청난 한인의 피해는 만주사변이라는 정치적 대변혁에 가리어 주목의 대상이 되지 못했던 것이다. 반면 일본은 한인들의 피해와 일본 당국의 구호조치를 크게 선전하고 나선다. 즉 한인들이 중국인의 보복을 우려하여 일본 영사관에 보호를 청했으며, 일본은 만주의 정세가 진정됨에 따라 2만 명은 원래의 경작지로 돌려보내고 있으며 이를 위해 동경(도쿄)정부가 예비비에서 50만 엔을 지출했다는 것이다."[65]

만주사변으로 만주 동포들이 피난민 수용소에서 굶주림과 추위에 떨자, 『동아일보』는 1931년 10월 27일자 사설을 통해 "만주 피난동포를 동아사(凍餓死)에서 구하자"고 호소하고 나섰다. 이때에 『동아일보』는 1932년 2월 10일까지 전국 방방곡곡에 수많은 구호물품과 구호금을 거두어 현지 피난동포들에게 보내는 구호사업을 전개했다. 또 1931년 〈조선의 노래〉라는 제목으로 창가 · 시조 · 한시를 공모해 1932년 4월 1일 지상에 발표했다. 바로 여기서 그 유명한 〈조선의 노래〉가 탄생했다. 이 노래는 애국가 대용으로 널리 불렸다.

"백두산 뻗어내려 반도 삼천리/ 무궁화 이 동산에 역사 반만 년/ 대대로 예사는 우리 삼천만/ 복되도다 그 이름 조선이로세"[66]

'조선의 노래'는 참담한 현실을 잊기 위한, 그리고 그 현실 너머 어딘가에 있을 이상향을 그리는 '꿈의 노래'였던 셈이다.

04

일제 괴뢰 만주국 탄생

중국과 미국의 만주사변 외면

일본의 만주 점령에 대한 중국인들의 저항의 물결은 전국으로 확대되었다. 1931년 9월 하순에는 전국의 주요 도시에서 항의집회가 열리고 대일단교(對日斷交)와 일본 상품 불매운동이 결의되었다.[67] 중국인들은 굴욕감을 느껴 시위 혹은 예술작품을 통해 그들의 분노를 표출하기도 했다. 그러나 일본을 자극할까봐 두려워 한 장제스는 이러한 소요를 막았다. 그에겐 공산당세력 척결이 우선이었다.

만주사변시 장쉐량은 국민당 군대에 있어서 총통 다음이었으며 잘 훈련된 동북군을 가지고 있었다. 아버지를 일본군의 계략에 잃었던 장쉐량은 만주사변에 강력 대항하고자 했지만, 장제스는 장쉐량에게도 대항하지 말 것을 명령했다. 일본군이 중국군을 칠 것을 두려워 한 장제스는 무저항주의로 일관하면서 공산당 사냥에만 열중한 것이다.

장제스는 오히려 학생 지식인 중심의 항일운동을 탄압함으로써 적극적인 항일을 주장한 중국 공산당 측으로 민심이 기울게 만드는 결과를 초래했다.[68] 또한 장제스의 이런 판단은 훗날 중국에 엄청난 재앙을 불러오게 된다.

만주사변이 발생하자, 1931년 9월 24일 미 국무장관 헨리 스팀슨(Henry Stimson, 1867~1950)은 전쟁 중단을 촉구했지만 일본은 듣지 않았다. 1931년 12월 스팀슨은 일본에 대한 경제제재를 대통령 허버트 후버에게 제안했다. 일본은 미국의 석유에 의존해왔고, 미국 수출품을 수입하는 국가 중 세 번째로 규모가 큰 나라이며, 또 미국이 일본의 수출품 40퍼센트를 수입한다는 사실을 들어 경제적 압박이 먹혀들 것이라고 본 것이다. 그러나 후버는 일본을 자극하는 건 위험하고 전쟁의 위협이 너무 크다며 스팀슨의 제안을 강력 반대했다.[69] 후버의 반대는 정확히 10년 후 일제의 하와이 진주만 기습을 초래하게 된다.

중국과 미국이 일제의 만주 점령을 외면하는 가운데 죽어나는 건 한국이었다. 만주사변 발발을 전후해 일제 총독부는 국내 신문들에 대해 "일본을 '내지(內地)'로, 일본어를 '국어(國語)'로, 일본군을 '황군(皇軍)' 혹은 '아군(我軍)'으로 쓰기를 강요할 정도로 낱말 하나하나까지 치밀하게 간섭"하였다.[70] 신문들의 "기개와 투지도 어느덧 둔하여져서, 압수를 당하면 그저 침울한 침묵으로 따라갈 뿐이었다."[71]

전 세계적으로 불황과 실업에 따른 사회적 혼란은 파시즘 발호(跋扈)의 토양이 되었다. 일본이 만주사변을 일으키면서 중국대륙 침략을 본격화하는 동안 유럽에서도 파시즘세력이 기승을 부리고 있었다. 1922년 파시스트 군단을 동원해 정권 장악에 성공했던 이탈리아의 무솔리니(Benito Mussolini, 1883~1945)는 1935년 에티오피아를 정복했고, 1933년 1월 독일 총리가 된 히틀러(Adolf Hitler, 1889~1945)는 의사당 방화 사건(2월)과 총선거(3월)를 거치며 비상 대권을 거머쥐었다.

1934년 6월 30일, '나치의 사병(私兵)'인 돌격대의 창시자 중 하나였던 룀(Ernst Röhm, 1887~1933)의 부하 1,000여 명이 검거돼 즉석에서 처형을 당하는 내부 권력투쟁이 있었지만, 돌격대 대원들은 죽으면서까지 경례를 하고 "하일 히틀러(히틀러 만세)!"를 외쳤다.[72] 바로 이런 파시즘의 광기는 일제에게도 그대로 나타나 이제 곧 전 세계를 공포의 수렁으로 몰아가게 된다.

만주국 건설, 남만주철도주식회사

일제는 1932년 3월 1일 '마지막 황제'인 푸이(溥儀, 1906~1967)를 앞세워 중국의 동북 3성(랴오닝성, 지린성, 헤이룽장성)에 괴뢰정권 만주국을 세웠다.(푸이는 처음엔 집정으로 있다가 1934년 3월 1일 황제가 되었다.) 수도를 신징(新京, 지금의 창춘)으로 삼은 만주국은 '오족협화(五族協和)'라는 구호에 잘 나타나듯이 중국인, 만주인, 몽골인, 일본인, 조선인 등이 뒤엉켜 살았다.[73] 1940년 당시 만주국 인구는 4,300만 명(한족 3,700만 명, 만주족 270만 명, 아랍인 200만 명, 조선인 150만 명, 몽골족 100만 명, 일본인 82만 명, 러시아인 7만 명)이었다.[74]

만주국을 이야기할 때 빠질 수 없는 것이 1906년 설립된 '남만주철도주식회사(약칭 만철)'다. 만철(滿鐵)의 배후에는 관동군이 있었는데, 관동군은 만주국 관료와 만철 조사부를 시켜 '만주 산업개발 5개년 계획'을 추진했다.[75]

만주국 시절의 푸이. 청나라의 마지막 황제였던 푸이는 1932년 관동군이 세운 괴뢰국가 만주국의 집정으로 즉위했다가, 1934년 연호를 강덕으로 하여 황제에 즉위했다.

1934년 11월, 지름 2미터의 거대한 바퀴를 단 짙은 남색 증기기관 차가 객차 여섯 량을 끌고 굉음을 일으키면서 시속 100킬로미터 이상 의 속도로 다롄(大連)과 신징 사이 700킬로미터를 처음 달렸다. 이는 당시 일본의 특급열차 '쓰바메(제비)'가 시속 67킬로미터, 조선의 특 급 '히카리(빛)'는 시속 49킬로미터였던 것에 비해 놀라운 속도였다. 만철의 야심작 '대륙 특별 급행열차 아시아'의 첫 운행이었다.[76]

다롄에 있던 남만주철도주식회사(만철)의 본사 모습. 만철의 배후에는 관동군이 있었다. 관동군은 만철 조사부와 만주국 관료를 시켜 '만주 산업개발 5개년 계획'을 수립, 추진함으로써 만철을 중국 침략의 첨병으로 삼았다.

이 장면이 시사하듯이, 만철은 일본의 중국 침략 첨병이었다. 고바야시 히데오(小林英夫)는 "'만주'의 중요 산업을 지배하고, 철도 인접 지역에 '부속지'라는 이름의 '영토'를 가진 이 회사는, 명칭은 주식회사였지만 그 실상은 하나의 식민지 국가였다"며 다음과 같이 말했다.

"세칭 '만철왕국'. 이 회사는 물론 중국 동북부에서 절대적인 영향력을 행사했지만, 일본 국내에서도 그 이상으로 큰 영향을 끼쳤다. 만철이 끼친 영향은 여러 가지가 있지만, 그 가운데서도 가장 큰 것은 오늘날 일본 경제 시스템의 원형을 이 회사의 조사부가 만들어냈다는 것이다."[77]

조선인에겐 '기회와 고난의 무대'

한국인에게 만주국은 어떤 의미였는가? 만주는 유·이민의 땅이었다. 가난에 쫓긴 조선 농민들은 황무지에서나마 농사를 짓겠다며 고향을 등지고 압록강을 건넜는데, 1940년 조선인의 숫자는 전체 인구의 3퍼센트인 150만 명이었으며, 그중 59퍼센트가 이런 농민이었다.[78] 이들은 나름대로 꿈을 안고 왔지만, 그 꿈은 곧 배반당하고 말았다.

1938년에 출간한 『순애보』를 비롯하여 간도를 배경으로 한 이민 소설을 많이 쓴 박계주(1913~1966)의 『모토(母土)』에 따르면, "같은 개척민이건만, 그리고 노인의 말과 같이 오족협화의 나라건만, 일본인 이민단과 조선인 이민단의 배급은 천양의 차였다. 일본 농민에게는 방수포로 만든 개가죽외투에 헝겊장화까지 배급되나 조선 농민에게는 웃은 물론, 고무신 한 켤레 없다. 공출을 더 많이 시키기 위한 미끼로 겨우 광목 몇 자를 배급해줄 뿐이다. 그것도 밭농사하는 사람에게는 없고 벼농사하는 사람에게만. 일본 농민(일본에 있을 때는 화전민, 혹은 극빈자로 비이르(맥주)라는 것을 구경도 못했던 그들)에게는 쌀 외에도 일주와 비이르까지 배급되고 겨울에는 귤까지 배급되나 조선 농민에게는 쌀은 고사하고 겨우 좁쌀에 잡곡이었다. 판임관(判任官)이나 고등관인 친일파가 아니면, 벼농사를 짓고도 그 벼농사 지은 사람이 쌀을 구경 못하는 곳이 여기 소위 왕도낙토(王道樂土)인 만주였던 것이다."[79]

윤휘탁은 "만주국은 당시 수많은 조선인에게 '기회와 고난의 무대'였다"며 다음과 같이 말했다.

"일본은 조선인을 형식적으로만 '(일본인 다음의) 2등 공민'으로 취급했다. 실제로는 중국인의 반발을 의식해 조선인의 지위를 중국인보다 위에 두지 않았다. 이 때문에 만주의 조선인 가운데는 도박 · 아편 밀매 · 매춘 · 밀수 등에 종사하는 사람들이 적지 않았다. 그들의 생활여건은 중국인보다 열악했다. 중국인들도 '일본의 앞잡이' 라는 경멸적 의미를 담아 조선인을 '2등 공민' 이라 불렀다."[80]

김용석은 "일부 친일파를 제외한 만주국 내 조선인들은 자신을 만주국민으로 여기지 않았다. 삶이 힘겨워 고향을 떠나온 그들에게 만주는 기회의 땅이 아니라 서글픈 황야였고, 그들은 2등 국민이라기보다는 부평초(浮萍草)였고, 차라리 그렇기를 원했다"고 했다.[81]

한석정은 "조선인은 만주국에서 부담스러운 범주였다"며 "그들은 실제로 용이한 민족 박해의 대상이며, 떠돌이 비적들의 일차 먹잇감에다, 만주국 정부에 의해서는 '위험한 공산분자' 로 감시받은 사람들이었다"고 했다.[82]

'남북한의 권력을 잉태시킨 공간'

윤휘탁은 "만주국은 뒷날 남북한의 권력을 잉태시킨 공간이다"며 "김일성(1912~1994), 김책(1903~1951), 최용건(1900~1976) 등 북쪽 지도자들과 박정희(1917~1979), 정일권(1917~1994), 최규하(1919~2006) 등 남쪽 지도자들은 모두 일제가 지배한 만주국의 질서에 저항 또는 적응하면서 성장했다"고 했다.[83]

박정희의 경우를 보자. 1937년 3월 20일 대구사범을 졸업한 박정희는 4월 초 만 20세의 나이에 문경 공립보통학교 교사로 부임하였지만, 교사직을 싫어했으며 나중엔 저주하기까지 했다. 그는 누나 박재희에게 "죽어도 선생질 더 못 해먹겠다"고 말하곤 했다.[84]

만주 신경군관학교 예과 졸업식을 보도한 1942년 3월 24일자 『만주일보』 기사. 대열 앞에서 생도 대표로 인사하는 사람이 박정희다.

박정희는 만주 신경군관학교에 들어가고 싶어했다. 가장 큰 동기는 "긴 칼 차고 싶어서"였다. 나이가 많은 게 약점이라 호적을 고쳐 나이를 한 살 낮추기까지 했다. 그걸로도 모자라 박정희는 만주 군관학교에 "진충보국 멸사봉공(盡忠報國 滅私奉公)"이라는 혈서를 써서 보냈고, 이 혈서는 만주의 신문에 보도되었다.[85]

이 '혈서 작전'이 성공해 박정희는 1939년 10월 만주 군관학교 입학시험을 치르고 1940년 3월에 만주로 떠났다. 박정희는 만주로 떠나면서 제자들에게 "내가 칼 차고 돌아올 땐 군수나 서장보다 높은 사람이 되어 있을 거다"라고 말했다.[86]

1934년기와 1939년~1941년기는 조선인이 가장 많이 입학한 시기다. 만주 신경군관학교 조선인 후보생들은 거의 사회적 지위가 낮았으며 전에 일본인 사회와 관계를 갖지 않았던 빈농 출신의 청년들이었다.[87]

박정희는 1940년 4월에 만주 신경군관학교 2기생으로 입교하였다. 1기생 한국인은 이주일, 김동하, 윤태일, 박임항, 방원철 등 13명이었고, 2기생은 박정희를 포함하여 11명이었다. 만주라는 혼란 상황에 익숙했던 탓인지 만주 신경군과학교 출신 장교들은 훗날 창군과정에 잘 적응한다. 이들은 요령과 임기응변에 뛰어나 미군들과도 잘 사귀었으며, 그래서 초창기 한국군의 헤게모니를 잡게 된다.[88]

박명림은 "만약 그의 만주행이 없었다면 5·16은 근본적으로 불가능하였을 것이라는 데 의심의 여지가 없다. 김일성 역시 마찬가지였다. 만주에서의 투쟁 경험이 없었다면 권력 장악은 불가능하였을 것이다"고 했다.[89]

박정희는 1942년 3월 만주 신경군관학교를 졸업하면서 만주국 황제 푸이로부터 금시계 은사품을 받았다.[90] 그는 곧장 일본 육사에 편입, 1944년 4월 일본 육사 졸업을 거쳐 육군소위로 임관해, 다시 만주로 돌아와 종전 시점까지 장교로 근무하다가 1946년 5월에서야 귀국하게 된다.

제**2**장

폭탄 의거와 투기 광풍

이봉창 · 윤봉길의 '폭탄 의거'

김구의 한인애국단

일제가 만보산 사건을 조작해 한 · 중 양 국민을 갈등관계로 몰아간데
다, 뒤이은 만주사변으로 인해 중국에서 한국 독립운동가들이 설 자
리는 좁아졌다. 임시정부는 그러한 난국을 타개하기 위해 특무대를
조직해 의열투쟁을 전개하기로 결정하고, 1931년 말에 비밀리에 한인
애국단이라는 특무조직이자 의열투쟁단체를 조직했다. [1]

임시정부 국무회의는 단장인 백범 김구(1876~1949)에게 전권을 위
임했던바, 한인애국단은 사실상 김구의 개인 조직이나 다름없었다.
한인애국단 제1호 당원은 이봉창(1900~1932), 제1호 의열투쟁은 이봉
창 의거였다. 윤봉길(1908~1932)은 제2호 단원, 윤봉길 의거는 제2호
의열투쟁이다. [2]

1932년 1월 8일 일본의 수도 도쿄 한복판에서 일왕이 타고 가던 마

차에 폭탄이 날아들었다. 1924년 박열(1902~1974) 의거, 1925년 김지섭(1885~1928) 의거에 이어, 일왕을 처단하려는 조선인 애국지사가 던진 세 번째 폭탄이었다. 일왕 히로히토(裕仁, 1901~1989)에게 폭탄을 던진 한국인 청년은 이봉창이다. 조동걸은 "한인애국단이 김구에 의하여 창단되었는데 그것은 이봉창에 의하여 출범하게 된 것이다. 백범의 의열투쟁 구상이 이봉창에 의해 현실화된 것"이라고 평가했다.[3]

이봉창 의거

1931년 12월 13일 한인애국단에 정식으로 가입한 이봉창은 일본인으로 가장해 일본 도쿄로 향했다. 그는 일왕이 1932년 1월 8일 요요기(代代木) 연병장에서 거행되는 신년 관병식에 참여한다는 사실을 알아내고 이날을 거사일로 결정하였다. 그날 일왕이 탄 마차행렬이 앞을 지나자 이봉창은 뛰쳐나가며 손에 든 폭탄을 일왕을 향해 던졌다. 폭탄은 일왕이 탄 마차 뒤쪽에서 폭발해 일장기를 든 기수와 근위병이 탄 말 두 필을 쓰러뜨렸지만, 일왕에겐 미치지 못했다.[4]

『조선일보』는 이 사건을 호외로 보도한 데 이어 10일치 1면 머리로 이 사실을 자세히 알렸다.[5] 이 사건은 세계를 깜짝 놀라게 했다. 특히 중국의 각 신문은 이 사진을 대서특필하면서 "한국인 이봉창이 일왕을 저격하였으나 불행하게도 적중하지 못하였다"고 하며, 일왕을 폭살하지 못한 것을 매우 애석해했다. 현장에서 체포된 이봉창은 그해 9월 30일 도쿄 대심원에서 사형을 언도받고 10월 10일 순국했다.

이봉창은 '신일본인'으로 살아가기 위해 애썼던 사람이다. 신일본인의 명분을 갖추기 위해 일본 천황을 배알할 필요가 있다고 생각하

이봉창 의사는 1931년 12월 13일, 일왕을 살해하기 위해 상하이를 떠나기 전 기념사진을 찍었다(왼쪽). 이 의사가 가슴에 걸고 있는 일왕 저격 선언문은 당시 한인애국단의 전권을 맡고 있던 김구가 직접 쓴 것이다(오른쪽).

여 교토(京都)에 갔지만, 일본인이 아니라는 이유 하나만으로 감금되었다. 그는 1929년부터 2년간 일본인으로 위장생활을 하기도 했다. 이와 관련, 조동걸은 다음과 같이 말했다.

"중요한 것은 영웅적 행동을 끝마친 뒤에도 자신의 신일본인이나 위장 일본인의 이야기를 감추지 않았다는 점이다. 일반 생활도 영웅적으로 묘사한 것이 아니라 극히 평범한 인간으로 진솔하게 말하고 있다. 이와 같이 이봉창은 인간주의적 고뇌와 식민지인의 운명에 대하여 고심하다가 의열투쟁을 결심하였다. 거기에서 평범한 인간주의를 발견할 수 있고, 그 평범한 생애 자체에서 위대한 인간상을 찾을 수 있다. 처음부터 거창한 영웅주의를 내세운 많은 경우와 다르다."[6]

한시준은 "이 의사의 의거는 일본 제국주의가 신격화해 놓은 일왕을 폭살시키려 했다는 점에서, 그리고 일제의 심장부인 도쿄 경시청 앞에서 일어났다는 점에서 특별한 의미를 갖는다"고 했다.[7] 또한 이봉창 의거는 만보산 사건으로 인한 한중 민족 간의 반목감정을 완화하는 데 크게 기여했을 뿐만 아니라 임시정부에 대한 중국 정부의 경제적 지원을 받는 계기가 되었다.[8]

윤봉길 의거

이봉창 의거에 중국 신문들이 일제히 "불행히도 명중하지 않았다"고 보도한 것에 격분한 상하이(上海) 주둔 일본 해군은 이 신문사들을 습격, 파괴했다. 마침 상하이 주둔 해군은 만주침공을 주도한 육군에게 밀린다는 강박관념을 갖고 있었기에, 이 보도를 트집 잡고 또 일본승려 피살 사건을 조작해 상하이 침공에 나섰다.[9]

1932년 1월 28일 일본군은 10만 병력과 비행대로 상하이를 공격했다. 중국군은 중앙군 등 30만 명을 투입하여 만 1개월간 치열한 시가전을 벌이며 항전했으나 패전해 일본군에 상하이를 점령당하고 외곽으로 후퇴했다. 일본군은 민간인 거주지를 무차별 폭격하여 중국과의 협상을 끌어냈다. 이에 일본군은 4월 29일 천장절(天長節, 일왕 생일)에 맞춰 승전 기념잔치를 상하이 홍커우(虹口)공원(지금의 루쉰공원)에서 거행하기로 했다.[10]

일제의 승전 기념잔치에 폭탄을 던지기 위해 이틀 전인 4월 27일

거사에 앞서 태극기 앞에서 기념사진을 찍은 윤봉길 의사. 오른손
에는 권총을, 왼손에는 수류탄을 들었다. 윤 의사의 의거는 한인애
국단이 펼친 두 번째 의열투쟁이었다.

홍커우공원을 답사한 한국인 젊은이가 있었으니, 그가 바로 윤봉길이
다. 공원 답사 뒤 윤봉길은 "남기고 싶은 글이 있으면 전해 달라"는
김구의 요청을 받고 즉석에서 연필로 수첩에 다음과 같은 글을 썼다.

"23세, 날이 가고 해가 갈수록 우리 압박과 우리의 고통은 증가할
따름이다. 나는 여기에 한 가지 각오가 있었다. 솔직히 말하자면 뻣뻣
이 말라가는 삼천리 강산을 바라보고만 있을 수가 없었다. 수화(水火)

윤봉길 의사의 폭탄은 일제의 승전 기념식장의 분위기를 일거에 바꾸어 놓았다. 상하이 파견군 사령관, 상하이 일본 거류민단장이 절명했고, 중국 주재 일본 공사 등이 중상을 입었다. 사진은 의거 뒤 사망자와 부상자를 옮기는 식장 단상의 모습이다.

에 빠진 사람을 보고 그대로 태연히 앉아 볼 수는 없었다. 여기에 각오는 별것이 아니다. 나의 철권(鐵拳)으로 적(敵)을 즉각으로 부수려 한 것이다. 이 철권은 관(棺)속에 들어가면 무소용(無所用)이다. 늙어지면 무용이다. 내 귀에 쟁쟁한 것은 상하이 임시정부였다. 다언불요(多言不要), 이 각오로 상하이를 목적하고 사랑스러운 부모형제와 애처애자와 따뜻한 고향산천을 버리고, 쓰라린 가슴을 부여잡고 압록강을 건

넜다."[11]

윤봉길은 태극기 앞에서 오른손엔 권총을, 왼손엔 수류탄을 들고, 가슴에는 선서문을 붙이고 한인애국단원으로서 기념사진을 찍었다. 김구는 윤봉길에게 "후일 지하에서 만납시다"라고 말했다. 거사 당일 아침 윤봉길은 "선생님, 나는 한 시간밖에는 시계가 필요치 않습니다"라고 말하면서 자신의 시계와 김구의 시계를 바꾸어 찼다. 자신의 시계는 6원짜리였고 김구의 것은 2원짜리였다.[12]

한 시간 후인 11시 반쯤 윤봉길은 식장 단상을 향해 폭탄을 던져 상하이 파견군 사령관 시라카와 요시노리(白川義則) 해군대장, 상하이 일본 거류민단장 가와바타 사다지(河端貞次)를 절명시켰다. 또 중국 주재 일본 공사 시게미쓰 마모루(重光葵), 노무라 기치사부로(野村吉三郎) 중장(제3함대 사령관), 우에다(植田謙吉) 중장(제9사단장)에게 중상을 입혔다.(1945년 9월 2일 미주리호 함상에서 패전국의 상징처럼 목발을 짚고 나타나 항복 서명했던 외무대신이 바로 시게미쓰다.) 윤봉길은 현장에서 체포된 뒤 같은 해 12월 19일 일본 가나자와에서 총살당했다.[13]

'폭탄 의거'의 파급효과

중국인들은 윤봉길 의거가 있던 날 오후 2시~3시경 호외를 통해 소식을 접하고 중국군 몇 개 사단을 동원해도 안 될 일을 조선 혁명투사 한 사람이 해냈다고 기뻐하고 찬양했다. 특히 이에 감동한 장제스는 이후 중국의 각지 군관학교를 순회 강연하면서 윤봉길이 중국군 30만 명이 해내지 못한 일을 해냈다고 격찬했다. 장제스는 훙커우공원 의거 이전에는 한국 독립운동에 호의가 없었지만, 이후 완전히 달라졌

윤봉길 의사의 '폭탄 의거'를 보도한 1932년 4월 30일자 『동아일보』 호외. 「상해축하식장에 일 청년이 돌연투탄」이라는 머리기사가 보인다.

다. 처음으로 김구-장제스 비밀회담이 열렸고, 김구의 한국 독립군 장교 훈련 요청에 장제스는 쾌히 응낙했다.[14]

이 '폭탄 의거'로 인해 가장 부각된 인물은 김구였다. 독립군 출신 황용주는 "김구는 당년 68세로 그가 계획했던 윤봉길의 거사가 크게 성공했던 1932년까지 임정의 한 관리에 불과했다"며 "윤봉길의 거사 는 하루아침에 그를 임정 내에서 가장 유명한 인물로 만들었다"고 말

했다.[15]

안창호(1878~1938)는 윤봉길 의거로 일본 경찰에 체포돼 본국으로 송환됐다. 안창호의 비서실장을 지낸 구익균(1908~)은 "일경이 배후를 묻자 체포된 윤봉길 의사는 '거류민단장'이라고 답했다. 윤 의사는 백범이 며칠 전에 민단장 자리에서 물러나고 이유필(1885~1945) 씨가 새로 민단장이 된 사실을 몰랐던 것"이라며 "윤 의사의 진술을 받아낸 일본 경찰은 거류민단장 이유필 씨 집으로 들이닥쳐 안창호라는 예상 밖의 '대어'를 낚았던 것"이라고 했다.[16]

이봉창·윤봉길의 양대 '폭탄 의거'는 모든 면에 걸쳐 엄청난 충격이었다. 김희곤은 "독립운동계에는 격정을, 중국 정부와 중국인들에게는 한국 독립운동에 대한 애정을, 일본에게는 충격을 각각 안겨주었다"며 다음과 같이 말했다.

"침체된 독립운동계가 다시 소생했다. 국내 신문도 거사 소식을 흥분의 목소리로 연일 보도했다. 미주 동포사회도 흥분의 도가니였다. 장제스는 김구를 특별히 보호할 것을 지시했고, 중국 민간단체들은 임시정부에 상당한 성금을 보내왔다. 일본은 이봉창 의거에 이어 큰 충격을 받았다. 김구가 직접 단원을 이끌고 국내로 잠입한다거나, 부하들이 이미 잠입했다는 정보가 나오기도 했다. 허둥대는 일본이 애처로워 보이기조차 한다. 하지만 이봉창·윤봉길 의거만이 한인애국단 활동의 전부는 아니다. 한인애국단은 여러 차례 요인 암살을 시도했다. 이덕주(1908~1935)와 유진식(1912~1966)을 국내로 보내 총독을 암살하려 했고, 유상근(1910~1945)과 최흥식(1909~1932)을 만주로 보내 관동군 사령관을 죽이고자 했다. 또 김긍호라는 여자 요원도 파견됐다. 그러나 이러한 계획은 실패했고, 그 과정에서 다수의 단원들이 일경에 검거되고 순국했다. 거사가 실패했다고 가치가 없는 것은 아니다. 성공 뒤에 숨은 그늘을 이해하고 가치를 부여할 때 전체적인 윤곽을 이해할 수 있기 때문이다."[17]

그러나 동시에 윤봉길의 의거는 상하이에서 살고 있던 조선인 민족운동가에 대한 일제의 가혹한 탄압을 불러왔다. 임시정부도 이후 호된 고난의 길을 걸어야 했다. 거사 직후 임시정부는 긴급히 항저우(杭州)로 피신했으며, 이후 난징(南京), 우한(武漢), 창사(長沙), 광저우(廣州), 류저우(柳州), 구이양(貴陽), 쭌이(遵義), 치장(江)을 거쳐서 1940년 중국 내륙도시 충칭(重慶)에 안착하기까지 내내 피난길에 올랐다.[18]

윤봉길 의사 기념사업

1986년 '윤봉길 의사 의거 55주년 기념사업 추진위원회'가 결성되었다. 『동아일보』 사장 김상만이 위원장을 맡아 기념관 건립기금 모금운동을 벌여 1988년 12월 1일 서울 서초구 양재동에 매헌 윤봉길 의사 기념관을 세웠다. 1992년 4월 29일 윤봉길 기념관 좌측에 높이 9.8미터, 높이 3.5톤의 윤봉길 동상이 세워졌다. 다음날 '윤봉길 의사 사상연구소'는 "윤 의사의 동상이 실물과 터무니없이 달라 경악을 금치 못한다"는 내용의 성명을 내고 시정할 것을 요구하였으나, 받아들여지지 않았다.

정재정·염인호·장규식에 따르면, "조각가의 예술적 주관 개입 문제는 전문 분야에 속하므로 시비를 따지는 일은 좀 신중해야 할 것이다. 다만 동상 제작 등 일련의 사업이 정치적 목적에 기능했던 것만은 사실인 듯하다. 당시 민자당 내 민정계 관리인이었던 박태준 씨가 이봉창 기념사업회 회장이었고, 민주계 수장이었던 김영삼 씨가 윤봉길 기념사업회 회장을 맡은 데서 그 일단을 엿볼 수 있다. 신성해야 할 윤 의사 동상 제작에 이 같은 불미스러운 일이 연출된 것은 유감된 일이라 하겠다."[19]

2003년 『동아일보』는 윤봉길의 생애를 다룬 창극 〈청년시대〉를 후원했고 2007년에는 의거 75주년을 기념해 기념음악회, 매헌문화제, 항일유적 국토 순례 등의 행사를 열었다.[20]

2007년 12월 18일, '윤봉길 의사 탄신 100주년 기념사업회'는 윤 의사 순국 75주기를 하루 앞두고 윤 의사에 관해 제대로 알려지지 않은 역사적 사실들을 공개했다. 기념사업회 측에 따르면 중국 상하이 홍커우공원에서 윤봉길이 던진 폭탄은 지금까지 일반에 알려진 것과 달리 도시락 폭탄이 아니라 물통 폭탄이었다. 윤봉길은 도시락 폭탄도 자결용으로 가지고 있었으나 끝내 터트리지 못했다. 또 일본군은 윤봉길을 폭탄투척 현장인 홍커우공원에서 공개처형하려다 포기하기도 했다. 기념사업회 관계자는 "일본의 시민운동가 야마구치 다카시가 1994년 펴낸 『윤봉길 암장의 땅, 가나자와에서』란 책에 이런 내용이 소개돼 있지만 한글 번역본이 출판되지 않아 널리 알려지지 않았다"며 "일본군은 공개처형을 택하면 윤 의사가 침략군을 응징한 세계 영웅으로 떠오를 수 있다는 점 때문에 이를 포기했다"고 밝혔다.[21]

2008년 '매헌 윤봉길 의사 탄신 100주년 기념사업회'(회장 김학준, 『동아일보』 회장)는 『동아일보』 후원으로 윤봉길 탄생일인 6월 21일을 전후해 기념학술대회, 공연, 전시회 등을 열었다. 6월 3일엔 『매헌 윤봉길』 평전이 한국과 중국에서 각각 한국어, 중국어로 동시 발간되었으며, 6월 18일에는 중국 상하이 사회과학원에선 '윤봉길 의사의 항일 의거와 동북아의 평화 공존'이라는 주제로 한국·중국·일본 학자 300여 명이 참가하는 국제학술회의가 열렸다.

왜 박헌영은 윤봉길 의거를 비판했나?

2007년 4월, 박노자는 "중국을 무대로 한 무장독립투쟁에서 중국인이나 외국인이 우연히 희생됐을 때 여론 악화가 뒤따르곤 했지만, 한국 쪽에서도 중국 쪽에서도 특히 일제의 대륙침략이 본격화된 1930년대에 들어와 일본 민간인의 피해에 별다른 관심을 돌리지 않았다"며 다음과 같이 말했다.

"예컨대 1932년 4월29일 윤봉길의 상하이 홍커우공원 의거 때 일본인 사진기자를 비롯한 수 명의 일본 민간인들이 피해를 입었음에도, 침략 원흉들의 폭살과 부상에 기뻐하고 있던 중국 여론은 이를 인식하지 않았다. 테러로 피해를 입어도 피침지역의 현지인들에게 동정을 받지 못하는 것은, 지배 계급의 침략적 야심을 견제할 줄 모르는 '말 잘 듣는' 침략국 민중이 받는 집단적 업보라 할까? 미 제국의 '공범'이 되어 이라크나 아프간에서 자국의 시민이 현지 저항세력의 손에 죽은 것을 이미 본 바 있는 한국 국민으로서도 심각하게 성찰해볼 만한 대목이다."

이어 박노자는 "70여 년 전, 한국 공산운동의 탁월한 지도자 박헌영(1900~1955)은 윤봉길의 의거를 비판하면서 민중의 계급적 각성과 연대가 뒷받침하지 않은 극소수의 폭력에 의한 운동은 필히 패배한다고 이야기했다"며 다음과 같이 말했다.

"지금의 이라크 상황을 본다면 윤봉길과 비슷한 방법들을 이용하고 있는 무장투쟁이 성공할 확률도 적지 않지만, 과연 소수의 저항집단이 만드는 독립국가는 민중적, 민주적, 인권적 모습을 띨 것인가? 최고의 빨치산 대장이 결국 최악의 독재자로 변신한 한반도 현대사의 교훈을 염두에 둔 필자는 이라크 무장독립운동의 성공적 투쟁에 대해 기쁨과 함께 일정한 염려를 느끼고 있다."[22]

2007년 8월, 신용하는 "백범이 1932년 한인애국단을 편성해 윤봉길 의사의 홍커우공원 의거를 일으킨 것을 놓고 '테러'라고 주장하는 사람들이 있다. 그러나 이것은 망발이다"며 다음과 같이 주장했다.

"이것은 대한민국 임시정부 대 일본제국의 특공대 전투였다. 이것을 일제는 '테러'라고 규정했을까? 그렇지 않다. 일본 육군성 비밀자료에 의하면, 윤 의사의 시라카와 사령관 폭사에 대해 만주에서의 '조선독립을 위한 편의대(便衣隊, 민간복장의 유격특공대)의 공격과 동일한 것'이라고 규정하고, 임시정부의 특공작전임을 명확히 했다. 따라서 시라카와의 죽음을 '공무 사망'이 아니라 '전사(戰死)'로 규정했다. 일제가 군사력으로 남의 나라를 침략 점령하고 주권을 빼앗았으므로 주권을 회복하기 위해 싸운 광복군과 특공대 활동에 대해 '테러' 운운하는 것은 전혀 사실과 일치하지 않는 왜곡이고 오해이다."[23]

'테러'냐 아니냐 하는 건 수사학적 수준의 논쟁이 아닐까? '테러'를 부정적 의미로만 보면 펄펄 뛸 만하지만, 사람에 따라 각자 정의를 달리 한다는 걸 감안할 필요가 있겠다.

02

'선구자' 와
'민생단 사건' 의 비극

'강가에서 말 달리던 선구자'

만주는 '선구자' 의 땅이기도 했다. 일제가 만주국을 세우자 조선인과
중국인들은 동북항일연군을 결성했고 1만 명이 넘는 조선의 청년들
은 기꺼이 병사가 되었다. 그들은 말을 타고 거친 대륙을 가로질러 하
이란강(海蘭江, 해란강)가를 달리며 쉼 없이 일제와 싸웠다.[24]

"일송정 푸른 솔은 늙어 늙어 갔어도/ 한 줄기 해란강은 천년 두고
흐른다/ 지난 날 강가에서 말 달리던 선구자/ 지금은 어느 곳에 거친
꿈이 깊었나……"

가곡 〈선구자〉의 제1절이다. 그 무대는 중국 지린(吉林)성 옌볜(延邊)
조선족자치주의 룽징(龍井)시다. 하이란강이 흐르는 넓은 평야지에 위
치한 이곳은 인구 30만 명 가운데 20만 명이 조선족일 정도로 한민족
이 대거 분포하고 있는 집단거주지이다. 룽징 남쪽 4킬로미터 지점에

만주는 '선구자'의 땅이기도 했다. 일제가 만주국을 세우자 조선인과 중국인들은 동북항일연군을 결성, 쉼 없는 투쟁을 벌였다. 가곡 〈선구자〉는 이런 투쟁사의 한 장면을 담은 것으로 유명하다. 사진은 그들의 투쟁무대였던 룽징시 전경이다

위치한 비암산 일송정은 일제강점기 항일투사들의 비밀 활동장소로 즐겨 이용되던 곳이다. 일송정(一松亭)이란 이름은 비암산 벼랑의 바위 위에 우뚝 솟은 소나무 한 그루가 정자 같았다는 데에서 유래했다. 일송정에 오르면 멀리 서쪽으로 룽징 시내가 한눈에 들어오고, 발 아래 북쪽으로는 하이란강이 서에서 동으로 유유히 흐르는데, 이곳이 바로 '선구자'의 고향이다. 이 노래의 탄생 배경은 이렇게 알려져 있다.

1932년 10월 어느 날 저녁에 만주 하얼빈에 살고 있던 청년작곡가 조두남(1912~1984)에게 낯모르는 한 청년이 찾아와 시 한편을 내놓으며 곡을 붙여달라고 하고는 사라졌다. 조두남은 작곡을 해놓고 그 청년을 기다렸으나 그는 끝내 나타나지 않았는데, 그 청년은 독립운동

가 윤해영(1909~1956?)이었다.[25]

조두남 · 윤해영의 친일 논란

여태까지 이렇게 알려졌었다. 그런데 전혀 다른 주장이 제기되었다. 2003년 마산시는 가곡 〈선구자〉의 작곡가 석호 조두남을 마산을 빛낸 민족음악가라며 이를 기리기 위해 기념관을 건립했다. 그러나 기념관 건립이 마무리될 쯤 연변의 학자 류연산이 선구자가 '용정의 노래'를 개작한 것이라는 사실을 공개하면서 조두남 · 윤해영의 친일행위 문제가 떠올라 본격적인 갈등양상으로 접어들었다. 류연산은 "'선구자'는 조두남이 나름대로 가사를 고치고 서투른 사기술로 치욕의 역사를 아름답게 포장하여 한국 국민을 상대로 보급한 노래일 뿐이다. 결코 일송정과 역사적 관련이 없다"고 단언했다.[26]

시민단체의 강력한 요구와 투쟁으로 시의원 1명을 단장으로 유족 대표 · 시민단체 대표 · 학자로 공동조사단이 구성되었다. 이들은 증언의 사실성 여부를 확인하고 현지 학자들의 견해를 듣고자 옌볜에 직접 방문하여 현지 조사를 실시했다. 이에 대해 『시민의 신문』 2004년 7월 26일자는 "연변지역 조사과정에서 '선구자'라는 노래는 일제시기 존재하지 않았으며, 해방 후 남한에서 과거 윤혜영과 조두남이 1944년 만든 '용정의 노래'의 곡에다 가사만 바꾼 것임이 밝혀졌다"며 다음과 같이 말했다.

"이와 함께 두 사람이 합작한 '징병제 만세'라는 친일곡도 공개되었고, 추가로 조두남의 친일음악행위도 당시 같이 활동한 김종화 옹의 증언으로 드러났다. 귀국 후 공동조사단은 조사결과보고서를 발표하기로 했다. 그러자 유족 측에서는 공동조사단 활동에 의문을 제기하며 중국 측에 별도로 조사를 의뢰해 조두남의 친일혐의를 벗기겠다고 발표했다. 마산시장은 방송 인터뷰에서 민족문제연구소에 조두남의 친일행적을 의뢰한 바 아무 문제가 없다는 사실 무근의 내용을 밝혀, 민족문제연구소가 강력하게 항의했다. 이후 시민단체와 학계 등 30여 개 단체에서 성명서를 발표하는 등 기념관 건립 추진을 두고 비난이 잇따랐다. 그러자 조두남 기념관이라는 명칭을 그대로 둔 채 '선구자' 창작과정의 사연만 고치자는 중재안이 제시됐으나, 시민단체들은 '마산음악관'으로 명칭을 변경하고 그 안에 조두남 전시실을 따로 두는 방안을 제의했다. 마산시장은 결국 조두남 기념관을 '마산음악관'으로 개칭을 검토하겠다고 밝혔으나 아직 구체적인 결정이 없는 상태다."[27]

중국공산당의 민생단 사냥

윤해영이 조두남을 찾았다는 1932년 10월경 만주에선 최악의 비극적인 사건이 일어나고 있었다. 이때부터 3년 4개월에 걸쳐 만주에서 한국인 500여 명이 학살당하고, 수천 명이 심사·비판받거나 체포·고문당하는 일이 벌어진 것이다.[28] 이른바 '민생단(民生團) 사건'이다.

민생단은 1931년 9·18만주사변 이후 간도의 한국인들을 항일투쟁에서 떼어내어 일제의 만주지배에 협력하면서 '일제의 지배하에서 간도 거주 한국인의 자치'를 실현해보려고 만든 공개적 친일단체였다. 1932년 2월 15일 간도(지린성 옌벤구)에서 결성되었다가 그해 7월 14일 사무실이 폐쇄되고 해체되었으며, 비밀결사나 지하단체도 아닌,

모든 게 공개된 합법적 공개단체였다.[29]

민생단은 중국 공산당과 관동군 양측으로부터 즉각 단호한 비판을 받았다. 중국 공산당은 1932년 2월 7일부터 대중집회 때마다 민생단의 '자치' 시도를 규탄했다. 관동군사령부는 '간도 조선인자치'를 전혀 인정하지 않았기 때문에 친일단체임에도 5개월 만에 해체시킨 것이다. 모든 게 다 끝난 일이었다.

그런데 1932년 8월경 송노톨이라는 중국 공산당원 한 명이 일본 헌병대에 체포되었다가 탈출한 사건이 일어났다. 중국 공산당에선 탈출을 의심했다. 일본군 일본어 통역으로 일하던 조선족 한 명이 생포되었는데, 이 자는 문제의 중국 공산당원이 유격대 내에 민생단을 조직하라는 지령을 받고 석방되었다고 말했다. 이에 중국 공산당은 송노톨에 대한 가혹한 심문과 고문을 한 끝에 중국 공산당 내 한인 당원 20명이 민생단이라고 자백했다. 고문이 워낙 가혹했으니, 사실인지 아닌지 알 길은 없었다. 그럼에도 지목당한 20명은 대부분 총살당했다. 이를 시작으로 공산당 유격대 내에서는 '반(反)민생단투쟁'이라는 이름으로 한인 공산당원에 대한 고문과 처벌 사건이 가끔 일어났다.[30]

그런데 그걸로 끝이 아니었다. 1933년 5월 중국공산당은 '반민생단투쟁'을 전개하도록 지시 선동했으며, 9월에도 다시 강력 지시 선동했다. 모든 조선족 공산당원들과 유격대원들이 공포에 떨었다. 일부 중국인 당원들은 조선족 전부가 모두 민생단이라고 의심하는 지경이었다. 한번 민생단으로 지목되면 고문 때문에 살아날 길이 없었다.[31] 그야말로 마구잡이식 숙청이었다. 한홍구는 그 실상을 이렇게 묘사했다.

"밥을 흘려도 민생단(어렵게 구한 식량을 허비하니까), 밥을 설구거나 태워도 민생단, 밥을 물에 말아 먹어도 민생단(화장실에 자주 가는 것은 전투력을 약화시키니까), 배탈이 나거나 두통을 호소해도 민생단, 사람들 앞에서 한숨을 쉬어도 민생단(혁명의 장래에 불안감을 조장하니까), 설사를 해도 민생단, 고향이 그립다고 말해도 민생단(민족주의와 향수를 조장하니까), 일이 어렵다고 불평해도 민생단, 일을 너무 열심히 해도 민생단(정체를 감추려고 일을 열심히 한 것이니까), 일제의 감옥에서 처형되지 않고 살아 돌아와도 민생단, 오발을 해도 민생단, 가족 중에 민생단 혐의자가 나와도 민생단, 민생단 혐의자와 사랑에 빠져도 민생단, 옷을 허름하게 입어도 민생단으로 몰리는 등 무고한 사람들을 일제의 간첩으로 모는 꼬투리는 끝이 없었다."[32]

한국인 학살에 앞장선 한국인들

1932년 10월부터 시작된 학살극은 1935년 초까지 약 2년 반 동안 집중적으로 진행되다가 1936년 초에 가서야 중단되었다. 한국인 500여명이 학살되었다. 이는 항일투쟁에 심대한 타격을 초래했다.[33]

신용하는 이 사건의 본질은 "중국 공산당 동만특위와 동북인민혁명군 제2군에서 조선족 간부들을 숙청하여 총살하고 중국인으로 교체하기 위한 범죄적 종파투쟁"이었다며 "중국 공산당 안에 잠입한 '민생단'은 처음부터 잠입 존재한 일이 없던 그들이 병적으로 지어낸 '환상' '환영(幻影)'에 불과한 것이었다"고 했다.[34]

김성호는 "지금까지 조선 민족 학자들의 민생단 연구는 조선인들이 박해받게 된 객관적 원인과 피해상황만을 강조하고, 조선인 자체의 문제는 거의 모두 외면하고 있다"며 조선인들의 문제점을 지적했다.

그는 ①조선 민족 항일혁명투쟁 역사를 전체적으로 부정당하면서도 그것을 반박, 규정하지 못했다 ②자기보호와 지나친 자기과시를 위해 동족 동지들을 더욱 무자비하게 타격하고 더욱 잔혹하게 투쟁하는 경향이 많았다 ③자기보호를 위해 진정한 혁명동지마저 보호하지 못했다 등 세 가지를 들었다.

두 번째가 가장 문제였다. 김성호는 김성도, 이상묵, 이송일 등 조선인 간부들이 열광적인 하수인으로서 학살에 앞장서는 극성을 부렸다며 다음과 같이 말했다.

"반민생단투쟁은 상상하기 어려울 정도의 열광으로 전개되어 심지어 4살짜리 어린애까지도 죽였다. 결국 자신을 보호하고 적극성을 표현하기 위해 고문, 타살까지 자행했던 것이다. …… 자기보호 혹은 지나친 불안감이나 과시욕에서 나온 적극성의 과잉표현으로 중국인들 앞에서 조선인을 믿을 수 없음을 고백하며 조직에 자신의 청백함을 나타내는 경우가 많았다. 이런 심리가 민생단 적발과 비판투쟁에서도 그대로 반영되었다. 자기를 보호하기 위해, 자기의 혁명성을 나타내기 위해 조그만 일도 큰 문제로 고발하고 또 거짓진술을 해댄 것이 반민생단투쟁을 확대, 지속시킨 중요한 원인이라고 인정된다."[35]

민생단은 일제가 원치 않은 게 아니라, 총독부와 간도 일본영사관의 후원 아래 조직된 것이라는 견해도 있다. 최남선(1890~1957)의 매제로 나중에(1939년) 폴란드 주재 만주국 총영사가 되는 박석윤이 주도했다는 점에서 그럴 가능성이 높다.[36]

그렇다면 결국 민생단으로 항일투쟁을 방해하려고 한 일제의 작전은 성공한 셈이다. 자신의 안전과 과시를 위해 동포를 죽이는 데에 앞장선 조선인들의 죄에 대해 깊이 생각하노라면 일제가 저지른 최악의 죄악이 바로 이런 것이라는 데에 생각이 미친다. 조선인들끼리 서로 미워하고 죽이게까지 만든 죄악 말이다. 〈선구자〉 친일논란도 일제라는 전쟁기계 국가가 없었더라면 벌어지지 않았을 일 아닌가.

03

투기 · 금광 광풍

1930년대의 만주 붐

1932년 3월 1일 일본이 괴뢰국 만주국의 건립을 선포한 이후, 조선에는 만주 이민 열풍이 휘몰아쳤다. 1932년 60만 정도였던 만주 거주 조선인 인구는 1942년 150만을 돌파했다. 10년 동안 2,400만 인구 중 100만이 빠져나갔으니 가히 '엑소더스(exodus, 대탈출)'라 불릴 만했다.[37]

『동아일보』 1932년 12월 13일자는, "평양 양말, 옥양목, 그 외 면포, 수산물, 고무신 등이 만주로 대진출하여 만주의 외국인 상권을 대침범하고 있다. 인플레정책으로 외국환율이 더 이상 오를 염려가 없고 만주의 치안과 교통이 점차로 회복되면 조선 물품이 더 많이 수출될 것이며 조선 공산품의 수출행렬이 이어질 것이다"라고 전했다. 이와 관련, 윤해동은 "일제의 선전을 더욱 과장하여 보도하면서 조선인

자본가들의 만주 진출을 부추겼다"고 평가했다.[38]

한편 다음과 같은 『동아일보』 기사들은 '만주 붐'이 대단했었구나 하는 걸 실감케 한다.

"약진하는 조선 물산, 각처에서 주문쇄도 근년 이래 점차로 증가경향, 문의는 건수 2,000건"(1934년 5월 18일), "조선 물산 만세—만주로도 대진출, 작년의 기록을 벌써 돌파, 철도국에서는 화물 수출에 분망(奔忙), 반면에 만품(滿品) 수입은 격감"(1934년 6월 19일), "경기 호전 현저, 각 상점의 매상 격증, 식료품은 4할 증가"(1934년 7월 15일), "조선 대외국(對外國) 무역 10월 중에 1,000여만 원, 수출총액은 미증유의 신기록"(1934년 11월 7일)[39]

박헌호는 "이 같은 상황은 민족주의자들, 특히 자본가 계층들에게 식민지 체제 내에서의 경제개발의 가능성이라는 환상을 심어주기에 충분하였다"며 "그래서 식민지에서 자신의 고유한 경제영역의 확립을 위한 노력을 포기하고 일제의 만주침략에 편승하여 '2등 국민'으로서의 지위를 누리는 대신에 정치적으로는 예속하는 길을 선택하였다"고 했다.[40]

조선인 방직회사 중 최대규모였던 경성방직도 1932년부터 만주지역 진출을 위해 값싼 광목을 개발하여 한만 국경도시와 만주지역의 중국인들로부터 인기를 끌었고, 1935년 이후에는 자본규모를 확장하였다.[41] 윤해동은 "그러나 전체적으로 볼 때 일제의 만주 붐 조성은 조선인 자본가들을 위한 경제적인 효과보다는 일제의 정치적인 효과가 더 큰 것이었다"고 평가했다.[42]

'눈깔 먼 노다지'

만주는 함경북도에 때 아닌 부동산 투기 바람을 몰고 왔다. 만주 지린에서 함북 회령을 잇는 철도 '길회선'의 종단항(종착역과 연결된 항구)이 어디로 결정될 것인가? 사람들은 촉각을 곤두세웠다. 일제는 1925년부터 청진과 나진, 웅기를 종단항 후보로 올려놓고 고심했는데, 결정되기만 하면 대륙과 일본을 잇는 국제 항구로 '돈벼락'이 쏟아질 판이었다.

종단항이 청진이 아니라 한적한 시골 포구였던 나진으로 결정되자, 1932년 8월 청진 거리는 온통 눈물바다였고, 도시는 초상집처럼 숙연했다. 4만 주민들은 궐기대회를 열고 진정단을 조직해 서울에 파견하는 등 그야말로 목숨을 건 '투쟁'을 벌임으로써 총독부마저 겁을 먹게 만들었다.

나진과 인근 웅기는 부동산 투기의 광풍(狂風)에 휘말려 땅값은 넉 달 만에 무려 1,000배 가까이 올랐다. 아시아 곳곳에서 몰려든 브로커와 투기꾼들이 거리를 메우는 바람에 땅 주인이 하루에 10번도 바뀌는 기태(奇態)가 연출됐다.

당시 평범한 월급쟁이 한 달 치 봉급이 50원이었는데, "웅기에 가면 팁도 100원으로 주고 개도 100원짜리 지폐를 물고 다닌다"는 말까지 생겨날 정도였다. 발표 몇 달 전에 땅을 판 탓에 드러눕거나 실성한 사람들도 여럿이었으며, 토지를 '발표 이전 가격'으로 수용하겠다는 결정에 또 앓아눕는 사람들이 생겨났다.[43]

부동산뿐만이 아니었다. 금광, 미두(米豆), 주식, 정어리 등 돈이 되는 것이라면 무엇이든 투기의 대상이 되었다. 증거금 10퍼센트로 뛰어드는 주식시장은 지금의 선물(先物) 시장만큼이나 투기성이 강했고,

그 돈마저 잃은 사람들은 명동거리에서 주식 장세를 놓고 도박을 하는 '합백(合百)'에 뛰어들었다. 미두시장의 쌀 투기도 극성을 부렸다. 이 또한 오늘날의 선물 거래였기에 이게 바로 투기를 부추겼다. 투기를 위해 정어리를 매점매석하는 '사업'도 있었다.[44]

김용환의 만요(漫謠, 일제강점기에 유행한 해학적 노래)는 이런 투기 바람을 노래하기도 했다. 동해의 정어리잡이를 그리고 있는 〈정어리 타령〉(김성집 작사, 조자룡 작곡), 금광 투기 바람에 내포되어 있는 온갖 모순과 부조리를 다루고 있는 〈눈깔 먼 노다지〉(김성집 작사, 조자룡 작곡) 등이 바로 그것이다.[45]

'황금광시대'

모든 투기 중 가장 드라마틱한 건 단연 금광 투기였다.

『신동아』1932년 10월호에 따르면, "금값이 올라간다고 세상은 떠든다. 누런 금덩어리를 찾는 사람의 안광(眼光)은 전 조선의 산야를 녹일 듯이 번쩍거리고 있다. 따라서 산야에는 광맥을 찾는 일확천금을 꿈꾸는 광객(鑛客)의 발길이 안 이른 곳이 거의 없게 된 터이다. 이것은 산야에서만 보는 현상이 아니라 도시에서도 황금덩어리를 사고팔며 한편으로는 금광 출원을 하는 등 과연 황금의 광상곡(狂想曲)이 충천의 세(勢)로 높아간다. 언제라 황금의 만능이 아니엇던 바가 아니나 요새처럼 일층의 황금광시대를 나타내는 것은 처음으로 보는 것이다."[46]

『별건곤』1933년 2월호에 따르면, "금값이 올라가는 바람에 세상은 바야흐로 황금광시대가 되어버렸다. 금이라면 젖먹이 어린애까지 귀가 번쩍해하는 요즘! 너나없이 속이 상하면 '에잇! 빌어먹을 금광이

일제의 사금 채취에 동원된 한국인들. 일제가 13년간 이탈했던 금본위제로 복귀하면서 1930년대 초 한국에는 금 광풍이 불었다. 일제는 사금 채취에 한국인들을 동원하고, 돈을 풀어 금 채굴을 장려하는가 하면 생산된 금을 고가에 매수하기도 했다.

라도 하나 발견해야지!' 하고 금광만 발견하는 날에는 세상만사 모두 풀릴 줄만 알고 덤비는 세상이다. 그런데다가 여기도 금광 저기도 금광, 두렁 너머 김서방네 논에서도 금이 난다고 떠들어대고, 신문은 신문대로 '산금(産金) 왕국!' 이니 '황금 천지!' 니 귀가 번쩍하게 초호활자(初號活字, 제일 굵은 활자)로 떠들어대어 금이 아니면 정말로 행세 못할 세상이 되어 버리고 말았다."[47]

1933년 한 해 동안 5,025개소의 광산이 개발되었는데 그중 금광이

3,222개소였다. 군 단위로 계산해도 한 군에 이삼십 곳씩의 금광이 있는 셈이었다. 1934년 금광의 출원 건수는 5,972건에 이르렀다.[48]

『삼천리』 1934년 5월호에 따르면, "지금 조선은 그야말로 황금광 시대다. 평안도나 함경도나 전라도나 어디를 물론하고 산이 있고 바위가 있고 흙이 있는 곳곳에는 망치를 든 탐광꾼들이 없는 곳이 없고 양복쟁이, 상투쟁이, 어른, 어린애 할 것 없이 눈코 박힌 사람이 두셋만 모여 앉은 자리에서 금광 이야기 나오지 않는 곳이 없으리만치 금광열이 뻗치었다."[49]

『삼천리』 1934년 8월호에 따르면, "수삼 년 내로 금광열이 부쩍 늘기도 하였거니와 금광 때문에 졸부된 사람도 훨씬 많아졌다. 그래서 웬간한 양복쟁이로 금광꾼 아닌 사람이 별로 없고 또 예전에는 금전꾼이라 하면 미친놈으로 알았으나 지금은 금광 아니 하는 사람을 미친놈으로 부르리만치 되었다."[50]

윤치호의 1934년 8월 27일자 일기는 위 말이 결코 과장이 아님을 보여주고 있다. 당시엔 조병옥(1894~1960), 변영로(1897~1961), 허헌(1885~1951) 등과 같은 저명인사들도 금광 투기에 뛰어 들었는데, 허헌이 윤치호에게 돈을 꾸러 왔다는 이야기가 적혀 있다.

"오전에 허헌 씨가 찾아왔다. 그는 함남 영흥에서 금광을 시작할 수 있게 500원만이라도 꿔달라고 부탁했다. 어찌된 일인지 그가 변호사직을 잃고 하루벌이 인생을 살게 된 후부터 난 그가 마음에 들기 시작했다. 그의 전처소생(허정숙)은 그에게 골칫거리만 안겨주는 존재라는 게 입증되었다. 그는 지금 광산 경영자, 아니 광산 투기꾼으로 변신하고 있다. 그가 성공했으면 좋겠다."[51]

『사해공론』 1936년 7월호에 따르면, "언젠들 사람이 돈맛을 몰랐

으랴마는 새삼스레 느낀 듯이 요새 와서는 사람마다 돈! 돈! 젊은 놈이나 늙은이는 그만두고라도 어린애들까지 돈! 돈! 예사로 보던 돌덩이에 '운모(雲母)'만 번쩍여도 금이다 은이다 하여 분석을 하느니 광무소(鑛務所)를 찾아가느니 밤잠을 못 자느니 일확천금에 눈이 뒤집혀서."[52]

일확천금에 눈이 뒤집힌 사람들이 많아진 덕분에 조선의 금 생산량은 1939년에 최고조에 이르러 31톤이나 되었다. 일본은 그 덕분에 이해에 남아프리카공화국, 미국, 소련, 호주와 함께 세계 5대 산금국에 들어갔다.[53]

왜 갑자기 금 광풍이 불었던 것일까? 그건 금값이 올랐기 때문이고 금값이 오른 것은 1930년 1월 일제가 13년간 이탈했던 금본위제로 복귀했기 때문이었다. 일제가 돈을 풀고, 금 채굴을 장려하기 위해 금광에 보조금을 지급하고, 생산된 금은 고가에 매수하는 일이 벌어진 것이다. 전봉관은 "1930년대 초 한반도에 불어 닥친 골드러시는 정교하게 기획된 정책의 산물이었다"고 했다.[54]

카프 문인 김기진의 투기 행각

일확천금에 눈이 뒤집힌 사람 중엔 사회주의문학예술운동단체인 카프(KAPF) 결성에 주도적 역할을 했던 김기진(1903~1985)도 포함돼 있었다. 그는 『조선일보』 사회부장으로 재직 중이던 1933년 금광재벌 방응모(1884~1950, 6 · 25때 납북)가 신문사를 인수하자 "금전꾼 밑에서 기자 노릇 못하겠다"며 사표를 던지고 평안남도로 금광을 찾아 나섰다. 스스로 노다지를 캐내 신문사를 차리려고 했지만, 빈털터리 신

김기진. 사회주의문학예술운동단체인 카프 결성에 주도적 역할을 했던 그도 투기에 빠져 있었다. 그는 낮에는 주식 투기를 하고 밤에는 조간 신문을 편집하는 이중생활을 했다.

세로 서울에 되돌아오고 말았다.[55]

김기진은 실업자로 놀고 있다가 1935년『매일신보』로부터 입사를 제의받자 한 가지 조건만 들어주면 출근하겠노라고 말했다. 오후에 출근해 조간 신문 편집만 할 수 있게 해달라는 조건이었다.『매일신보』는 흔쾌히 조건을 받아들였다. 그는 낮에는 주식 투기를 하고 밤에는 조간 신문을 편집하는 '이중생활'을 했다. 그는 "금광 등 큰 사업도 해봤지만 주식 매매는 오직 총명한 판단으로 짧은 시일 내에 일확천금을 할 수 있다고 생각했다"고 회고록에 썼다.[56]

김기진은『매일신보』기자생활을 하던 5년간, 매일 오전 9시 5분 전 신문사에서 조금 떨어진 명치정(현 을지로2가와 명동) 주식중매점(증권회사)에 나가 시세판을 지켜보았다. 김기진은 5년 동안 하루도 빼먹지 않고 명치정에 출근했다지만, 막판엔 아무런 소득 없이 주식에서 손을 털었다.[57]

전봉관은 "명치정 주식시장에서는 도쿄, 오사카 주식시장으로 매년 수백만 원의 거금이 유출되기도 했다. 모두 허황된 꿈을 좇던 투기꾼의 주머니에서 나온 돈이었다. 그런 줄도 모르고 주식시황판 앞에 모여 앉은 투기꾼들은 일본군의 전승 소식에 환호성을 질렀다"며 다음과 같이 말했다.

"명치정 주식시장에서 90퍼센트 이상의 거래는 10퍼센트의 증거금을 가지고 주가의 등락만큼 차액을 결제하는 단기취인 방식으로 이루어졌다. 가진 돈의 10배까지 주식을 사고팔 수 있었기 때문에 주가가 10퍼센트만 오르내려도 매매자는 깡통을 차거나 두 배의 수익을 얻을 수 있었다. 전쟁은 기회·위기를 거듭 불렀다. 중일전쟁 발발 이후, 시시각각으로 타전되는 전황에 따라 주가는 폭등과 폭락을 거듭했다. 주가는 장제스 하야 소식에 폭등하고, 국가총동원령이 발동된다는 소식에 폭락했다. 또한 중국군의 반격 소식에 폭락하고, 일본군의 광둥성(廣東省) 점령 소식에 폭등했다. 경향 각지의 투기꾼들은 주식시장 활황 소식을 듣고 명치정으로 벌떼처럼 몰려들었다. 인천 미두시장에서 50원으로 100만 원을 만든 전설적 투기꾼 김귀현이 명치정 주식시장으로 진출한 것도 이때였다. 조준호, 강익하, 윤호섭 등 명치정 주식시장을 발판으로 백만장자가 된 사람이 없지는 않았지만, 주식에 손 댄 사람치고 낭패 보지 않은 사람은 드물었다. 명치정 주식시장의 주식 열풍은 1945년 8월 13일, 해방되기 이틀 전까지 이어졌다. 대한민국의 주식시장은 그로부터 10여 년 후인, 1956년 3월 3일 개장했다."[58]

'권력 대신 돈이라도'

전봉관은 "투기가 1920년대~1930년대 식민지 조선의 중요한 문화코드였던 것은 분명하다. 당시 사람들은 금광, 미두, 주식, 부동산, 정어리 등 돈이 되는 것이라면 무엇이든 닥치는 대로 투기의 대상으로 삼았다. 규모도 오늘날 아파트 투기에 비할 바 아니었다"면서도, 한국인에게 '투기 DNA'가 있는 건 아니라고 했다.

"그들이 투기에 열을 올린 건 한국인이었기 때문이 아니라 시대와 제도가 그들을 투기판으로 내몰았기 때문이었다. 식민지 조선인들은 '돈'에 비길 만큼 강렬한 욕망인 '권력'으로부터 철저히 소외당했다. 조선인으로 일본 중의원 의원에 당선된 박춘금(1891~1973), 육군중장에 오른 홍사익(1889~1946), 폴란드 주재 만주국 영사를 지낸 박석윤 등 권력을 움켜쥔 사람도 없지는 않았지만, 다 합쳐봐야 열 손가락 안쪽이었다. 대통령이나 국회의원이 되겠다는 거창한 꿈은 원천적으로 봉쇄된 시대였던 것이다. 거세당한 권력의 빈자리를 파고든 게 돈을 향한 열망은 아니었을까. 더구나 그들은 자본주의의 '돈맛'을 본 첫 세대였다. 돈 욕심을 어떻게 추슬러야 할지 알 턱이 없었다. 투기를 억제할 제도도 구비되지 않은 시대였다."[59]

식민지시대 사람들은 권력을 얻을 수 없었기에 그들의 욕망이 더더욱 돈으로 쏠렸다는 분석이 가슴 아프게 다가온다. 사실 일제강점기에 대한 분석과 평가도 늘 그 점을 염두에 두어야 하리라. 가해자가 가한 제약조건을 외면한 채 피해자의 행태만 분석하다보면 이른바 '피해자 탓하기(blaming-the-victim)'라는 이데올로기의 포로가 될 수 있다.

이재유와 '경성 트로이카'

'조선 전체가 하나의 감옥'

1930년 4차 조선공산당 사건 이후 공산주의운동은 씨가 마를 지경이었다. 일제의 감시와 탄압이 어찌나 심했던지, 안광천(1897~?)은 1929년에 쓴 「조선의 정세와 조선 공산주의자의 당면 임무」라는 글에서 "조선 전체가 하나의 감옥같이 되어 있다"고 했다.

"13개소의 경찰부, 251개소의 경찰서, 기타 수천 개소의 경찰기관, 26개소의 감옥 및 그 지소(支所), 그리고 헌병대 등에 의하여 조선인의 정치적 생활은 완전히 질식되고, 각 방면의 전투적 민중 및 지도자는 박해 · 구타 · 심문 · 고문 · 투옥 · 치사 · 사형당한다. 조선 전체가 하나의 감옥같이 되어 있다. 조선 혁명가에게 적용되는 치안유지법, 폭발물취체법, 제령7호, 보안법, 출판법 등이 유례없는 악법인 것은 물론이지만 실제에 있어서는 이들 법률의 적용조차 형식에 불과하다.

그들은 혁명분자를 발견하는 대로 '인식검거(認識檢擧)'라 하여 무조건 체포하며, 경찰범죄 처벌규칙 혹은 기타를 적용하여 얼마든지 구류하여 두며, 심문이라는 명목으로 임의로 학살하며, 예심이라는 명목으로 몇 년이라도 감옥에 가두어둔다."[60]

그런 혹독한 상황에서도 맹활약한 공산주의자가 있었으니, 바로 이재유(1905~1944)다. 함경남도 삼수군의 농가에서 태어나 도쿄 니혼대에 입학한 이재유는 1927년~1928년 조선공산당 일본총국에서 활동하면서 유인물 배포 등으로 70차례나 연행될 정도로 열정적으로 활동했다. 1930년에는 4차 조선공산당 사건으로 국내로 압송돼 징역 3년 6개월 형을 선고받았다.

'조선공산당 재건 경성 트로이카'

1933년 5월 이재유는 형무소에서 만난 김삼룡(1908~1950)을 비롯해 이현상(1906~1953), 이관술(1900~?), 정태식(1910~?) 등을 끌어들여 '조선공산당 재건 경성 트로이카'를 만들었다. 트로이카(troika)란 러시아 말로 세 마리의 말이 동등한 힘을 갖고 이끄는 삼두마차라는 뜻이다. 즉 모든 활동가들이 동등한 권리를 갖고 민주적인 방식으로 자신과 조직의 미래를 결정하겠다는 의지의 표현이었다.[61]

이재유와 더불어 1933년 앞서거니 뒤서거니 출옥한 이현상과 김삼룡이 트로이카를 구성한 셈이지만, 사실 트로이카의 본뜻은 그게 아니었다. 김경일은 "이재유는 운동가들이 직접 노동자가 되고 농민이 돼야 한다고 생각했다"며 "3명~5명 정도가 모였을 때 구성원들이 모두 지도자인 동시에 피지도자가 되어 서로에게 지도받는 수평적 결합방

식으로 대중적 기반을 확대한다는 개념이 트로이카"라고 설명했다.[62]

경성 트로이카의 활동 가운데 가장 눈에 띄는 것은 조직원들이 주도해 1933년 하반기 서울의 8개 고무·섬유 공장과 7개 학교에서 연쇄적으로 일으킨 파업과 동맹휴업이다. 이재유는 일본 제국주의 타도, 대토지 소유의 해소, 7시간 노동제 확립 등을 혁명의 주요임무로 삼아 수십 부나마 기관지 『적기』 등을 발행해 노동자와 학생층을 의식화하는 사업을 벌였다.[63] 당시 지하조직이 간행물을 발간하는 건 쉽지 않았는데, 이에 대해 안재성은 다음과 같이 말했다.

"필사본으로는 전국적인 정치신문의 권위를 갖기 어려웠다. 등사기가 필요했다. 인쇄기기에 대한 통제가 엄한 시절이라, 개인이 등사기를 구입하기는 어려웠다. 직접 등사기를 만들기로 했다. 우선 두꺼운 유리를 구해 등사판을 삼고, 소나무 가지를 둥글게 잘라 사포로 간 다음 그 위에 자전거 튜브를 말고 양동이 손잡이를 양쪽에 붙여 롤러를 만들었다. 또 축음기 바늘을 아카시아 가지에 끼운 다음 판금으로 싸서 철필을 대신했다. 조악하기 짝이 없는 모양새였으나, 실험해보니 생각보다는 쓸만했다."[64]

사회주의자의 명예를 구한 이재유

경성 트로이카는 현장을 알지 못한 채 지시·하달만 하는 조직은 도움이 되지 않는다며 현장성과 대중성을 중시했다. 이게 바로 그들이 모스크바의 코민테른이나 상하이로 망명해 있던 박헌영 라인에 복속되기를 거부한 이유다. 코민테른은 경성 트로이카를 분파주의·대중추수주의라고 비난했지만, 토착 사회주의자였던 이재유는 소련 등지

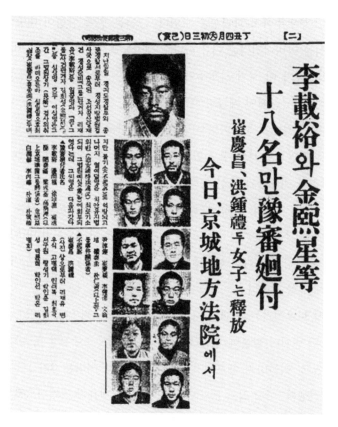

이재유가 주도한 조선공산당 경성 재건그룹, 이른바 경성 트로이카 2기 결성 사건을 다룬 1937년 5월 12일자 『조선일보』 기사. 기사의 사진 가운데 맨 위가 이재유다. 일제는 이재유의 체포를 '조선 공산주의운동의 종언'이라고 선전했다.

에서 들어와 코민테른 배경을 내세웠던 이들이 대중 위에 군림하려 한다고 비판했다. 그가 파업을 조직하면서 노동자들을 '지도'한 게 아니라 '응원'했다고 표현한 것도 그런 비판과 맥을 같이했다.[65]

코민테른의 무지와 몰상식은 이미 1928년의 '12월 테제'로 드러난 바 있다. 코민테른을 맹종한 이들은 '민족주의 죽이기'에 미쳐 돌아가는 소부르주아적 과격성을 보였다. 그들은 민족 단합이 대중의 계급의식을 마비시킨다는 이유 하나로 재만동포재난구조운동도 비난했다. 이재유가 이 시기 사회주의자의 명예를 구한 셈이다. 이와 관련, 서중석은 "극단적인 계급지상주의자에게는 스스로 주장하였듯이, 계급 대립의 절대적 첨예화로 식민지시기의 한국 민족이 해소과정에 있는 인류집단으로 보일 수도 있었을 것이다"며 다음과 같이 말했다.

"그러나 이재유가 조선 독특의 4,000년 역사와 문화, 혈통을 중시하고, 일제가 언어, 풍속, 습관까지 동화를 강요하고 있는 것을 경계한 데서도 추찰(推察)할 수 있듯이, 1930년대에 이재유처럼 민족의 역사에 대해 긍지를 가진 사회주의자들이 적지 않았을 것이라는 점에도 유의해야 할 것이다."[66]

경성 트로이카는 1934년 지도부가 검거됨으로써 와해됐지만, 이재유는 두 번이나 탈출에 성공해 '경성 재건그룹'으로 2기 트로이카를 결성했고, 이들마저 체포되자 '경성 준비그룹'이라는 3기 트로이카를 재건했다. 이 조직도 1936년 12월 25일 이재유가 검거됨으로써 무너졌지만, 그가 투옥된 뒤에도 트로이카 멤버였던 이관술과 출옥한 이현상·김삼룡이 중심이 돼 1939년 '경성 꼼그룹(경성지역 코뮤니스트그룹)'이 결성됐다. 이재유는 1938년 7월 5일 경성지방법원에서 열린 공판에서 "우리 주의자는 운동을 위해 생명을 버릴 결심이고 또 그러한 자가 진실한 주의자"라는 최후 진술을 했다. 그는 이후 감옥에서도 투쟁을 계속하다 모진 고문으로 몸이 망가져 해방 전 해인 1944년 10월 26일 청주교도소에서 옥사했다.[67]

이재유 신화

일제는 이재유의 체포를 '조선 공산주의운동의 종언'으로 선전했는데, 이 선전의 이면엔 그럴 만한 사연이 있었다. 이재유는 일제에 여섯 번 체포되어 여섯 번 탈출하는 신화를 남김으로써 일제 경찰의 위신을 추락시켰기 때문에 일제로선 이재유에 대해 이를 갈고 있었던 것이다.[68] 『매일신보』 1937년 30일자는 이재유의 운동을 폄하하기 위해 다음과 같은 기사까지 실었다.

"어떠한 '로맨스'를 물론하고 그 '로맨스'의 그늘에는 언제나 '여성의 존재'라고 하는 것이 주제(主題)가 되어 있으며 어떠한 사건에든지 여자의 '존재 가치'가 인정되는 만큼 이번 이재유 사건에 관련해서도 이재유를 싸고도는 '삼인녀(三人女)'의 존재라고 하는 것은 자못 크다고 아니할 수 없다. 물론 이재유를 중심으로 여러 사건을 전후해서 삼몽녀(三夢女)의 활약이라는 것은 자못 뚜렷했고 또한 미묘한 관계까지 있었던 만큼 이재유 한 사람에 대한 삼인녀의 '레포' '하우스 키퍼' 또는 유일한 투쟁의 반려자인 '애인'으로서의 이들의 투지와 애정은 남다른 바가 있었다. 즉 이재유가 1932년 말 출옥한 이후 반제동맹운동과 적색노동조합 조직에 있어 교묘하게 이용을 한 여성으로 그 첫째가 이순금, 그 둘째가 박진홍, 그 셋째가 유순희의 세 사람이었다."

유순희는 이재유와 동거한 적이 없기 때문에 오보(誤報)였지만, 이재유가 이순금, 박진홍과 동거를 한 건 사실이었다. 당시 혁명가들은 의심을 피하기 위해 남녀가 부부로 위장해 방을 얻어 같이 사는 경우가 많았는데, 이때의 여성을 '아지트 키퍼'라고 불렀다. 철저하게 '위장 부부'로 끝나는 경우도 있었지만, 이순금, 박진홍의 경우처럼 사실상의 부부가 되기도 했다. 박진홍은 이재유의 아이를 낳았지만, 곧 죽고 말았다. 혁명가들의 비극적인 사랑이었다.[69]

이재유의 탈출 신화는 그야말로 '신출귀몰(神出鬼沒)'이었다. 김학철(1916~2001)은 이재유의 탈옥시 세상에 난리가 났다며 "서울시내 곳곳에서 행인들을 검문을 하는데 무릇 30 전후의 남자란 남자는 다 그냥 지나다니지를 못했다"고 회고했다.[70] 이본영은 이재유 신화의 한두 장면을 다음과 같이 묘사했다.

"이재유는 1934년 1월 이순금의 집에 들렀다가 체포되지만 용변을 본다고 속인 다음 화장실 창문을 깨고 도망쳤다. 불과 며칠 뒤 다시 붙잡힌 이재유는 3월에 간수가 조는 틈을 타 서대문경찰서에서 달아나 정동 미국영사관으로 들어갔다가 다시 잡혀 경찰에 인계됐다. 하지만 포기하지 않고 탈출을 모색하던 이재유는 마침내 4월 13일 탈출에 성공해 2년 반 동안의 도피생활을 시작했다. 이 탈출과정은 비상한 계책의 승리였다. 밥알을 짓이겨 족쇄에 넣어 모양을 본뜬 뒤 우유통 뚜껑으로 열쇠를 만들어 족쇄를 풀었다. 탈출하던 날 저녁을 남겨 이질 환자에게 주고, 그 환자가 한밤중에 간수를 졸라 화장실에 간 사이에 당당하게 경찰서 정문을 빠져나왔다. 탈출 직후 이재유가 숨은 곳이 트로이카의 협력자인 경성제대 교수 미야케의 동숭동 관사였다는 점도 화제가 됐다. 이재유는 마루 밑에 굴을 파고 38일 동안 숨어 지내다 미야케가 체포되자 다른 아지트로 옮겼다. 경찰이 아지트를 덮치는 등 추격을 계속하자, 이재유와 이관술은 1935년 1월 양주군 공덕리(현재 서울 창동)에서 농사를 지으면서 활동을 재개했다. 남부지방의 수해 이재민으로 위장한 둘은 경상도 사투리까지 써가며 신분을 완벽하게 숨겼다. 당시 신문은 '대경성 지하에 숨은 이재유를 잡을 일이 까마득하다' 며 치안 당국의 답답함을 전하기도 했다. 이재유는 본적지 조사를 나온 경찰에게 태연하게 엉뚱한 이름을 불러주기도 했다."[71]

이재유를 숨겨준 미야케 시카노스케(三宅鹿之助, 1898~?)는 조선의 해방운동에 동정적인 인물이었다. 정재정 · 염인호 · 장규식에 따르면, "대표적 항일노동운동가가 경성제대의 일본인 교수 집에서 은거하고 그와 한국의 해방 문제를 협의했다는 사실은 당시 일제 당국은 물론이고 일반 사람들에게도 큰 충격을 주었다. 일제시기에 제국대학의 교수는 일반인이 상상할 수 없을 만큼 대단한 권위와 혜택을 누렸다. 그런 그가 사회주의를 매개로 하여 한국인과 연대하여 일본 제국주의의 타도를 위해 노력했다는 사실은 암울했던 식민지시기에 한 줄기 햇살같이 신선한 것이었음에 틀림없다."[72]

경성 트로이카는 3년여 만에 500명의 검거자를 낳을 정도로 활발한 운동을 했고, 그만큼 일제의 집중 탄압대상이었다. 해방 전 최후의 사회주의 조직이었던 경성 꼼그룹은 1940년 12월 이관술, 김삼룡 등 지도부에 대한 1차 검거, 1941년 9월 이후의 2차 검거, 이어서 함경도를 중심으로 불어 닥친 3차 검거를 겪으면서 1942년에 와해되었다.[73]

2005년 9월, 1933년 9월 서울 신설동 종연방적에서 500여 명의 노동자 파업을 이끈 여성 노동자 이병희(1918~)는 이재유에 대해 "참착하고, 진실하고, 부지런하고, 머리가 좋았다"며 "요즘은 좌익도 (독립운동 유공자로) 해준다는데, 이재유는 가족이 없어 유공자 신청도 못하니 가슴이 아프다"고 했다.[74]

이병희의 말은 의외로 의미심장하다. 가족이 있느냐 없느냐, 가족 파워가 강하냐 약하냐에 따라 역사적 인물에 대한 후세의 평가는 크게 달라지기 마련이다. 이재유라는 이름을 모르는 사람들이 많은 것도 바로 그 가족 문제와 관련이 있다.

01

방응모의
『조선일보』 인수

여운형의 『조선중앙일보』 사장 취임

1929년 7월 여운형(1886~1947)이 상하이에서 일본 경찰에 체포돼 서울로 압송되었다. 신문들이 축제 분위기에 싸여 경쟁적으로 대서특필함으로써 여운형은 민중의 영웅으로 부각되었다. 이정식은 "금의환향(錦衣還鄉)을 꿈꾸었던 그가 쇠고랑에 묶여서 귀국하게 되어 비분(悲憤)의 눈물을 흘렸다는 말은 이해하고도 남지만 당시 그가 처했던 환경과 그 후의 일들을 감안할 때 일본 당국의 조치는 그에게는 전화위복이었다"고 했다.[1]

여운형은 징역 3년 형을 선고받아 형을 살다가 형기를 4개월 남겨둔 1932년 7월 26일 가출옥으로 석방되었다. 그는 1933년 2월 16일 『조선중앙일보』 사장으로 취임했다. 『조선중앙일보』는 당시 『동아일보』 『조선일보』와 더불어 '민간 3지' 또는 '민족지'로 불렸다.

여운형. 상하이에서 독립운동을 하던 여운
형은 1929년 체포되어 서울로 압송된 뒤, 4
개월이 모자란 3년을 감옥에서 보내고
1932년 가출옥 석방되었다. 이듬해 그는
『조선중앙일보』 사장으로 취임, 민간 3지의
한 축을 담당했다.

『조선중앙일보』는 『중외일보』의 후신이다. 『중외일보』는 1931년 6월
19일자로 종간호를 내면서 폐간되었다. 곧 『중앙일보』로 이름을 바꾸
어 새로운 경영을 시도했으나 5개월간 월급을 받지 못한 사원들이 파
업과 단식농성을 벌이는 등 경영난에 빠지고 말았다. 1932년 10월 개
성 대지주 최선익과 논산 갑부 윤희중의 출자로 인수하여 재발행하다
가 여운형을 교섭해 사장에 앉힌 것이다. 여운형이 사장에 취임하면
서 중국에도 『중앙일보』가 있다는 이유로 『조선중앙일보』로 개제(改
題)되었다.[2]

금광왕 방응모의 등장

한편 『동아일보』와 『조선일보』는 상호 치열한 경쟁을 벌였지만, 1933
년 3월 21일 『조선일보』를 방응모가 인수하기 전까지는 『동아일보』의

압도적 우세였다. 김성수(1891~1955)는 동생인 김연수(1896~1979)가 경영한 해동은행, 고무신 제조와 무역업을 하는 경성상공회사 등을 합쳐 1930년에는 500만 원의 재산을 소유했으며, 그의 인척들의 재산까지 합치면 약 1,000만 원을 동원할 수 있는 실력을 가진 것으로 평가되었다. 1931년 12월에는 경영난에 빠져있던 보성전문학교까지 인수했다. 이런 튼튼한 배경 덕분에『동아일보』는 월급도 많고 제 날짜에 급료가 어김없이 지불돼 다른 신문 종사자들의 부러움을 샀다.[3]

『동아일보』기자 봉급은 대부분 60원, 간부급은 70원~80원이었다. 1932년 조선총독부의 한국인 관리로 가장 인원이 많았던 판임관 대우의 평균 월급은 38원 66전, 공립보통학교 교사의 평균 월급은 남자 54원, 여자 48원, 은행원 평균 월급은 70원, 의사는 75원이었다. 소득수준으로 적어도『동아일보』기자는 상류층에 속했다.[4]

그러나『동아일보』의 독주는 방응모라는 인물이 나타나면서 브레이크가 걸렸다. 방응모는 평안북도 정주 출신으로 금광에서 그야말로 노다지를 발견해 벼락부자가 된 인물인데, 1922년부터 5년간『동아일보』정주지국장으로 일한 적도 있었다.

1927년 7월 말, 3년 전 방응모가 임대받은 폐광인 삭주 교동광산에서 금이 쏟아져 나왔다. 연간 300킬로그램 생산 규모(현 시세로 약 60억 원)였다. 금광은 계속 성장해 1930년엔 종업원 수 1,113명을 기록해 종업원 1,400명을 고용한 미국 자본의 운산금광 다음으로 큰 금광이 되었다. 나중에 우리나라 금 생산량의 10퍼센트를 차지하게 되었다. 후일 포천군에 위치한 영평광산도 매입한 방응모는 국내에선 채 10대가 안되던 천막 지붕의 미제 자동차 포드T형을 구입해 운전기사를 두고 서울을 왕래하였으며, 1930년부터 만 2년이 걸려 정주에 99칸의

금광으로 부자가 된 방응모(왼쪽)는 1933년 『조선일보』를 인수, 사장에 취임했다. 그는 신문사 인수 전까지는 한국사회에서 무명에 가까운 인물이었다. 『동아일보』의 설립자 중 하나이자 사장으로 있었던 김성수(오른쪽)는 일본 유학파로 경성방직을 소유한 재력가였다.

대궐 같은 거택을 짓기도 했다.[5]

당시 『조선일보』는 어떠했던가? 『조선일보』는 1927년 3월 29일에 사망한 이상재(1850~1927)의 뒤를 이어 신석우(1869~1942)가 사장이 되었으나 이미 재정적으로 곤경에 빠져 1928년 9월 그 자리를 안재홍에게 물려주었고, 그 후 유진태(1872~1942), 조만식(1883~1950) 사장 시대를 거치는 등 지리멸렬하고 있었다.[6]

『조선일보』는 1932년까지 12년간 사장이 8번이나 바뀌었으며, 심지어 1932년에는 빚을 끌어다 간신히 연명하던 상황이었다. 방응모는 『조선일보』를 인수하기 위해 교동광산을 일본의 중외광업에 135만 원에 매각했다. 쌀 100석을 추수할 수 있는 땅값이 1만 원이던 시절로, 당시 현금 135만 원을 수중에 가진 사람은 조선 땅엔 두세 사람 정도에 불과했다.[7]

방응모는 이미 1932년 11월 조만식 사장 때부터 비공식 영업국장으로 『조선일보』에 개입하고 있었다. 방응모는 1933년 3월 21일 『조선일보』를 인수해 그해 7월 10일 정식으로 사장에 취임하였고, 막강 자금력을 배경으로 물량공세를 퍼붓기 시작했다. 당시 우스갯소리로 "『조선일보』 방응모는 자가용으로, 『동아일보』 송진우는 인력거로, 『조선중앙일보』 여운형은 뚜벅뚜벅"이란 말까지 떠돌았다.[8]

방응모의 『동아일보』 인력 스카우트

김성수에 비하면 방응모의 과거 경력은 정말 보잘 것 없는 것이었다. 정진석은 방응모가 『동아일보』를 겨냥하여 공격적 경영에 나서게 된 배경과 관련, "김성수의 화려한 활동에 비하면 방응모는 1933년 『조선일보』를 인수할 때까지는 사회에 거의 알려지지 않은 무명의 사람이었다"며 다음과 같이 말했다.

"그는 『동아일보』 정주지국 경영 때에 본사로부터 많은 설움을 당했다 한다. 본사로부터 정지 처분을 받은 일도 여러 차례였다. 넉넉지 못한 생활이었음은 그가 34살이 될 때까지 여섯 번이나 이사를 다녔던 것으로도 능히 짐작이 된다. 그러면서도 일본 유학까지 마친 김성수와는 극히 대조적으로 그때까지는 정주군 밖으로 집을 옮긴 일은 없었다. 그의 학력은 한문공부 뿐이었고, 한학을 가르치는 글방 훈장 노릇도 하였다 한다."[9]

방응모는 신문대금 미납으로 『동아일보』 본사로부터 정지 처분을 여러 번 받자 서울까지 찾아가서 사정을 하기도 했다. 그러나 받아들여지지 않자 분개하여 "어디 10년 후에 두고 보자"라는 원망 섞인 말

을 남겼다는 이야기도 있다.[10]

방응모는 『동아일보』를 추격하기 위해 『동아일보』에서 오랫동안 중추적 역할을 맡았던 이광수, 서춘, 김동진, 함상훈, 신태익 등을 무더기로 끌어들여 『동아일보』의 신경을 건드렸다. 이와 관련, 정진석은 "방응모는 자신이 내세울 만한 학력을 갖지 못한 데 대한 보상심리였던지 학벌이 좋은 사람을 즐겨 채용했다. 그중에도 사립학교 출신보다는 관립대학 출신에 비중을 두어 『조선일보』 사원 가운데는 관립대학 출신자가 『동아일보』나 『매일신보』에 비해 많은 수를 차지하게 되었다. 당시 세평(世評)은 방응모의 이러한 인사정책을 '간판주의' 정책의 한 표현이라고 꼬집을 정도였다"고 했다.[11]

『조선일보』의 인력 스카우트의 이면엔 지역주의도 적잖이 작용했다. 이광수(1892~1950), 서춘(1894~1944) 등은 정주 출신으로 방응모와 동향이었다. 그 이전에 『조선일보』 인수도 지역과 관련이 있었다. 1932년 중반부터 사장 조만식, 편집국장 주요한, 영업국장 조병옥(조병옥은 충남 출신이지만 서북계의 수양동우회 회원이었음) 등 서북계(평안도, 함경도, 황해도) 인사들이 『조선일보』를 운영했기 때문에, 같은 서북계인 방응모로선 『조선일보』를 인수하기에 수월했을 뿐만 아니라 호감도 가졌을 것이다.[12]

서북계인 이광수, 서춘 등이 『조선일보』로 옮겨간 1933년 8월 『호외』지는 『동아일보』에 대해 "'이때까지 평안도 사람한테 속았구나!'라고 자탄하얏다는 소문이 사실일 것 같기도 할 것이다"고 했다.[13] 송진우(1889~1945)는 "지금까지 속은 것이 분하다"며 "앞으로 전라도인 외에는 사원을 채용하지 않기로 결심했다"고 했다는데, 이에 대한 『호외』 1933년 12월호의 논평이 재미있다.

"그렇지 않아도 전라도 사람으로 판을 짠『동아일보』는 금후로는 일층 전라도 면로주의의 급선봉이 되리라는 풍문이 높다.『조선일보』는 평안도신문,『동아일보』는 전라도신문, 그러면『중앙일보』는 경기도신문이란 말인가?"[14]

이광수의 처신

특히 이광수의 행실이 문제가 되었다. 이광수는 김성수의 도움으로 일본 유학을 했으며, 1923년 5월 파격적인 대우를 받으며 동아일보사에 입사해, 1926년 11월에는 편집국장에 올랐다. 이듬해 신병으로 신문 제작 일선에서 물러났으나, 1929년 12월 다시 편집국장에 복귀해 1933년 8월까지 재직했다.[15]

그간 이광수의 역할이 너무 컸었기에 이광수의『조선일보』행은『동아일보』로선 더욱 뼈아픈 일격이었을 게다. 이광수는『동아일보』에서 부사장, 취체역, 편집국장, 정리부장, 학예부장 등 5인~6인의 대역을 홀로 담당했으며 "논설·사설·소설·횡설수설을 써 신문의 4설(說)을 도맡았다."[16]

윤치호는 자신의 일기(1933년 10월 2, 4일자)에서 이광수가 서북파의 지도자라고 지적하면서 "얼마 전 조선일보사 부사장이 되려고『동아일보』편집국장직에서 물러난 이광수 군이 김성수 군과 송진우 군에게 배은망덕한 행동을 했다는 비난을 사고 있다. 수년 전 이 군이 조선에 돌아와 의기소침해 있었을 때, 김 군과 송 군은 이 군이 조선인 사회에서 신뢰를 회복할 때까지 물심양면으로 많은 도움을 주었다고 한다. 심지어 이 군은『동아일보』편집국장에 오르기도 했다. 그런데

『조선일보』가 서북파의 기관지가 되자, 이 군은 이 신문사에 참여할 작정으로 은밀하게 움직였다"고 썼다.

"물론 이것이 잘못되었다는 건 아니다. …… 그러나 이 군이 동아일보사를 떠나기로 되어 있던 날 밤이 되어서야 비로소 은인인 송진우 군에게 조선일보사로 옮기려는 계획을 말했다는 게 잘못이었다. 이상은 신흥우 군과 여운형 군에게 들은 얘기다. 만약 이것이 사실이라면, 이 군은 김성수 군과 송 군에게 굉장히 버르장머리 없이 처신했다고 할 수 있다."[17]

이광수 자신은 『삼천리』 1933년 9월호 인터뷰에서 "정으로는 동아를 차마 못 떠나겠지만, 돌이켜 생각하면 동아는 주초(柱礎)도 잡히고 완성되어 가는 도중에 있으니까 나의 조그마한 힘이 아니라도 넉넉히 하여 나갈 줄 아나, 조선은 아직 창업 초여서 힘과 정성을 다할 곳일 것 같아 가기로 하였습니다. 더구나 사장 방응모 씨나 편집국장 주요한 군 그 밖에 여러 동지의 관계로 보아 조선으로 아니 갈 수 없어서 그리 한 것입니다"라고 변명했다.[18]

김윤식은 "춘원의 처지에서 보면 『동아일보』를 이용하여 수양동우회 일을 했으며 『동아일보』의 처지에서 보면 동우회를 이용하여 이익을 취하려 한 형국이다. 우리는 동우회의 중심 인물인 주요한이 먼저 『동아일보』를 떠나 『조선일보』로 옮기는 모습을 볼 수 있다. 춘원에 있어 『동아일보』는 어디까지나 동우회운동을 위한 방편으로 존재했음을 우리는 이로써 분명히 알아차릴 수 있다"고 분석했다.[19]

실력양성을 주창한 흥사단 계열의 합법단체 수양동우회에서 발행했던 잡지 『동광』 1931년 10월호
(왼쪽), 1932년 9월호(오른쪽). 이광수는 탁월한 문필력으로 수양동우회를 키워냈다.

수양동우회와 『동광』

도대체 수양동우회는 어떤 단체였던가? 일제는 1922년 두 개의 민족
개량주의 사상단체를 인가했다. 수양동맹회와 박영효(1861~1939)의
민우회(1922년 6월)가 바로 그것이다. 수양동맹회는 조직 직전 이광수
가 1922년 1월 밀행으로 상하이에서 안창호를 만나고 나서 결성된 것
이다.[20] 1922년 2월 12일 이광수 등 12명이 모여 흥사단 규약을 약간
수정하여 서울에서 조직한 수양동맹회는 그해 7월 평양에서 조직된
동우구락부와 1926년 1월 통합했고, 1929년 11월 수양동우회로 다시

태어났다. 수양동우회는 실력양성을 주창한 흥사단 계열의 합법단체로 잡지『동광(東光)』을 발행하고 1932년 회관을 건립하는 등 공개적인 활동을 해왔다.[21]

김윤식은 "춘원이 변절자란 비난 속에서, 도산의 만류도 뿌리치고 귀국할 때에 그의 인생 목표는 두 가지였다. 하나는 물을 것도 없이 그의 청춘을 건 허영숙과의 사랑 문제의 해결이고 다른 하나는 흥사단을 국내에다 심고 그 우두머리가 되는 일이었다. 동우회운동이 도산의 후광도 있었지만, 춘원의 탁월하고 거의 초인적인 문필력에 힘입었음은 의심의 여지가 없다"고 했다.[22]

『동광』이 간행된 것은 1926년 5월이며 1927년 8월에 휴간했다가 1931년 1월에 재간하여 1933년 1월(통권 제40호)에 종간했다. 안창호의 지도하에 놓인 잡지로 서대문 신문로에 있던 춘원 이광수의 집이 사무실이었다.[23]

이광수는『동광』창간호에 쓴「민족주의와 사회주의」라는 글에서 사회주의와 뚜렷이 대립되는 것이 수양동우회이며, 그것은 한마디로 민족주의라 했다. 그가 말하는 민족주의란 "조선 또는 조선의 것이라면 거의 본능적인 애착의 정을 견디지 못하여, 조선의 사람은 말할 것도 없고 조선의 산과 들과 조선의 일초목(草木), 일석(石), 일충(蟲)까지도 내 것이라는 의식"이었다. 이에 대해 김윤식은 다음과 같이 말했다.

"그러니까 논리도 사상도 아니고 생리적 차원이며 또한 종교와 방불한 신념의 일종임이 판명된다.『동광』의 이러한 민족주의의 천명은 당시 사회주의 사상이 크게 떨치고 있었음을 증명하는 것이기도 하다. 말하자면『동광』은,『동아일보』의 자매지 같은 구실을 함으로써 다소 위축된 민족주의 쪽의 원군 구실을 한 셈이다."[24]

이광수의 뜻이 무엇이었든, 수양동우회 활동은 훗날 그의 발목을 잡아 친일로 일로매진하게 하는 계기가 되고 만다. 이광수가 훗날 쏟아내게 될 친일발언과 "조선의 일초목, 일석, 일충까지도 내 것이라는 의식"으로 대변되는 민족주의는 어떤 관계일까? 그 친일발언이 그의 진심이라면 그의 문제는 만인이 공감하는 보편타당한 민족주의가 아니라 '자신이 선구자로서 생각하는 방향의 친일 민족주의'였다는 결론이 가능하게 된다. 그것도 민족주의라고 부를 수 있느냐는 의문은 남지만 말이다.

『동아일보』와 『조선일보』의
이전투구

"조선 신문계의 무솔리니"

이광수는 『조선일보』에서도 부사장 겸 취체역, 편집국장, 학예부장, 정리부장 등 5개 직책을 맡아 "조선 신문계의 무솔리니"라는 별명까지 얻었다. 『삼천리』 1933년 10월호에 따르면, "춘원은 무솔리니의 강인정치(强人政治)를 본받았는지 부사장, 취체역, 편집국장, 정리부장, 학예부장 하는 대역 5개~6개를 한 몸에 지녔다. 이러다가는 홍길동 장군 모양으로 팔신(八身, 8개의 몸)이 있어아 하고 손오공 모양으로 팔비(八臂, 8개의 팔)가 있어야 하지 않을까."[25]

이광수는 그러면서도 문학작품까지 써댔다. 그는 『매일신보』에 쓴 『무정(無情)』의 후속으로 『조선일보』에 『유정(有情)』을 집필하였는데, 『조선일보』는 이 소식을 전단으로 만들어 경성 시내에 뿌렸다.[26] 의도한 건 아니었다 하더라도, 『동아일보』의 속을 뒤집어놓을 만한 선전공세였음에 틀림없다.

　이광수의 다작은 엄청난 속필(速筆) 덕분에 가능한 일이었다. 『삼천리』 1935년 1월호에 따르면, "그는 『무정』을 쓸 때에 하루에 원고지 72매분을 썼다. 신문사 다닐 때에 사설 한 단을 10분, 20분에 항상 쓴다. 그리고 『그 여자의 일생』이라거나 『단종애사』나 『마의태자』 같은 것도 하루에 붓을 잡으면 5, 6회씩 썼다. 글씨는 궁녀체로 언문 글씨를 아름답게 졸졸 흘려가며 쓴다."[27]

두 신문의 지상 비방전

이광수 스카우트로 인해 더욱 불편해진 『동아일보』와 『조선일보』 사이의 관계는 1935년 6월에 공개적인 정면 격돌로 폭발하였다. 오히려 『조선일보』가 선수를 친 셈이었는데, 『조선일보』는 김성수가 교장으로 있는 보성전문의 신입생 초과 문제, 그리고 역시 김성수가 교주인 중앙고보의 학생 11명이 경찰에 구속되어 재판에까지 이르게 된 사건을 집중적으로 보도하였다.

　그리하여 두 신문 사이의 싸움은 공개적인 이전투구(泥田鬪狗)의 양상으로까지 번졌다. 『동아일보』도 방응모가 추진하던 조림사업이 그 지역 주민들의 권리를 짓밟는 '이권운동'에 불과하다며 비난을 퍼부으면서 격렬한 지상 비방전이 벌어졌다.

　예컨대, 『조선일보』 1935년 6월 19일자엔 「『동아일보』의 광태난무(狂態亂舞): 타기(唾棄)할 전형적 추행(醜行)」이라는 제목의 사설이 실렸고, 이에 대해 『동아일보』는 6월 20일자엔 보성전문 교우회의 이름으로 「『조선일보』의 비(非)를 들어 만천하에 고함」이라는 제목의 반면(半

面) 광고가 게재되었다.[28]

보성전문 교우회는 이 광고를 통해 ①보성전문 관계자는『조선일
보』현 간부가 퇴사하는 때까지『조선일보』를 비매동맹(非買同盟)할 것
②『조선일보』와 관련된 사업에도 일체의 관계를 단절할 것 ③『조선
일보』의 모교 당국에 대한 사옥신축 낙성축하 광고금 강요와 금번 모
교에 대한 욕설에 관한 것은 본회로서 이를 공갈 취재(取財) 미수죄로
『조선일보』책임자 방응모 씨와 광고금 강요자 서춘을 고발할 것 등
을 결의하였다.

여기서 "사옥신축 낙성축하 광고 강요"라 한 것은『조선일보』가 새
사옥을 지으면서 보성전문교장 김성수에게 축하광고를 내달라고 했
다가 김성수가 제시한 광고 액수가 적다 하여 조선 측이 이를 거절한
뒤에 보성전문과 중앙고보 기사를 터뜨리기 시작했다는 걸 말한다.[29]

보성전문 교우회가 더 나아가『조선일보』사장 방응모와 주필 서춘
을 공갈 취재 미수죄로 고발할 것을 결의하자『조선일보』측에선 "고
소를 할 테면 김성수가 나와서 할 일이지 보전 교우회가 어째서 날뛰
느냐? …… 교우회원은 김씨 개인의 주구고, 교우회는 김씨 일문의
병정"이라고 공격하는 등 싸움은 한동안 계속되었다.[30]

"『동아일보』는 3층이고『조선일보』는 4층이다"

조만식은『동아일보』의 김성수와 송진우,『조선일보』의 방응모와 서춘
등을 조선호텔로 초청해 "두 신문사의 싸움이 민족적으로 불리하다"
고 설득했다.[31] 그러나 양측의 갈등은 이후로도 한동안 계속되었다.

1935년 7월 6일『조선일보』가 서울 태평로에 사옥을 준공했다. 새

사옥 낙성식에서 "조선 민족으로서는 역사상 제일 큰 집을 지었다"는 축사가 나왔고, 낙성식엔 OK악극단을 초청해 독자를 위한 무료공연을 여는 등 3일간 잔치를 벌여 이 일대가 문전성시를 이루었다. 사설은 유치하게도 "『동아일보』는 3층이고 『조선일보』는 4층이다"고 주장하기까지 했다.[32]

윤치호의 그날 자 일기는 두 신문사의 앙숙관계를 잘 말해준다.

"오전 11시 조선일보사 사옥 준공식에 참석했다. 4층짜리 건물이었다. 대지를 포함해 32만 원이 들었다고 한다. 근사한 강당에 사람들이 알맞게 들어찼다. 정무총감이 참석해 축사를 했다. 권동진(1861~1947) 씨와 난 축사를 해달라는 요청을 받았다. 동아일보사의 현 임원진이 한 사람도 보이지 않아 적잖이 놀랐다. 현동완(1899~1963) 말로는, 동아일보사 측엔 초청장이 전혀 가지 않았다고 한다. 이것이 사실이라면, 조선일보사 측이 좀더 너그러웠어야 했다. 두 신문사 간의 싸움이 상당히 노골적이다."[33]

'기생 관광'까지 동원한 광고 경쟁

방응모의 공격적인 경영은 두 신문사 사이의 경쟁을 격화시켜 '기생 관광'이라는 희한한 수법까지 등장하게 만들었다. 1933년 11월 방응모는 이광수와 함께 2주간에 걸쳐 일본을 방문해 일본 광고주들을 접촉했다.[34] 이에 질세라 1934년 『동아일보』는 광고주인 일본의 제약, 제과, 화장품 회사의 간부 20여 명을 초청해 기생관광을 시켜 주었는데, 나중엔 『조선일보』까지 이 수법을 동원해 두 신문간의 경쟁은 그야말로 '이전투구'를 방불케 했다.

이러한 광고 유치를 둘러 싼 추태에 대해 소설가 김동인(1900~1951)은 『개벽』 1935년 3월호에 쓴 「한 문예가가 본 민간신문의 죄악」이라는 제목의 글에서 일제하 민간신문의 창간을 '자식을 염원하던 늙은 과부의 외아들'로 비유하면서, 민간지들이 이윤 추구를 위해 '매족적 행위'를 일삼고 있다고 비판했다.[35]

또 월간 『비판』 1935년 10월호는 "그들의 신문은 그들이 가진 바 독소를 방산하는 데 유일한 무기가 되는 것이며 그 경영에 있어서는 자본가의 기업적 경영이란 주판을 떠나서는 사명을 계속하지 못하는 일종의 상품인 이외에는 아무것도 없는 것이다. 정의옹호(『조선일보』), 민족표현기관(『동아일보』) 운운하는 아니꼬운 표어는 천하제일매독약이라는 약장수의 주문(呪文)과 무엇이 다를 바 있는가. 그들은 그들의 상품에 대한 고객을 보다 많이 흡수하기 위하여 부단한 노력과 경쟁을 음적으로 또는 양적으로 게을리 아니 한다"고 독설을 퍼부었다.[36]

아닌 게 아니라 이즈음 신문들의 지면과 광고 비중은 크게 늘었다. 『동아일보』의 경우 창간 초기에는 4면을 발행하였으나 1925년 8월에 6면으로, 1929년 9월에 8면으로, 1936년 1월에는 조석간 12면으로 증면했다. 『동아일보』의 전체 수입 가운데 광고 수입이 차지하는 비중은 1920년에는 32퍼센트였으나 1930년에는 40퍼센트까지 올라갔으며 1940년에는 45퍼센트까지 올라갔다.[37] 일제하에서 『동아일보』에 게재된 광고내용을 생산지에 따라 구분하면, 조선상품이 25.1퍼센트, 일본상품이 67.8퍼센트, 미국상품이 5.6퍼센트를 차지했다.[38]

1937년 5월 25일부터 26일까지 이틀간에 걸쳐 국내 최초 광고강좌를 조선일보사 강당에서 열었다. "이것은 국내 실업인들에게 엄청난 충격과 감명을 안겨주었다"는 주장도 있다.[39]

『조선일보』가 속보경쟁을 위한 항공취재와 신문수송 등에 이용했던 전용 비행기 '살무손'. 맨 오른쪽이 당시 『조선일보』 사장 방응모다.

비행기까지 동원한 속보경쟁

두 신문 사이의 싸움 결과가 모두 부정적인 건 아니었다. 경쟁의 와중에서 현장 취재가 적극 도입되었다. 또 속보경쟁 때문에 취재와 필름송고에 기발한 방법들이 동원되기도 했다. 1934년 7월 태풍이 경상·전라·충청도 일원을 휩쓸어 300여 명이 실종되는 참사가 발생했다. 이때의 수재사진 취재에 비행기가 처음 동원되었다. 『조선일보』는 수해발생 나흘 후인 7월 24일 「삼남 벽지 수해 조사차 금일 본사 비행기 출동」이라는 제목으로 항공사진 취재 관련 기사를 호외로 발행하기도 했다(항공기에 의한 사진 뉴스 보고가 시작된 것은 1920년대부터였다).[40]

그러나 이 또한 지나친 경쟁으로 인한 부작용이 없지 않았다. 『개벽』1935년 3월호 기사에 따르면, 1934년 태풍 재난 때 『동아일보』는 "'○○일보사 구호반'이라는 기를 달고 메가폰으로 구호반이 왔다고 고함을 지른 후 주림에 떨던 주민들이 모두 달려오면 얼른 사진 한 장만을 찍고 또 다른 곳으로 달려가 버리기"를 되풀이했으며, 의연금이 들어오면 그 수치를 도쿄, 오사카 등지의 일본 광고주들에게 제시해 사세를 과시하기도 했다는 것이다. 『개벽』은 "한 손에 경전을 들고 한 손에 칼을 든 것이 회교라 하면, 한 손에 조선 민족을 들고 한 손에 도쿄, 오사카의 상품을 들고 나가는 것이 『동아일보』 아니 조선의 제 신문이다"라고 꼬집었다.[41]

1934년 『조선일보』가 동원한 비행기는 미제 살무손(Salmuson, 1930년대의 쌍날개 비행기) 비행기를 임대한 것이었는데, 1935년 1월 1일 아예 전용 비행기를 구입해 신문수송에도 이용했다. 1935년 10월 23일 평양과 대구에 석간 신문을 당일 공수한 데 이어 10월 27일에는 평양과 신의주에 신문을 날랐다.[42]

『조선일보』의 활약

『조선일보』는 『동아일보』를 앞지르기 위해 신속한 호외를 자주 발행하곤 했는데, 1935년 『개벽』에는 "조선과 중앙의 기자는 동분서주하는데 동아는 책상에 앉아서 머리로 쓰는 편이 많아 비교적 비활동적"이라는 평가가 실리기도 했다.[43] 또 1930년대 들어 방송과의 경쟁을 위해 '화보호외'도 등장했다. 수해처럼 대형 사건·사고의 경우 현장의 활동사진을 독자 서비스 차원에서 상영하는 것이었다.[44]

『조선일보』는 특파원도 늘렸다. 1933년 8월에 인천·평양·신의

주·대구·함흥 5대 도시에 특파원을 보냈으며, 1935년엔 모스크바·베를린·파리·런던 유럽 4개 도시에 이어 뉴욕·워싱턴·시카고·샌프란시스코·로스앤젤레스·하와이 6곳에 통신원을 둘 정도로 해외 취재망도 갖췄다. [45]

문화사업도 활발했다. 『조선일보』는 1935년 9월 19일에는 국내 첫 음악콩쿠르인 '전조선음악콩쿠르'를 주최했으며, 1938년 11월 26일에는 국내 최초의 영화제를 부민관에서 개최했다. [46] 1935년 12월 10일에 준공된 부민관(현 서울시의회 건물)은 경성부가 만든 지하 1층, 지상 3층의 건물로 대강당, 중강당, 소강당, 담화실, 집회실, 부속실, 특별실 등을 갖춘 당대 최고의 집회장소가 되었다. 대강당은 3층에 건평 301평, 좌석 1,800석으로 강연회, 연극, 무용, 권투, 영화, 공연을 위해 마련되었다. [47]

1938년 2월 5일 『조선일보』는 최초로 야간 속보를 위한 '전광(電光) 뉴스 보도'를 시작했다. 서울의 화신 빌딩 7층 옥상에 전광 뉴스대를 가설하고 석간과 조간의 중간 시간에 뉴스를 속보했으며, 매일 오후 6시부터 발광 가동하여, 밤 10시까지 주요 뉴스를 전광 문자로 보도했다. [48]

신문에 대한 사회적 인식

1930년대 들어 신문에 대한 사회적 인식도 달라지기 시작했다. 적어도 1920년대엔 "민중의 신문기자에 대한 추앙은 실로 컸"었다. 최준은 "최고 학부를 나와서도 이렇다 할 일터가 하나 있는 것이 아니요 실업(實業) 방면에 진출하려 해도 한인에게는 기업체를 허하지 않는 까닭으로 결국 일본 상품의 작은 중개 소매인 이외에는 할 일이 없었으므로 그 울적한 심사를 털어놓을 곳은 불과, 몇 개 안 되는 민간신문지이었다"며 다음과 같이 말했다.

"많은 인사들이 자연 신문계에 발길을 내놓게 되었으니 당시의 인텔리로 하여금 한번 발을 거치지 않으면 아니 되는 일종의 통로쯤 된 것이다. 1920년부터 1930년 사이에 민간 3대지를 거쳐나간 인사들의 거의가 모두 후일의 각 방면에 지명인사(知名人士)가 되고 있음을 미루어 생각할 때 그때의 신문기자의 위치가 과연 높았음을 증명하고 남음이 있다. 어쨌든, 신문인의 사회적 명망이란 1920년 이후, 10년 동안을 최절정이라 보겠고 그 후 점차 민중들의 개명(開明)과 아울러 종래의 영웅시하여 무조건으로 과대평가하는 풍조는 그 꼬리를 감추게 되었다."[49]

당시 신문이 누린 권력과 신문에 대한 사회적 인식을 엿볼 수 있는 좋은 자료로 월간『동광』1931년 12월호에 실린「신문 비판 특집」은 주목할 만하다. 이 기사는 대화형식으로 신문에 대한 세평을 다음과 같이 전했다.

"조선의 신문계에 사장이면 판서(判書) 격은 되고 중역이면 참판(參判) 격은 된다는 말을 못 들었나? 그 밑에 국장도 있고 부장도 있으니까 벼슬 못한 조선 민간 유지에게는 이것이나마 훌륭한 벼슬자리인 줄을 모르는가? …… 연전에 모 신문에서 수재금을 모집하니까 푼푼이 들어온 것이 5만여 원이요, 또 요새 이충무공 성금모집도 2만 원을 돌파했으니, 이 돈 없는 조선에서 그만한 돈을 모은다는 것은 신문의 위력이 아니고는 못할 일이 아닌가. 아닌 게 아니라 시골 가서 보면 석유 등잔 희미한 불빛 밑에서 동리 사람들이 모여 앉아서 신문지가 해지도록 돌려가며 읽고, 신문에 난 말이면 만고의 진리로 듣는 형편이니."[50]

또 『신동아』 1933년 신년호에 실린 '신문기자'를 주제로 한 좌담회엔 『동아일보』 『조선일보』 『중앙일보』 『매일신보』 등 4개 신문의 현역 기자 10여 명이 참석했는데, 그 가운데 일부를 인용하면 다음과 같다.

"지방 경찰에서는 사회부 기자라면 꽤 무서워하지요. 특히 총독부 출입기자를 무서워한다나요. 이전에 총독부 어느 출입기자가 어느 지방에 출장을 갔다 오는데 그곳 경찰서장이 전송을 나왔더라나요. …… 신문기자가 셋방을 얻으러 가면 방을 주지 않으려 하니 별일이야. …… 여하튼 민간에서 기자를 싫어하는 것만은 숨길 수 없는 사실이야. 남에게 싫음 받을 행동을 한 일은 별로 없는데 웬일인지 알 수 없어. …… 과거에 좀 꺼떡대고 건방지게 군 기자가 있기 때문에 우리는 그 후환으로 …… 신문에서는 특종을 몹시들 귀하게 알지만 결국 특종이라는 것이 사회적으로 얼마만한 이익이 될까는 의문입니다."[51]

'신문은 현대성 체험의 수단'

당시 신문의 주요 독자층이었던 지식인들의 신문에 대한 인식은 어떠했을까? 김진송은 '현대성의 형성'이라는 관점에서 『사해공론』 1935년 7월호에 실린 한 논객의 신문비평을 근거로 이런 평가를 내렸다. "초기의 '지식인 대중'을 가늠하는 수단의 하나는 그들이 '신문을 본다'는 것이다. 신문은 단순히 활자를 읽을 수 있는가 없는가 하는 기초적인 지적 능력을 가늠하는 척도일 뿐 아니라 신문이 제공하는 정치, 사회, 문화에 대한 정보를 공유할 수 있는가 없는가를 판단하는 근거이기도 하다.”

또 그는 “특히 초기 지식인 대중에게 신문이야말로 현대성을 체험하게 하는 가장 효과적인 수단이었을 뿐 아니라 현대적 일상과 그 일상에서 바라보는 삶의 태도를 재조직하는 현대 특유의 산물이었다. 신문은 정보를 매개로 하여 현대화된 일상 속에 틈입하는 현대적 소외의 불안을 증폭시키며 불안을 적절히 일상에 매어두는 이중의 효과를 지니고 있다. 예를 들면 언론은 가장 비일상적인 사건을 다루며 그것을 일상적인 삶에 전달해주면서 일상을 위협하기도 하고 일상에서 벗어나려는 충동을 억제하기도 한다. 이때부터 이미 일상을 비일상적인 것으로 둔갑시키려는 ‘쩌날리즘’은 식자들에 의해 비난의 대상이 되었으며 그것은 신문이 지니고 있는 ‘소문의 권력’과 함께 현대의 필요악으로 군림했다”고 지적한다.

이어 김진송은 “이러한 신문의 특질은 곧 지식인 대중의 삶과 밀접한 연관이 있어서 신문의 사활을 결정짓기도 한다”며 다음과 같이 말했다.

“예를 들어 그의 말을 빌리면 당시의 『동아일보』는 신문이 지니고 있는 이러한 특질을 반영하지 못해 특수층 이외에는 환영받지 못하며, 『조선일보』는 「모던, 구로미, 유모어소설, 교환대, 어찌하릿가」 등의 저질 기사로 비난을 받지만 현대적인 유행을 좇고 있다고 말한다. 또한 『매일신보』을 보는 것은 바로 『매일신보』가 총독부의 기관지였으니만큼 살벌하고 암울한 기사가 많았지만, 이를 보는 것, 즉 병적 불안을 가중시키고 있는 것이 바로 역으로 신문을 보는 이유라는 것을 갈파(喝破)하고 있다. 현대인의 불안한 의식조차 현대의 특성이 되었던 것이다”고 했다.[52]

이러한 평가가 타당하다면, 상업적 감각에 있어서 『조선일보』가 『동아일보』보다는 한 수 위였다고 말할 수 있겠다. 먼 훗날에 이르기까지 계속될 두 신문의 앙숙관계는 이때의 싸움에서부터 비롯된 것이다. 앞으로 또 싸울 때 싸우더라도 "『동아일보』는 3층이고 『조선일보』는 4층이다"는 식의 유치한 싸움은 자제하면 좋겠다.

신문소설
'올림픽시대'

한 신문당 3개 이상의 연재소설

1930년대의 신문은 문화, 특히 문학을 주요 간판 상품으로 삼았다. 1920년대 중반까지 문화 관련 기사는 전체 지면의 15퍼센트 선을 유지하다 후반부터 20퍼센트를 훨씬 상회하여 1938년경엔 29퍼센트에 이른다. 문화 관련 기사 가운데 문학 관련 기사의 비중은 30~35퍼센트였다.[53]

1930년대는 신문 연재소설의 전성기였다. 두 신문이 판매 확장을 위해 사용한 또 하나의 방법이 연재소설이었기 때문이다. 이와 관련, 유선영은 "1931년 무렵만 해도, 4면만으로도 충분할 것을 신문사 간의 경쟁 때문에 6면, 8면씩 확대하고 나면 채워야 할 기사거리가 부족하여 하루에 6종~7종의 소설을 게재하는 기태가 연출되기도 했다"며 "어느 면에서 문학의 저널리즘화는 문학계와 신문의 필요가 서로

김기림. 신문기자로 출발해 문인이 되었다. 모더니즘 시 이론에 입각해 시작활동을 했던 그는, 1930년대 초의 신문 연재소설 붐을 일컬어 '신문소설의 올림픽시대'라고 이야기하기도 했다.

일치한 데서 비롯된 결과일 수도 있었다"고 평가했다.[54]

1932년 12월 김기림(1908~?)은 신문 연재소설의 융성을 "신문소설 '올림픽시대'"라 부르면서 앞으로도 "소시민층의 다정다한한 독자들을 울리고 웃기고 감탄시키며 감취시킬 것"이라고 예견했다. 조영복은 "김기림의 예언대로, 1930년대 신문 연재소설은 카프 해산 이후 문학적 이념의 근거가 사라지고 저널리즘이 상업적 전성기를 맞게 되면서부터 성행한다"고 했다.[55]

1934년엔 4개 신문에 15종~16종, 즉 한 신문당 3개 이상의 연재소설이 연재되었다. 『삼천리』 1935년 7월호가 언론인을 대상으로 한 설문조사에 따르면, "연재소설의 독자가 전 독자의 몇 퍼센트로 보십니까"라는 설문에 『조선일보』 편집국장 김형원(1901~?)은 "『조선일보』로 말하면 90퍼센트가 소설 애독자"라고 했고, 『조선중앙일보』 편집

국장 김동성(1890~1969)은 "신문소설의 독자는 점점 늘어 50퍼센트는 되리라"고 답했다.[56]

'과부의 서방질'?

소설을 발표할 지면이 턱없이 모자랐기에 신문 연재소설의 성행은 당연한 일이었다. 문인들은 신문에 소설을 연재하는 수준을 넘어 생계유지를 위해 아예 신문에 종사했다.

1930년대에 신문에 종사했던 문인으로는 『조선일보』에 염상섭, 현진건, 김동인, 김기림, 채만식, 홍기문, 함대훈, 이원조, 『조선일보』 출판부에 이은상, 윤석중, 백석, 노자영, 노천명, 김래성, 계용묵, 『동아일보』에 현진건, 이익상, 주요섭, 윤백남, 이무영, 홍효민, 주요한, 이은상, 변영로, 심훈, 『조선중앙일보』에 이태준 등이 있었다. 백철, 조용만, 최학송, 정비석, 이봉구, 조풍연, 이서구, 김소운 등도 신문 학예부 기자였다. 전문적으로 미술공부를 한 화가들도 신문 삽화를 그려 '문인과 미술가들의 동거 체제'가 이루어졌다.[57]

이들 중 가장 이색적인 인물은 김동인이다. 김동인은 기자로 '변절'한 문인들에게 독설을 퍼붓곤 했기 때문이다. 그는 1929년 7월 『동아일보』 편집국장 이광수에게 "비상한 노력 끝에 위선적 탈을 썼다"고 했고, 그해 12월엔 『동아일보』 기자로 입사한 주요한(1900~1979)에게 "요한이 '사회인이 된다'는 것은 시인으로서의 파멸을 뜻한다"고 비판했었다. 그러던 그가 1933년 4월 『조선일보』 학예부장으로 입사한데다, 당시 『조선일보』 편집국장은 주요한이었으니![58]

이젠 김동인이 비판을 받을 차례였다. 박태원(1909~1986)은 『조선중앙일보』1934년 6월 24일자에 쓴 「김동인 씨에게」라는 제목의 글에서 이전의 예술가적 기질을 상실하고 저속한 대중문학인으로 타락했다고 비판했다. 먹고 먹히는 관계였다고나 할까? 김동인은 훗날 자신의 기자생활에 대해 "과부의 서방질이나 마찬가지로 나 스스로도 창피하게 생각하는 바이다"고 했다.[59]

그러나 결코 창피하게 생각할 일은 아니었다. 당시엔 다른 길이 없었다. 조영복은 "당시 조선의 작가들에게 '기자'라는 직업은 그 장엄한 이름 '문인'이기 위한 필요악적인 존재처럼 느껴졌던 것이다"며 "그들이 생활에서 빠져나오기 위해서는 그들 스스로 기자라는 생활, 바로 그 '진흙탕'에 몸을 빠트리지 않으면 안 되었다"고 했다.[60]

'저널리즘의 문학'

신문은 문인 발굴과 양성까지 맡고 나섰다. 『조선일보』와 『동아일보』는 1932년에, 『조선중앙일보』는 1934년에 각각 문예현상모집을 실시하였다.

소설가이자 『동아일보』학예부 기자를 지낸 이무영(1908~1960)은 1934년 월간 『신동아』에 기고한 「신문소설에 대한 관견(管見)」에서 "다른 나라에 비해 조선의 저널리즘과 문학 사이에는 조선의 현실만이 갖고 있는 여러 가지 특이성이 있다"며 "외국에서는 비교적 우수한 작가의 이름은 신문에서 발견할 수 없으나 조선에서는 신문소설을 써야만 비로소 작가로서 어떤 지위를 인정받게 되는 것이다"고 했다.

"조선의 작가로 신문소설을 쓰지 않는 사람이 없다. 외국에서는 신문소설을 씀으로 해서 몰락하는 반면에 조선에서는 신문소설을 씀으로 해서 작가적 지위를 획득한다. 이는 조선사회의 지식수준을 반영하는 것이 될 것이다. 또 한 가지 조선에서만 찾을 수 있는 특이성은 현 조선의 문예운동이 3개의 신문을 사실상 유일한 무대로 삼고 있다는 점이다. 오늘날의 조선은 소년잡지까지 합해 10여 종에 불과하고 빈약하나마 창작란을 가진 잡지가 2, 3종에 불과하다. 원고지 한 매에 10전의 고료. 이것이 조선의 현실이다. 본의는 아니면서도 비교적 고료가 후하다는 신문소설로 작가의 눈이 돌아가는 것도 부득이한 일일 것이다. 여하튼 신문소설이 매년 조선 문단에 남겨지는 수확의 전부가 되어있다는 것은 슬픈 일이다."[61]

신문의 문학지배는 글쓰기에도 적잖은 영향을 미쳤는데, 이무영의 글에 이어 실린 이건영(1853~1940)의 「저널리즘의 문학」이라는 글은 "저널리즘은 뒤에는 눈이 없다. 그 눈은 앞에만 있어서 항상 앞으로만 전진한다. 저널리즘에 의해 생산된 제품은 가장 넓은 수요자를 목표로 만들어지므로 그 영역에 있어서도 통속화하고, 전문적인 소수인의 흥미밖에 끌지 못하는 것들은 모조리 제외된다. 문학에서는 원래 개인적 독창이 중요시된다. 그러나 저널리즘에서는 개인적 독창은 극단으로 배격된다. 여기서 표준화가 지배한다"고 분석했다.

"그러나 현대에 있어서 문학이 발전하려면 좋든 싫든 저널리즘과 제휴하지 않으면 안 된다. 저널리즘이 문학에 미치는 작용은 통속화다. 저널리즘의 목표는, 쉬운 문자를 이해할 수 있는 가장 낮은 수준의 민중이기 때문이다. 민중에게 어떠한 영향을 주고 안 주고의 문제가 아니라 한 부라도 더 팔릴 가능성이 있는가 없는가부터 문제 삼는다. 일간 신문의 생명은 하루 동안이요 월간 잡지의 생명은 한 달이다. 이것이 지나면 신문과 잡지는 휴지가 된다."[62]

베스트셀러는 모두 신문 연재소설

신문의 문학지배는 결코 과장이 아니었다. 당시의 기준으로 베스트셀러라 할 수 있는 것은 거의 모두 신문 연재소설로 신문사에서 간행된 것이었다. 김동인의 『젊은 그들』(『동아일보』, 1930), 염상섭의 『삼대』(『조선일보』, 1931), 이광수의 『흙』(『동아일보』, 1932), 이광수의 『유정』, 김동인의 『운현궁의 봄』, 이기영의 『고향』(이상 『조선일보』, 1933), 현진건의 『적도』(『동아일보』, 1933), 심훈의 『상록수』, 박종화의 『금삼의 피』(이상 『동아일보』, 1935), 채만식의 『탁류』(『조선일보』, 1937), 현진건의 『무영탑』(『동아일보』, 1937), 이광수의 『원효대사』, 이태준의 『황자호동』(이상 『매일신보』, 1942) 등이 그러했다.[63]

신문사가 아닌, 삼중당에서 1939년 11월에 출간된 베스트셀러 『춘원서간문집』의 경우엔 "서재수 사장이 선물꾸러미를 싸들고 부지런히 춘원을 방문하여 원고를 독촉, 편지를 쓸 때마다 밑에 먹지를 대고 쓰게 하는 등 2년여 만에 얻어낸 원고였다."[64]

출판 분야에서 문학이 차지하는 비중은 압도적이었다. 1939년 월간 『신세기』가 선정한 추천 도서 42종 중 6종을 제외한 나머지가 모두 소설과 시, 평론이었다. 바로 이해부터 문고(文庫)시대가 열렸다. 학예사가 『조선문고』를 처음 발행한 데 이어, 한 달 뒤 박문서관의 『박문문고』, 이어서 광한서림의 『현대문고』가 나와 문예부흥과 학예 보급에 크게 기여했다.[65]

1936년은 신문사의 출판활동이 매우 왕성한 시기였다. 『조선일보』 출판부는 여러 잡지 외에도 1936년 한 해에만 『현대조선문학전집(전7권)』 『임꺽정전(전4권)』 『세계동화걸작선』 『조선명인전(전3권)』 『세계명인전(전3권)』 『의학전집』 『호암전집』 『임꺽정 야담전집』 『조선명창전』

등을 출판했는데, 한 판당 1,000부 단위로 찍어내는 등 호황을 누렸다.[66]

홍명희의 『임꺽정』

특히 벽초 홍명희(1888~1968)가 1928년 11월 21일부터 13년간 『조선일보』와 『조광』에 연재한 『임꺽정』은 책으로 묶여 나올 때마다 큰 인기를 누렸다. 조맹기는 "임꺽정이 휘두르는 칼은 조선인의 심금을 쳤다. 또한 일본 광고주는 『조선일보』의 『임꺽정』에 극찬을 보냈다. 임꺽정은 마치 한 국가의 국운을 한 몸에 걸고 선전한 개선장군이었다. 역사소설 『임꺽정』은 일제의 강압에 대한 비판과 더불어 조선 민중을 일깨우기에 충분하였다"고 했다.[67]

1929년 12월 13일 홍명희가 신간회 민중대회 사건으로 돌연 검거되자, 『조선일보』 측은 일제 당국과 교섭을 벌인 결과 며칠 동안 경찰서 유치장에서 『임꺽정』 집필만큼은 계속할 수 있었다. 그러나 홍명희가 그해 12월 24일 구속되어 서대문형무소 구치감에 수감되자 『임꺽정』 연재는 결국 중단되고 말았다.[68]

이런저런 사정으로 중단을 거듭하면서도 1928년 11월~1929년 12월, 1932년 12월~1934년 9월, 1934년 9월~1935년 12월, 1937년 12월~1939년 7월 등 모두 4차례에 걸쳐 연재된 『임꺽정』은 당시 한국 문단 최대의 찬사를 모았다. '조선 어휘의 대언해'(소설가 이효석)라는 평가를 비롯, 이 작품은 '전 문단의 우레 같은 찬사'를 받았으며, 이광수, 한설야, 정인섭, 박종화, 이기영, 이효석, 박영희, 김상용, 김동환, 김남천 등 문인들이 앞다투어 칭송을 아끼지 않았다.[69]

벽초 홍명희(왼쪽)와 1947년 출간된 역사소설 『임꺽정』(아래). 『조선일보』와 『조광』에 연재됐던 『임꺽정』은 책으로 묶여 나올 때마다 큰 인기를 누렸고 당시 한국 문단 최대의 찬사를 받았다.

'역사소설의 시대'

문학사에서 1930년대는 '역사소설의 시대'로 기록되고 있다. 근대 역사소설의 출발작은 이광수의 『마의태자』(1926~1927)로, 이광수 외에도 박종화, 김동인, 윤백남, 현진건, 이태준, 홍명희, 홍효민, 김기진 등 쟁쟁한 문인들이 역사소설에 뛰어 들었다. 역사소설은 보수적 민족주의자들 중심으로, 그리고 신문 연재물로 출발, 성장했으며, 일제 강점기 내내 40여 편의 장편 역사소설이 발표되었다.[70]

역사소설의 호황과 관련, 김윤식·정호웅은 "식민지배 체제가 확고하게 굳어지면서 독립에 대한 열정이 둔화되고 위축"되었던 바, "상상력의 자유가 상대적으로 더 크게 보장되는 과거로 퇴행했던 것"으로 보았다.[71]

김동인의 경우 먹고 살기 위해서였다고 한다. 『동아일보』 편집국장 시절 이광수는 김동인에게 "작가의 양심, 자존심을 죄다 쓰레기통에 집어넣고 독자 본위로 써달라"고 주문했다. 그렇게 해서 흥선대원군의 삶을 그린 『젊은 그들』(1930~1931), 『운현궁의 봄』(1933~1934)과 수양대군을 영웅으로 그린 『대수양』(1941) 등이 나왔다.[72]

'문학은 출판사와 신문사의 장사밑천'

신문의 문학지배 전통은 오늘에 이르기까지 계속되고 있다. 1999년 고려대 교수 김우창은 한국 문학이 돈(Money)과 매스미디어(Mass Media)라는 두 M신(神)에 의해 지배되는 경향이 있다고 개탄했다.[73] 2000년 문학평론가 김명인은 다음과 같은 말을 했다.

"하루에 56면을 발행하는 신문이 문학을 가십으로 만들고 작가를 대중스타로 만들고 문학기사와 기고문을 출판상업주의의 난장판으로 만들 수는 있으면서, 진지한 문학 담론을 형성해 확산시키고 가난한 문제작가들을 발굴 소개하며 이를 통해 동시대에 대한 문학적 진단을 내리고 전망을 모색하는 일에는 오불관언(吾不關焉)하는 신문이, 수천만 원짜리 문학상을 내걸고 의기양양하는 것에서 내가 느끼는 것은 문학의 소외이다. 문학은 그저 출판사와 신문사의 장사밑천으로 전락해 버렸다는 느낌, 여기에도 문학의 무덤이 있다."[74]

조선일보사가 주관하는 동인문학상은 "최고 전통, 최고 권위, 최고 상금의 한국 문학을 대표하는 문학상"으로 선전되고 있다. 그러나 2000년 황석영은 동인문학상 심사대상을 거부하면서 다음과 같이 말했다.

"문학상의 상업주의와 사이비 권력놀음 따위의 문제점이 지적된 것이 어제오늘의 일이 아니다. 실상은 『조선일보』가 특정 문인 몇 사람을 동원하여 한국 문단에 줄 세우기 식의 힘을 '종신토록' 행사하겠다는 것이다. …… 무슨 경품 뽑기 대회도 아니고 불량품 가려내기도 아닐진대, 편 가르기와 줄 세우기 식의 사이비 권력놀음을 당장 걷어치워라."[75]

이 또한 식민지배의 그늘일까? 전통은 그 기원이 무엇이건 일단 한 번 형성되면 좀처럼 바뀌기 어려운 법이다. 각 부문 간 균형발전을 억누른 식민지배의 상흔과 후유증은 비단 신문과 문학의 관계에만 국한되지 않는다.

카프의 몰락,
최승희의 활약

이효석이 당한 봉변

문학이 신문에 의탁해 살아가는 동안, 사회주의문학예술운동단체인 카프는 1931년 6월부터 8월까지 '공산주의자 협의회 사건'으로 불리는 제1차 카프 검거 사건을 기점으로 급격히 정체되기 시작했다. 박영희, 김팔봉(김기진), 임화, 이기영, 안막, 송영, 김남천 등 70여 명이 종로경찰서에 붙잡혀가게 된 제1차 검거 선풍의 계기는 동경에서 이북만 등이 줄판한 금서 『무산자(無産者)』를 안막과 임화가 국내로 유입, 비밀 배포하다가 발각된 일이다.[76]

그런 분위기 때문이었을까? 경성제국대학 영어영문학과 출신인 이효석(1903~1942)은 1931년 먹고 살기 위해 총독부 경무국 검열과에 취직했다. 경성제대 동창인 유진오(1906~1987)는 이효석이 검열관의 역할에 대해서 그리 중요한 의미를 부여한 것 같진 않다고 회고했다.

1939년 평양 대동공업전문학교 교수시절의 이효석. 『메밀꽃 필 무렵』의 작가인 그는 한때 생계를 위해 경무국 검열과에 취직했다가 동료 문인으로부터 호된 봉변을 당하기도 했다.

그러나 이상옥은 "당대의 우리나라 지식인들이 처해 있던 상황이나 이효석 자신의 '동반자 작가'로서의 위치 등을 고려할 때 이 취직이야말로 생활난의 해소를 빙자함으로써 가볍게 변명되거나 옹호될 수 없음이 분명하다"고 지적한다.[77]

결국 이효석은 카프 계열의 평론가 이갑기(1908~?)로부터 봉변을 당했다. 최정희(1912~1990)의 회고담에 따르면, "효석 씨가 졸도를 했다고 사람이 와서 그의 잠자는 수송동 집 방에 가본 일이 있다. 광화문통으로 내려오려니까 R이라는 청년이 효석 씨더러 '너두 개가 다 됐구나' 하더라는 것이었다. 그때 이효석 씨가 총독부 경무국 검열계에 취직을 해서 한 열흘 다녔을까 말까 하던 때의 일이다. R이라는 청년이 지극히 험한 얼굴을 하면서 효석 씨에게 그와 같은 욕설을 퍼부었으니 심약한 이효석 씨로서는 졸도를 하지 않고 배길 수가 없었던 것이다. 그렇지 않아도 이효석 씨는 검열계에 취직을 하고 나서 무척 괴로워했으니까."[78]

이효석은 이 사건의 충격으로 총독부를 곧 그만두고 이듬해인 1932년에 함북 경성농업학교 교사로 취직했지만, 한동안 '총독부의 개'로 낙인 찍혀 우울한 나날을 보내야 했다. 그는 1933년에 구인회의 창립회원이 되며, 1936년 숭실전문학교 교수로 취임해 평양으로 이주하면서 『메밀꽃 필 무렵』(1936) 등 활발한 작품활동을 벌이게 된다.

"얻은 것은 이데올로기, 잃은 것은 예술"

카프의 정체 이전, 카프 내부에선 조선적 특수성에 대한 논쟁이 있었다. 그러한 흐름을 대표하는 이가 한설야(1900~1976)다. 카프 바깥에서 절충론을 비롯한 많은 중간파 논의들이 나왔는데, 이런 경향을 대표하는 작가는 염상섭(1897~1963)이다.

김재용은 "염상섭과 한설야처럼 프롤레타리아 문학과 부르주아 문학이라는 진영 대립의 추상성에 대해 문제제기하면서 이의 극복을 통해 남북의 분단을 막으려고 하였던 이들을 조명하는 것은, 오늘날 여전히 분단상태에 놓여 있는 우리의 현실을 감안할 때 일정한 의미를 갖는다"고 했다.[79]

아나키스트 대 마르크스주의자 논쟁도 치열했다. 박영희(1901~?)는 1927년 초반의 당면과제는 아나키스트와 허무주의자를 제거하고 마르크스주의자가 헤게모니를 장악하는 것이라고 역설할 정도였다.[80]

예술이 선전 선동의 수단으로만 쓰여도 좋으냐, 아니면 최소한의 예술적 형식을 갖춰야 하느냐를 놓고 벌어진 논쟁도 있었다. 1927년 미술을 놓고 김용준(1904~1967)과 임화(1908~1953) 사이에 벌어진 논쟁도 바로 그런 경우다. 김용준은 최소한의 예술적 형식이 필요하다고 역설한 반면, 임화는 정치적 효능에 적합하면 그만이며 우리에게 필요한 것은 선전용의 포스터밖에 없다고 반격했다.[81]

그러나 카프가 일제의 탄압으로 무너지기 시작하면서 이런 논쟁은 사치스러운 것이 되고 말았다. 1933년 10월 7일 개인적으로 카프를 탈퇴한 박영희는 1934년 1월 『동아일보』에 기고한 「최근 문예이론의 전개와 그 경향」에서 "얻은 것은 이데올로기요, 잃은 것은 예술이다"라는 말을 남겼다.[82]

문제의 글에서 박영희는 카프 탈퇴의 주요 근거로 ①진실한 예술적 집단임을 거부한 카프 ②지도부의 사회사적 고립과 그 문학사적 붕괴 ③카프의 분파주의 등을 들었다. 이어 박영희는 "예술은 다시 예술 문제로 돌아와야 한다"며 "이제는 고행의 순례는 종료되었다. 예술 전당에 도착하였으며, 창작의 사원의 종소리를 듣게 된 까닭이다"고 하여 자산이 이미 카프와 근본적으로 다르다는 걸 밝혔다.[83]

이에 김기진이 즉각 반박하지만, 카프는 1934년 9월부터 '신건설사 사건'으로 칭해지는 제2차 검거 사건을 겪으면서 조직 존속마저 위협을 받는 단계에 이르고 말았다.[84] 제2차 검거 선풍은 카프의 연극단체인 '신건설'이 용산지구에 배포한 비밀 전단에서 비롯되었다. 이 전단을 가진 학생이 전북 금산에서 피검된 것을 계기로 신건설 회원이 체포된 뒤를 이어 카프 맹원이 대거 검속된 것이다. 1935년 여름까지 검거된 자는 약 80명에 이르렀다. 그 와중에서 체포를 면한 김남천, 임화, 김기진이 상의, 경기도경에 김남천이 1935년 6월 직접

해산계를 제출했다.[85]

1935년 12월 집행 유예로 석방된 백철(1908~1985)은 「출감 소감-비애의 성사(城舍)」를 『동아일보』에 기고했다. 그는 이 글에서 문학인이 과거와 같은 의미에서 정치주의를 버리고 마르크스주의의 태도를 포기하는 것은 비난할 것이 아니라 문학을 위하여 도리어 크게 찬양할 현상이라고 주장했다.[86]

'생활의 탐구'

박영희의 「최근 문예이론의 전개와 그 경향」, 백철의 「비애의 성사」는 한국 문학사에서 대표적인 전향문으로 일컬어진다. 이와 관련, 김병익은 "프롤레타리아 예술은, 1920년대~1930년대 식민지 지식인에게 하나의 뜨겁고 거센 바람이었다"며 다음과 같이 말했다.

"민족주의자는 좌익의 레지스탕스운동에 제휴했고, 진보주의자는 그들의 이상론에 동조했으며, 가난한 사람들은 그들의 수탈론에 공감했고, 배운 사람들은 그들의 서구적인 논리성에 매혹당했다. 그러나, 저항운동의 주체를 아직 형성되지도 않은 노동자 계급으로만 제한하고, 예술의 본질을 선전 효용을 노린 당의 예술로만 귀속시키며, 그 활동과 조직은 인간을 배제한 기계적 이념과 볼세비키적 강경론으로 경화해가고 있음이 노출되면서, 카프의 비현실적인 이상주의와 관념적인 도식주의로부터 이탈, 전향하는 사람들이 속출한다."[87]

천정환은 "카프의 한계나 모순은, '문학'에 근거한 '정치' 조직이라는 양립 불가능한 두 항을 하나로 통일시킴으로써 비롯된 것이었다"며 "일제시기의 문학은 일본의 억압적 국가기구가 그어놓은 금 안에

서만 '문학' 으로 존재할 수 있었던 것이다"고 했다.[88]

이상경은 "카프 해산 이후 중일전쟁을 전후하여 작가들이 동요를 보이고, 카프 소속 작가들이 변화한 현실 속에서 자기를 지키려는 노력이 신변소설 형식을 띤 자기성찰로 나타나고 마르크스주의 세계관으로부터 상대적으로 자유로운 처지에서 작품활동을 시작한 신인들이 현실 인간들의 삶의 단면을 날카롭게 포착하는 성과를 거두었다"고 평가했다.[89]

카프 해산 이후 등장한 건 '생활' 이다. 일본의 전향 작가 시마키 겐사쿠(島木健作, 1903~1945)의 『생활의 탐구』(1937)가 국내에도 영향을 미쳤다. 1937년 임화는 "일평생 생활이란 것을 해보지 못한 '두뇌만 가진 인간의 천박'"이라는 표현을 구사하기도 했다.[90]

최승희의 활약

카프활동으로 1931년 9월 구속된 안막(1910~?)은 무용가 최승희(1911~1969)의 남편이다. 최승희는 누구인가? 그녀의 활동을 살펴보기로 하자.

최승희는 양반 가문 출신으로 1925년 숙명여학교를 졸업했다. 그녀는 1926년 일본 무용가 이시이 바쿠(石井漠, 1886~1962)의 내한 공연을 본 뒤 충격을 받고 바쿠 무용단과 함께 동경으로 떠남으로써 무용에 입문했다. 그녀의 부모와 숙명여학교가 보인 격렬한 반발은 당시 무용의 사회적 위상이 매우 낮았음을 말해준다.

최승희는 1929년 7월 무용단의 내부 불화와 자신의 춤 세계를 추구하고 싶은 의욕 등으로 귀국해 자신의 무용예술연구소를 설립하고 13

최승희, 안막 가족. 당대의 주목받는 젊은 예술가 두 사람은 서로의 필요에 의해 가족을 이루었다. 최승희의 공연은 안막과 만나고 난 뒤 상당한 이념성을 띠었다.

명의 단원을 모집했다. 그녀가 1930년 2월에 가진 제1회 무용발표회는 완전 매진을 기록했다.[91]

최승희는 오빠 최승일(1901~?)의 권유와 박영희의 소개로 와세다 대학 유학생 안막과 1931년 5월에 결혼했다. 정병호는 그들의 결혼배

파리공연 당시의 최승희. 서구 근대 무용에 한국적 색을 입힌 인물로 평가받는 그녀는 일제강점기 당시 손기정과 함께 최고의 인기인이었으며, 해외에서도 '반도의 무희' '동양의 진주' 등의 평가와 함께 톱스타 대우를 받았다.

경을 두고 "최승희는 공연기획 분야에서 천재적인 안막의 능력을, 안막은 최승희의 인기를 사회주의 건설에 이용하기 위해서였다"고 분석했다.[92)]

윤치호의 1932년 1월 20일자 일기를 보더라도, 최승희의 공연엔 이념성이 다분했던 것 같다. 윤치호에 따르면, "저녁 7시 아내와 문희(딸)를 데리고 공회당에 가서 무용과 연극 등으로 짜인 공연을 보았다. 이 공연은 기자단체가 재만조선인동포구호기금을 모으려고 마련한 것이었다. 관람하기에 딱 좋을 만큼 관객이 들어찼다. 최승희 양과 그녀의 단원들이 일련의 팬터마임을 보여주었는데, 그 제목은 이렇다. ①종교로부터의 자유 ②흙을 그리워하는 무리들 ③고난의 길 ④비창곡 ⑤겁내지 말자. 전체 프로그램은 볼셰비키적이었다. 가련한 소녀들 같으니! 볼셰비즘이 자기들을 좀더 행복하게 해줄 거라고 생각하나 보지?"[93]

4개월 만에 남편이 구속되자 큰 어려움에 처하게 된 최승희는 남편이 없는 가운데도 그렇게 공연을 했지만, 결국 1933년 봄 다시 일본으로 건너가 그간 결별했던 이시이 바쿠의 문하로 들어갔다. 그녀는 바쿠의 도움으로 재기에 성공할 수 있었다. 1936년 3월 최승희를 주연으로 기용한 춤 영화 〈반도의 무희〉는 평범한 플롯으로 평단의 호평을 얻진 못했지만 도쿄에서만 4년 동안 상영될 정도로 큰 인기를 누렸다.

167센티미터의 큰 키를 가졌던 최승희는 1937년부터 4년간 세계 공연을 나섰으며, 이때에 '반도의 무희' '동양의 진주' '동양의 이사도라 던컨' 이리는 칭호를 얻었다. 전성기 당시 최승희는 '톱스타' 답게 각국의 최정상급 명사·예술인들과 교류를 맺었다. 그와 교류한 서양인으로는 미국 공연 시절 사건 지휘자 스토코프스키, 소설가 존 스타인벡·루이스 레에나·존 그로프, 영화배우 찰리 채플린·로버트 테일러·게리 쿠퍼 등이 있다. 유럽에서는 화가 피카소를 비롯하여 시인 장 콕토, 소설가 로맹 롤랑·미셀 지몽, 영화배우 샬 보아에

이 등이 그녀와 친교를 맺었다. 파리 공연 때 그녀는 피카소로부터 그림 한 점을 선사받았는데, 시가로 수억대를 호가하는 이 그림의 행방을 두고 나중에 안씨 집안(시댁)과 최씨 집안(친정) 간에 한때 불화가 있었던 적도 있다.[94]

최승희의 친일과 월북

최승희는 1942년과 1944년 일제의 선전영화 출연 압박을 피하기 위해 만주로 병사위문공연을 다님으로써 후일 친일논란을 불러 일으켰다. 그 밖에도 여러 친일활동을 했는데, 정병호는 최승희의 친일행적 자체는 인정하면서도 "그녀는 예술을 위해 친일을 했을 뿐"이라며 그녀가 한국무용사에 남긴 업적을 높이 평가했다. 반면 김종욱은 "최승희는 도일 직후부터 본명 대신 일본식 이름(崔承子, 사이쇼코)으로 활동한 열성 친일파"라며 그녀의 친일성 자체에 초점을 맞추었다.[95]

최승희는 해방 후 안막이 월북하자 따라서 월북했다. 월북 후 북한 정권에 참여했다는 이유로 그녀는 반세기 가까이 남한에선 잊혔으며, '최모(某)'에서 '최승희'라는 이름 석 자를 되찾은 것도 1990년대 들어서다. 2002년 서울에선 최승희의 국내외 제자들이 모여, 그의 탄생 90주년을 기념하는 '최승희 무용제'를 개최했다.[96]

2003년 2월, 그간 알려지지 않았던 최승희의 사망일시가 1969년 8월 8일로 처음 확인됐다. 북한 조선중앙TV가 최승희가 문인 한설야, 시인 박세영(1907~1989) 등과 함께 애국열사릉으로 이장됐다는 내용을 보도하면서 최승희의 묘비 화면을 보여준 것이다. 이 묘비에는 최승희의 사진, '무용가동맹중앙위원회위원장', '인민배우' 등의 직함과 함께 '1911년 11월 24일생, 1969년 8월 8일 서거'라고 쓰여 있었다. 최승희는 1967년 남편과 함께 반혁명분자로 숙청된 뒤 그동안 행적과 사망시기 등이 정확히 알려지지 않았었다.

중앙대 무용과 명예교수 정병호는 "최승희가 애국열사릉에 이장됐다는 것은 그가 북한에서 완전히 복권됐다는 의미일 것"이라고 말했다. 또한 "그의 무덤이 온전히 보존돼 있는 것으로 보아 자살설, 도피 중 체포설, 탄광노동설 등 그간 최승희가 비참한 최후를 맞았을 것이라는 소문은 사실이 아니며, 당시 나이를 먹으면서 위치가 약화돼 일선에서 물러났을 것으로 생각된다"고 말했다.[97]

"얻은 것은 이데올로기, 잃은 것은 예술"이라는 말은 대표적인 전향의 변으로 여겨지지만, 카프인사들과 최승희의 조국은 당시엔 물론이거니와 해방 후에도 오랫동안 '예술'보다는 '이데올로기'를 앞세울 걸 요구하게 된다. 예술을 예술로서만 향유할 수 없었던 각박함과 절박함은 '이념의 과잉'을 불러일으키고 그 이면에 숨은 이해관계가 오히려 그걸 부추기고 고착시키는 결과를 낳기도 한다.

제4장

모더니즘 문학과 조선학운동

이상의 모더니즘,
박태원의 고현학

구인회의 결성

카프라는 강력한 조직운동이 종지부를 찍음에 따라 문예활동에 종사하는 문인들의 수는 오히려 더 많아졌다. 이 시기의 대표적 단체로는 1933년 8월 15일 "순연한 연구적 입장에서 상호의 작품을 비판하여 다독다작(多讀多作)을 목적으로" 결성된 '구인회'를 들 수 있다. 이 단체는 어떤 강령을 내걸고 조직적인 활동을 수행한 것이 아니라 일종의 친목단체였지만, 카프 문인들이 문학의 실천성을 주장하는 행태에 대응해 예술성을 중시하는 문학 분위기를 형성하였다.[1]

처음엔 이태준, 조용만, 김기림, 이무영, 정지용, 김유영, 이효석, 이종명, 유치진 등 9명으로 창립했으나. 기존회원의 탈퇴와 신입회원의 가입 등 몇 번의 교체과정을 거쳤다. 구인회는 이태준, 박태원, 이상이 중심회원이 되면서 모더니즘 문학의 기수 역할을 수행했으며,

1934년~1935년에는 문학강연회를 개최하기도 했다.[2]

구인회 멤버인 이상(1910~1937)은 1929년 3월에 경성고등공업학교를 졸업하고, 4월에 조선총독부 내무국 건축과 기수로 근무했다. 그는 그해 12월 조선건축학회 기관지 『조선과 건축』의 표지 도안 현상모집에 1등과 3등으로 당선되었으며, 이를 계기로 『조선과 건축』에 글을 발표하면서 점차 문인 길로 나선, 독특한 이력의 소유자다.[3]

이상은 1934년 7월 24일부터 『조선중앙일보』에 「오감도(烏瞰圖)」라는 시(詩) 연작을 연재하기 시작했다. 그러나 곧 '무슨 개수작이냐'는 독자들의 거센 항의가 빗발쳤다. 30회 연재 예정이었으나 15회로 중단하고 말았다. 당시 편집국장이던 이태준(1904~?)이 사표를 품에 넣고 연재를 강행했던 것인 바, 보름도 잘 버틴 것이었다. 심지어는 "이상을 죽여야 해"와 같은 극단적인 비난도 있었다.[4] 도대체 어떤 시였기에 그랬던 걸까? 제1호만 감상해보자.

오감도

십삼인의아해가도로로질주하오.
(길은막달은골목이적당하오.)
제일의아해가무섭다고그리오.
제이의아해도무섭다고그리오.
제삼의아해도무섭다고그리오.
제사의아해도무섭다고그리오.
제오의아해도무섭다고그리오.

1934년 7월 24일부터 8월 8일까지 『조선중앙일보』에 연재됐던 이상의 연작시 「오감도」. 편집장 이태준이 사표를 던질 각오를 하고 연재를 시작하였으나 결국 독자들의 항의를 받고 15회 만에 연재를 중단하게 되었다.

제육의아해도무섭다고그리오.

제칠의아해도무섭다고그리오.

제팔의아해도무섭다고그리오.

제구의아해도무섭다고그리오.

제십의아해도무섭다고그리오.

제십일의아해가무섭다고그리오.

제십이의아해도무섭다고그리오.

제십삼의아해도무섭다고그리오.

십삼인의아해는무서운아해와무서워하는아해와그러케뿐이모혓소.(다른사정은업는것이차라리나앗소)

그중에일인의아해가무서운아해라도좃소.

그중에이인의아해가무서운아해라도좃소.

그중에이인의아해가무서워하는아해라도좃소.

그중에일인의아해가무서워하는아해라도좃소.

(길은뚫닌골목이라도적당하오.)

십삼인의아해가도로로질주하지아니하야도좃소.

이상은 '한국 최초의 멀티미디어 인간'

「오감도」의 연재 중단에 대해 정과리는 "어째서 이런 일이? 아마도 이상의 시 안에, 닳지 않는 무언가가 있기 때문일 것이다. 그 무언가는 바로 이상이 현대의 문턱에 살았으면서도 오늘날의 사람들보다도 더 현대적이었다는 사실에 있다. 다시 말해 현대적 삶의 '의미'를 가장 먼저 그리고 누구보다도 예민하게 느끼고 현대를 그리는 데 극단까지 가보았다는 것이다"며 다음과 같이 말했다.

"그의 시는 독자들이 그 내용을 채워 넣어야 할 빈 용기와도 같은 것으로 제시되었다. 어느 시보다도 독자들의 호기심을 자극하는 요인이 거기에 있었고, 그 뜻을 전혀 모르면서도 누구나 한두 행은 외울 수 있는 시가 된 까닭이 거기에 있었다. 「오감도 1」 역시 이질적인 해석들로 들끓는다. 특히 첫 행, '13인의 아해가 질주하오'에서의 '13인'에 대해 '예수와 12제자'라는 해석에서부터 당시 조선의 13도를 가리키는 것이라는 추정에 이르기까지 기발한 아이디어들이 속출한다. 요즈음의 독자라면 숫자에 관계없이 폭주족을 연상할지도 모른다. 또는 모종의 이유로 도주하는 도망자들을. 이 시의 힘은 바로 이렇게 해석의 행진을 멈추지 않게 하는 데에 있다. 우리는 검게 덧칠된 듯 알 수 없는 현대의 삶 속으로 불안과 호기심에 이끌려 참여케 된다. 그리고 스스로 의미를 부여해 보게 되는 것이다. 그리하여 이 시는 독자의 '구성적 참여'를 통해서 완성된다."[5]

김민수는 "이상은 문자라는 '모노(mono) 미디어'에 갇혀버린 시인으로만 한정지을 수 없는 화가이자 건축가·그래픽 디자이너·편집 및 타이포그라피 디자이너로서 이른바 다중매체의 감각세계를 그려낸 한국 최초의 '멀티미디어 인간'이었다"고 평가했다.[6]

이상은 「오감도」에 대한 독자들의 항의에 분노했다. 박헌호는 이상의 분노는 '미적인 영역에서의 선구자로서의 의식 때문'이라며, 이상을 비롯한 구인회 작가들은 '미적 영역에서 근대성을 추구했던 셈'이라고 평가했다.

"이태준의 문장에 대한 집착, 박태원의 기법에 대한 자의식, 김기림의 시론과 작품이 보여주는 모더니티에 대한 갈망은 예술의 영역에서 근대적인 것을 달성하려는 노력의 표현이다. 이들이 표현론적 문학관에 의거했다든지, 문학은 '제작되는 것'이라는 의식을 견지했다든지, 형식을 통해 드러나는 '작가적 개성'을 중요시했다든지 하는 것들이 이를 보여준다."[7]

"레몬 향기가 맡고 싶소"

이상은 1933년 온천에 요양을 갔다가 만난 금홍과 3년간 동거하면서 다방과 카페를 경영하다 다 들어먹기도 하지만, 1936년 금홍을 모티프로 해서 쓴 소설 『날개』를 발표했다. 1936년 10월 일본에 간 이상은 1937년 2월 12일 도쿄 거리에서 불령선인(不逞鮮人)으로 체포돼 34일간 경찰서 유치장에 감금되었다. 오인으로 인한 체포였지만 폐결핵을 앓고 있던 그를 죽음에 이르게 한 치명타였다. 그는 풀려난 직후 병원에 입원했으나 4월 17일 사망했다. 그는 달려온 친구들에게 "레몬 향기가 맡고 싶소"라는 유언을 남겼다고 한다.[8]

이상이 죽기 약 20일 전인 3월 29일 김유정(1908~1937)이 죽어 김유정과의 합동 영결식이 치러졌다. 두 사람은 구인회 멤버로 알게 돼 동병상련(同病相憐)하는 처지였다. 함께 폐결핵을 앓았고 서로의 천재성을 인정했다. 이상이 찾아와 함께 죽자고 제의한 것을 김유정이 거절한 적도 있었다고 한다.[9]

이상과 김유정의 사망에 큰 영향을 미친 폐결핵은 일제강점기에 놀라운 속도로 증가한 만성 전염병이었다. 1920년대 기독교계의 금주운동단체에선 미국에서 금주령(1920~1933) 덕분에 폐결핵 사망자 수가 크게 줄었다는 내용까지 제시할 정도였다.[10]

1920년 5,882명이던 조선인 폐결핵 환자 수가 1928년엔 9,041명으로, 사망자 수는 1920년 2,315명에서 1930년 3,422명, 1937년 5,973명, 1939년 6,101명으로 늘었다. 1937년 9종 전염병 사망자 수는 2,789명이었지만, 폐결핵 단일 요인에 의한 사망자 수는 그 두 배가 넘는 5,973명이었다. 폐결핵은 경제상태 및 영양상태와 밀접한 함수를 갖는 질병인데, 이런 통계 수치가 말해주는 건 과연 무엇일까?[11]

절망과 기교

이상이 죽기 직전에 쓴 수필 「권태」는 시골에서 아이들이 노는 모습을 그렸다.

"그들은 도로 나란히 앉는다. 앉아서 소리가 없다. 무엇을 하나. 무슨 종류의 유희인지 유희는 유희인 모양인데. 이 권태의 왜소함은 또 무슨 기상천외의 유희를 발명했다. 5분 후에 그들은 비키면서 하나씩 둘씩 일어선다. 제각각 대변을 한 무더기씩 누어 놓았다. 아 이것도 역시 그들의 유희였다. 속수무책의 그들 최후의 창작유희였다. 그러나 그중 한 아이가 영 일어나지를 않는다. 그는 대변이 나오지 않는다."[12]

이승훈은 "이상이 아이들의 놀이에서 배운 것은 권태와, 이 권태를 이기기 위한 유희, 속수무책의 삶이 만드는 눈물겨운 유희였다"며 다음과 같이 말했다.

"이상은 '어느 시대에나 그 현대인은 절망한다. 절망이 기교를 낳고 기교 때문에 또 절망한다'고 말한 적이 있다. 시골 아이들의 놀이는 절망의 놀이이다. 절망이 그들의 놀이를 낳는다. 그러나 이 놀이가 또한 그들을 절망시킨다. 이상의 예술이 그렇다. 그의 문학은 절망을 동기로 한다. 그러나 그는 문학 때문에 또 절망한다. 그동안의 이상 문학은 절망이 낳은 기교였고 이제 그는 기교 때문에 다시 절망한다. 그가 서울을 떠난 것은 이 절망, 기교가 낳은, 문학이 낳은 절망 때문이다. 기교 때문에 절망한 다음 그는 서울을 떠났다. 그는 죽음을 생각했는지 모른다."[13]

이상의 '절망·기교론'은 2007년 대통령 선거판을 설명해주는 담론으로 등장했다.

2007년 7월, 『경향신문』 정치·국제 에디터 이대근은 "기교에 능한 범여권은 오픈 프라이머리니 휴대폰 투표니 하며 테크닉을 연마중이다. 절망이 기교를 낳고 그 기교로 인해 다시 절망하는 상황이다"라고 했다.[14]

2008년 1월, 대통합민주신당 의원 김한길은 총선 불출마와 정계 은퇴를 선언하면서 다른 의원들의 불출마 선언 가능성에 대한 질문을 받고 다음과 같이 말했다.

"나부터가 중요하지 어떤 세력을 말하고 싶지 않다. 지금 누가 쇄신의 주체이고 대상인지 모호하다. 소설가 이상은 '절망이 기교를 낳고, 기교가 또 절망을 낳는다'고 했다. 그래선 안 된다."[15]

'소설가 구보씨의 일일'

이상의 「오감도」에 대한 비난이 들끓던 때에 박태원은 『조선중앙일보』(1934년 8월 1일~9월 19일)에 「소설가 구보 씨의 일일」을 연재했다. 구보는 박태원의 호다. 박태원은 늘 이상과 붙어 다니던 사이인데다, 박태원의 이 소설 또한 워낙 도발적이고 새로운 양식인지라 항의와 비판이 쏟아졌지만 이태준의 배려 덕분에 연재할 수 있었다.[16]

이 소설은 서울의 풍속 변화를 그린 고현학(考現學, modernology)으로 평가받고 있다. 김윤식 · 정호웅은 "현대인의 생활을 조직적으로 주사 연구하여 현대의 세태 풍속을 분석 · 해석하는 학문을 두고 고현학이라 부른다면, 박태원의 소설이야말로 이를 충실히 이행한 것이라 할 수 있다"고 평가했다.[17]

고현학은 고고학(考古學)과 대치되는 학문이라고 할 수 있다. 박태원이 자주 들먹인 탓에 유명해진 '고현학'은 일본 학자 곤 와지로(今和次郞)에 의해 일반화된 것으로, "우리들이 눈앞에서 보는 것" 즉 "인류의 현재"에 대한 기록을 뜻한다. "눈앞의 대상물을 1,000년 전의 사물과 같이 진기한 존재로 보"는 태도의 산물이다. 와지로는 1923년

1930년대 황금정통(지금의 을지로, 위)과 남대문 주변의 모습(아래). 소설가 박태원은 「소설가 구보 씨의 일일」이라는 작품을 통해 당대의 도시 풍경과 사람들의 모습을 그려내듯 담았다.

관동대지진을 겪으면서 이런 태도를 몸에 익혔다고 술회했다.[18]

고현학은 '구인회 멤버들이 공유하는 하나의 정신'이었으며, 박태원이 그 중심에 있었다. 손종업은 "박태원이 근대성의 중심이었다면, 이상은 그 극한이었다고 말할 수 있다"고 평가했다.[19]

당시의 서울은 고현학의 좋은 무대였다. 일제가 서울의 도시계획을 실시한 것은 1913년이며, 이는 1928년경에 마무리되었다. 1934년 서울 인구는 38만 명, 1941년에는 91만 명으로 늘었다. 현대식 건물과 백화점, 극장, 다방 등도 급증했다.[20]

바로 박태원 자신이 이런 변화를 즐기는, 가장 완벽한 모던보이였다. 그는 서울 중심가를 누비며 하루에 일어난 일의 연속적 기록물을 「소설가 구보 씨의 일일」로 탄생시킨 것이다.[21] 훗날 최인훈의 『소설가 구보 씨의 일일』(1976), 주인석의 『소설가 구보 씨의 영화구경』(1997)의 주인공 소설가 구보 씨의 원조가 바로 박태원의 구보 씨다.

고현학의 상품화

박태원이 소설 속에서 설명한 고현학의 방법론을 보자.

"구보는 속주머니에서 만년필을 꺼내어 공책 위에다 초한다. 작가에게 있어서 관찰은 무엇에든지 필요하였고, 창작의 준비는 비록 카페 안에서라도 하여야 한다. 여급은 온갖 종류의 객을 대함으로써, 온갖 지식을 얻으려 노력하였다. 잠깐 펜을 멈추고, 구보는 건너편 탁자를 바라보다가, 또 가만히 만족한 웃음을 웃고, 펜 잡은 손을 놀린다."[22]

그러면서 구보는 여급과 장난을 치기도 한다. 이런 식이다.

"너 내일, 낮에, 나하구 어디 놀러 가련. 구보는 불쑥 그러한 말조차

하며 만약 이 귀여운 소녀가 동의한다면, 어디 야외로 반일(半日)을 산책에 보내도 좋다고 생각한다. 그러나 소녀는 그 말에 가만히 미소하였을 뿐이다. 역시 그 웃음우물이 귀여웠다. 구보는, 문득, 수첩과 만년필을 그에게 주고, 가(可)하면 O를, 부(否)면 X를 그리고, O인 경우에는 내일 정오에 화신상회 옥상으로 오라고. 네가 뭐라고 표를 질러놓든 내일 아침까지는 그것을 펴보지 않을 테니 안심하고 쓰라고. 그런 말을 하고, 그 새로 생각해낸 조그만 유희에 구보는 명랑하게 또 유쾌하게 웃었다. …… 구보는, 안주머니에서 꺼낸 수첩 속에서, 크고 또 정확한 X를 찾아내었다. …… 설혹 그것이 O라 하였더라도 구보는 결코 기쁨을 느낄 수는 없었을 게다."[23]

당시 고현학의 상품화는 잡지들에 의해 왕성하게 이루어지고 있었다. 잡지들은 '대경성 암행기' 류의 기사로 고현학을 시현한다고 주장했다. 기자들은 고현학이라는 이름으로 여기저기를 쑤시고 다니면서 기사거리를 건져냈다. 주요 풍경은 볼거리 많은 백화점이었다.[24]

박태원이 『삼국지』를 쓴 이유

박태원은 1941년 월간 『조광』에 『신역 삼국지』를 연재한다. 총독부의 일본어 신문 『경성일보』가 일본 작가 요시카와 에이지(吉川英治, 1892~1962)의 『삼국지』를 연재한 게 기대 이상의 반응이 나오자, 이를 보다 못한 박태원이 '삼국지 한일전'에 뛰어들었다고 한다. 이미 만해 한용운(1879~1944)도 생계유지 차원에서 1939년~1940년 『조선일보』에 『삼국지』를 연재했는데, 이처럼 일제강점기에도 『삼국지』의 인기는 높았다(훗날에도 유명 문인들이 『삼국지』 시장에 뛰어들었는데, 그 수는 20명 가까이 된다. 한용운과 박태원 외에도 박종화, 김동리, 황순원, 정비석, 양주동, 김동성, 황석영, 조성기, 이문열, 장정일 등을 들 수 있겠다).[25]

박태원은 1942년엔 『조광』에 『수호전』을 번역, 연재한다. 정선태는 "당대의 손꼽히는 스타일리스트 박태원이 어울리지 않게시리 중국 고전으로 빠져든 이유는 무엇이었을까. 『바보 이반』을 비롯한 톨스토이의 작품들과 헤밍웨이의 『도살자』 등 서양의 작품들을 적잖이 번역하던 그였기에 궁금증은 쉽사리 지워지지 않는다"며 다음과 같이 말했다.

"적어도 다음 네 가지 중 하나가 그 답일 것이다. 훌륭한 고전은 시대의 변화에 맞추어 새롭게 번역되어야 함에도 불구하고 기존의 번역이 이에 미달한다고 판단했기 때문에, 상업주의로 무장한 출판사의 '유혹'에 이끌려 잠시 '외도'를 하고 싶어서, 창작의 에너지가 고갈되어 새로운 자양분을 얻기 위해서, 오대양 육대주를 가로질러 '성전'을 펼치고 있는 자본주의가 야기한 시대상황이 하도 엄혹한 나머지 자신이 쓰고 싶은 글을 쓸 수 없어서. 어느 것일까. 근대소설의 첨단을 걷다 『수호전』의 번역을 거쳐 역사소설과 전기소설로 나아간 박태원은 이 물음에 뭐라고 답할까. 속설에 따르면 사지선다형 문제는 보기가 긴 게 답인 예가 종종 있다는데 과연 그러할지, 모를 일이다."[26]

2008년 5월, 손민호는 박태원의 『삼국지』에 대해 "구보는 의고체를 버리고 구어체를 부렸다. 조선인 독자를 겨냥한 필승전략이었다. 구보의 『삼국지』가 '한국어판 삼국지의 시발점'으로 기억되는 까닭이기도 하다. 하나 구보는 『삼국지』를 마치지 못한다. 1950년 그는 북으로 넘어간다"며 다음과 같이 말했다.

"그때 남았던 원고가 전체의 절반 정도. 그걸 정음사의 최영해 사

장이 이어서 쓴다. 하여 탄생한 게 소위 『최영해 삼국지』다. 1960년대
~1970년대 최고 스테디셀러의 이름이다. 북으로 간 구보도 처음엔
순탄치 못했다. 1956년 남로당 계열로 몰려 숙청된 뒤 한동안 집필이
금지됐다. 복권되자마자 구보는 재차 『삼국지』에 매달렸고 1964년
『삼국연의』(전 6권)를 완결했다. 이 곡절 많은 『삼국지』가 마침내 서울
에 들어왔다. 이름하여 『박태원 삼국지』(전 10권, 깊은샘)다. 북한에서
책을 못 찾아 중국과 일본을 뒤져 간신히 입수했단다. 29일 오후 6시
이를 기념하는 자리가 열렸다. 구보의 외손자 봉준호 감독의 얼굴도
보였다. 모두가 벅찬 표정이었다. 하나 출판기념회에 모인 100여 명
이 모르는, 구보에 얽힌 또 하나의 사건이 이날 더 있었다. 같은 날 오
전 10시 친일인명사전편찬위원회는 친일인명사전에 오를 최종 명단
을 발표하면서 이태 전 예정자 목록에 들어있던 구보의 이름을 뺐다.
저승의 구보도 2008년 4월 29일의 서울은 잊지 못할 듯싶다."[27]

2008년 6월 봉준호가 스태프들과 함께 촛불집회 현장에 나타났
다. 그는 "시민들이 모인 장관을 사진으로 담아야 할 것 같아 나왔다"
고 한다.[28] 역시 박태원의 외손자답다. 이제 우리에게 필요한 건 '영
상 고현학'이 아닌가. 특히 촛불집회와 같은 스펙터클을 잘 챙겨둬야
한다. 그 일을 봉준호가 맡아 나섰으니 이 어찌 반갑지 아니하랴.

교육·과학·우생계몽운동

조선인의 보통학교 설립운동

보통학교 입학 경쟁률이 계속 높아지자, 일제는 1929년에 이른바 '1면 1교제(1面1校制)' 1차계획을 실시하였다. 그리하여 보통학교 취학률은 계속 늘어 1941년엔 52퍼센트를 넘어서게 된다.[29] 이민규는 '1면1교제'에 대해 "새로 온 총독 야마나시(山梨半造. 1868~1944)는 조선인의 생활이 너무 궁핍하여지고 학생의 사상이 민족적으로 또는 자유주의로 흐르는 것을 걱정하였다"며 다음과 같이 말했다.

"다시 실용주의를 어느 정도까지 부활시키고 사상단속을 강화하는 교육정책을 내었다. 언제나 식민지 행정에는 백성을 속이는 교묘한 수단이 있는 것이니 저들의 이익을 위한 정책을 몇 가지 베풀려면 한 가지쯤 식민지의 인심을 살 만한 일을 내걸고 백성을 속이는 것이다. 야마나시는 다시 소극적 교육정책을 써서 실리주의와 구속주의로 나아

수송보통학교. 새로 부임한 총독 야마나시는 실용주의를 부활하고 사상단속을 강화하기 위하여 '1면 1교제'를 실시, 조선인들의 교육열을 자극했다.

가려 할 때에 그것만 내세우면 인심에 불만이 있을 것을 알고 이와 교환적 의도에서 보통학교를 한 면에 한 개교씩 설립하기로 하였다."[30]

'1면1교제' 추진과정에서도 조선인의 교육열은 계속 뜨겁게 분출해 그 속도를 재촉하였다. 그 교육열은 집단적인 운동으로 터져 나왔다. 그 운동은 ①공립보통학교설립 기성회운동 ②학년연장운동 ③학급증설운동 ④학부형회 또는 후원회활동이라는 네 가지 유형으로 나타났다.[31]

학년연장운동은 4년제 보통학교를 6년제 보통학교로 승격시키기 위한 운동이다. 4년제 보통학교는 그것으로 교육을 끝내는 사실상의 종결교육기관이었으며, 상급학교에 진학하려면 6년제 보통학교를 나와야 했다. 4년제가 6년제로 승격되기 위해선 '적립금' 또는 '연장기본금'을 해당지역 주민이 조성해야만 했는데, 바로 이런 기금 조성을

중심으로 한 운동이다.[32]

조선인들의 교육열은 매우 뜨거워 학교 위치를 둘러싸고 주민들 간 치열한 분쟁이 벌어지기도 했다. 1930년 전남 고흥군 점암면에서는 신설 공립보통학교의 위치를 둘러싼 분쟁으로 30여 명이 경찰서에 검속되는 일이 벌어졌다. 1935년 충남 부여군 초촌면에서는 300여 주민이 부여군청에 몰려가 진정을 하고 돌아오는 길에 반대파와 부딪치면서 난투극이 벌어지기도 했다. 자꾸 이런 분쟁이 발생하자 당국에선 궁여지책으로 취락 형성의 상황과는 무관하게 면의 중심점에 학교를 세우기도 했다.[33]

'보통학교 입학난'

언론도 가세했다. 『동아일보』 1931년 3월 11일자 사설은 "조선인 교육이 계자적(繼子的) 학대를 받고 있다는 것을 누구나 부인할 용기가 없을 것이다"며 "조선인에게 교육받을 기회를 주라. 의무교육을 실시하라"고 외쳤다. 또 9개월 후인 12월 15일자 사설은 재차 보통학교의 의무교육을 요구하고 나섰다.

"조선은 과연 일본서 의무교육을 개시한 명치(明治, 메이지) 13년 (1880년)의 민도와 민력만 못할 것인가. 오인은 이제 상세한 숫자를 비교할 여유가 없거니와 조선의 금일의 민도, 금일의 재정상태는 능히 일본의 명치 25, 26년경의 그것을 초과했다. 명치 25, 26년경이면 일본서는 이미 취학자 수가 미취학자 수를 초과한 때다. 그런데 조선의 현실은 여하하냐. 민도 민력을 운운하고 의무교육 실시를 천연함은 위정자의 구실에 지나지 않는 것이다. 하물며 같은 조선에 있어서 일본

당시 농촌지역 간이학교의 모습. 총독부는 농촌진흥운동의 일환으로 1934년부터 공립보통학교에 부설되는 초등학교인 '간이학교' 제를 실시, 2년제의 단기완성교육을 시행하였다.

아동에게는 의무교육을 실시하고 조선 아동에게는 이것을 실시치 않음에랴. 당국은 일일이라도 속히 조선 아동에 의무교육을 실시하라."[34]

　모든 조선인들이 이런 교육열을 좋게만 본 건 아니었다. 전영택 (1894~1968)은 『신동아』 1933년 4월호에 쓴 「현조선 교육의 결함과 그 개선책」에서 다음과 같이 주장했다.

　"(보통학교 교육의 문제점은) 놀고먹기를 좋아하는 신사를 만들어도 부지런히 일하는 일꾼을 만들지 못하는 것이외다. 농사꾼의 아들이 보통학교를 졸업하면 벌써 일하기를 싫어하는 건방진 자식, 실업쟁이가 됩니다. 수건 쓰고 김매고 지게하고 나무하기를 싫어하고 면서기나 순사를 희망하고 놀고먹게 됩니다."[35]

　총독부도 그런 문제를 느꼈던 걸까? 1934년부터 '간이학교' 제가 실시되었다. 간이학교는 공립보통학교에 부설되는 초등학교로서 2년제의 단기완성교육을 실시하는 것이다. 이는 농촌진흥운동의 일환으로 "그 자녀를 그 부락의 중견 농가의 일원으로 만드는 교육"으로 실시되었다.[36]

이만규는 일제가 추진한 농촌진흥운동의 속셈은 "조선인의 노동력을 착취하여 일본의 자본가를 배부르게 하자는 것"이라며 교육보급도 그 맥락에서 바라보았다. 그는 "몇 년 동안 조선총독부는 일본 자본가나 기업가에게 조선에다 공장경영을 하게 하여 조선의 공업적 개발을 유도하려고 하였으나 일본의 자본가들은 조선의 노동자의 질이 낮고 수가 부족하다는 이유로 거절하였다"며 다음과 같이 주장했다.

"즉 노동자가 문맹이기 때문에 기술이 부족하고 언어가 통하지 않는다는 것이다. 그러므로 일본의 자본가나 기업가를 조선에 유치하는 데 제일 필요한 것은 일본어를 알고 기술을 향상시킬 만한 보통학교 졸업생 정도의 자격을 가진 많은 노동자였다. 그리하여 조선의 공업을 발흥시키기 위해 일본 자본주의가 환영하는 노동자를 양성할 필요가 느껴졌다. 이것이 보통학교 교육을 확장한 이유의 하나이니 곧 보통학교나 간이학교 교육의 확장은 일본 자본가를 살찌게 하는 노동자를 양성하는 것이다."[37]

일제의 보통학교 확장에도 불구하고 '보통학교 입학난'은 계속되었다. 수요의 증가 속도가 공급의 증가 속도를 앞지른 것이다. 보통학교 입시경쟁도 치열해져, 『동아일보』(1935년 2월 17일자)는 보통학교 입학 아동을 위한 시험공부로 어머니와 자식 간의 문답 형식의 예상 문제를 게재하기도 했다.[38] 먼 훗날 유행하는 한국 신문들의 '입시 장사'의 원조인 셈이다.

과학 · 우생계몽운동

교육운동과 더불어 과학운동도 활기를 띠었다. 1924년 김용관(1897~1967) 등이 주도하여 조직한 발명학회는 1933년 잡지 『과학조선』을 창간하고 이듬해에는 '과학 데이' 행사를 주최했다. 과학 데이는 찰스 다윈(Charles Robert Darwin, 1809~1882)의 기일인 4월 19일로 정해졌다. 1935년의 2호 행사 시에는 김억(1896~?)이 작사하고 홍난파(1898~1941)가 작곡한 〈과학의 노래〉가 연주되었다.

"새 못되야 저 하늘 날지 못노라/ 그 옛날에 우리는 탄식했으나/ 프로페라 요란히 도는 오늘날/ 우리들은 맘대로 하늘을 나네/ 과학 과학 네 힘의 높고 큼이여/ 간데마다 진리를 캐고야 마네"[39]

과학운동의 연장선상에서 1933년 조선우생협회가 결성되었다. 1920년대 들어서면서부터 우생학이라는 용어를 앞에 건 대중강연이 이루어지기 시작했는데, 바로 그런 활동의 성과였다. 우생협회는 회장 윤치호를 비롯하여 여운형, 유억겸, 주요한, 최두선, 김성수, 이광수, 현상윤 등 총 84명의 발기인으로 구성되었다.[40]

우생학을 지금의 기준으로 판단하면 당시의 우생학 열풍을 이해하기 어려워진다. 우생학은 당시 전 세계적으로 경제적 불평등과 사회악을 치유할 수 있는 만병통치약으로 간주되었다는 걸 감안할 필요가 있겠다. 미국의 경우, 1928년까지 미국 내 모든 대학의 4분의 3 이상이 우생학 과목을 개설했을 정도였다.[41]

그러나 1929년 주식시장 붕괴는 우생학의 기본 사상에 큰 충격을 주었다. 제레미 리프킨에 따르면, "이탈리아계, 폴란드계, 유태계 이주민들과 마찬가지로 미국의 금융 엘리트들의 실직사태가 벌어지고, 중산계층 전문가와 학자들도 이들과 나란히 실업자 대열에 들어서게

1933년 6월 『과학조선』 창간호 표지. 교육운동과 더불어 활기를 띤 과학운동은 과학잡지의 창간으로 이어졌고, 이듬해에는 찰스 다윈의 기일을 정해 '과학 데이' 행사를 열기도 했다.

되자, 어떤 인종은 다른 인종보다 생물학적으로 우월하다는 신화가 더 이상 유지될 수 없게 되었다. 대공황은 수백만 미국인들을 평등하게 하여, 북유럽계 인종이든 남유럽계 인종이든, 백인 앵글로색슨 신교도들이건 유태인이건 모두 똑같이 가난하고 어려운 환경에 처하게 되었다."[42]

히틀러 정권의 등장도 우생운동의 쇠퇴 요인으로 작용했다. 독일 우생학자들이 미국에서 배워갈 정도로 미국의 우생운동은 앞서 나갔지만, 대대적인 실천은 독일이 앞섰기 때문에 독일의 경험에서 무언가 보고 깨달은 게 있었을 것이다. 히틀러는 1933년 7월 13일 유전 형질 보건법을 공포하였는데, 이 법은 우생학에 기초한 불임법령으로서

이후 12년간 수백만 명의 생명을 앗아간 대중우생운동의 첫걸음이었다.[43]

그렇다고 해서 미국에서 우생학이 사라진 건 아니었다. 리프킨에 따르면, "흥미로운 것은 1930년대 내내 미국 유전학회는 매년 열리는 정기회의에서 3차 독일 정부의 우생정책을 공식적으로 비난할 것인지 여부에 대해 결론을 못 내리고 토론만 거듭했다는 것이다. 그에 대한 비난을 미국 유전학회의 공식적 입장으로 정리할 만큼 충분한 지지표가 결코 나오지 않았다."[44]

"만히 나라! 잘 기르자!"

그러니 1930년대의 조선에서 우생학이 훌륭한 과학으로 대접받은 건 당연한 일이었는지도 모른다. 우생학의 창시자인 프랜시스 골턴(Francis Galton, 1822~1911)이 지문(指紋)에 관한 연구를 출간한 건 1892년이었는데, 이를 1908년에 도입한 일제는 합병 직후 곧바로 조선에 도입해 실용화했고, 지문기록을 축적해 1932년 말에 이르자 축적된 지문은 23만여 명에 달했다.[45]

조선우생협회는 대중강연을 실시하고 기관지를 발행하는 등 우생 계몽운동을 펼쳤다. 1934년 9월에 발간된 『우생』 1호, 1935년 9월에 나온 『우생』 2호는 화류병(花柳病, 성병)의 위험성, 청소년 성교육의 필요성, 유전 관련 논의들, 결혼과 임신과 태교의 생물학적 중요성, 산아제한 문제 등을 다루었다.[46] 1930년대 중반 신문과 잡지엔 우생학 관련 기사, 강연회가 폭발적 증가세를 보임으로써 '우생학의 일상화'를 몰고왔다.[47]

1892년 지문에 관한 연구를 출간하면서 우생학을 창시한 프랜시스 골턴. 1930
년대 전 세계적으로 우생학이 각광받으면서 일제는 빠르게 우생학을 조선에 도
입, 지문기록을 축적하고 어린이운동의 주도권 뺏기에 활용했다.

일제는 1930년대 들어 아동의 건강보호에 초점을 맞춘 유아애호주
간 설정 등을 통해 1920년대에 사회운동으로 진행된 어린이운동의
주도권을 앗아가고자 했다. 일제의 그런 시도에 스며든 건 우량종의
보전이라는 우생학주의였다.[48]

전시 체제가 공고해지면서부터는 다산(多産)과 어린이 건강이 더욱

강조되었다. 예컨대, 『동아일보』 1938년 1월 1일자는 「억센 어린이, 조선을 어떻게 건설할가」라는 특집기사를 게재했고, 『동아일보』 1939년 1월 9일자엔 「만히 나라! 잘 기르자!」와 같은 노골적인 캐치프 레이즈가 등장했다.[49]

"조선을 알자"고 외친
조선학운동

이광수의 『이순신』

조선인에 의한 보통학교 설립운동은 일제의 교육지배를 강화시켜주는 역설적인 측면을 안고 있었다. 식민지 통치가 20년을 넘어서고 총독부의 끈질긴 동화정책이 조금씩 효과를 거두기 시작하던 1930년대에 들어서는 우선 흔들리는 민족의 정체성을 지켜내는 것이 눈앞의 과제로 대두되었다. 이 시기 식민지 조선사회에서 부쩍 우리 고유문화, 특히 언어와 역사, 민속 등에 대한 열기가 높아진 것은 이 때문이었다.[50]

1931년 5월 30일부터 1932년 4월 2일까지 『동아일보』에 연재된 이광수의 소설 『이순신』은 민족정신을 고양한 작품으로 평가되었다.[51] 반론도 있다. 최상천은 이광수의 『이순신』이 "민족자학의식을 정신병적 경지까지 끌어올린 기획작품"이라면서 다음과 같은 질문을 던졌다. "이순신 하면 일본의 침략이 떠오르는가 아니면 더러운 당파싸움이 떠오르는가?"[52]

이어 최상천은 "불행하게도 민족반역자들은 진짜로 이순신을 좋아했다. 그들은 이순신한테서 기절초풍할 매력을 발견(?)했다. 조선 500년, 민족사 5000년에서 이순신만 가지고 있는 매력 포인트! 그걸 밝히면 민족반역자들이 이순신에게 깜빡 죽었던 이유가 나올 것이다"며 다음과 같이 주장했다.

"그게 뭘까? 변치 않는 애국심이다. 왕과 대신들이 도망을 다니든 말든, 원균이 모함을 하든 말든, 백성이 좌충우돌하든 말든, 이순신은 오직 나라사랑의 길로 매진하는 애국자의 표상이었다. 돈도 벼슬도, 음모도 핍박도, 심지어 죽음까지도 그의 나라사랑을 꺾을 수는 없었다. 여기까지는 약간 과장은 있지만 대체로 진실이다. 애국자 이순신의 모습이 민족반역자들의 눈에는 어떻게 비칠까? 이순신은 욕망도 야망도 없다. 나라사랑만 있을 뿐이다. 민족반역자도 독재자도 욕하지 않는다. 일본제국이든 대한제국이든 국가라면 무조건 받들 뿐이다."[53]

'우리 것을 알자' '조선을 알자'

어찌됐건 『동아일보』가 외치고자 했던 메시지는 '우리 것을 알자'는 것이었다. 『동아일보』는 1932년 7월 12일자 사설 「다시 우리 것을 알자」를 통해 "우리는 우리 것을 알자 부르짖은 지 오래다. 우리의 언어를 알고, 우리의 문자를 알고, 우리의 역사, 우리의 문학, 우리의 철학을 알자고. …… 그러나 대세는 도도히 신문화, 신사상의 수입 및 연구에 여념이 없었다"며 다음과 같이 주장했다.

"고요히 내면을 관찰하면 우리에게는 좀더 우리 것에 대한 이해와 연구가 필요한 것을 깨닫겠다. 우리는 우리 것을 연구한다. 하지만 우리 글로 된 자전(字典) 하나가 없으며, 우리 글자로 된 자랑할 만한 역사 하나가 없으며, 우리의 회화, 건축 등이 소개 선전되지 못했다."[54]

또 『동아일보』 1933년 1월 14일자 사설 「조선을 알자」는 "주체를 잃고 객체에 붙잡힌 결과는 마침내 신망(信望)보다는 자조(自嘲)가 앞섰고, 발분(發奮)보다는 자굴(自屈)이 앞섰던 것"이라고 자책했다. 이 사설은 조선문화를 알자는 주장은 과거 조선문화를 찬미하는 회고적 감상주의가 아니며 과거를 팔아 현재의 자위를 삼자는 것도 아니라고 밝히면서, 스스로를 재인식해 문화를 진흥하고자 하는 데 본의가 있는 것이라고 말했다.[55]

조선을 알자는 이면엔 일제가 유포시키는 조선 멸시의 관점을 비판하는 동시에 일제의 집요한 세뇌공작에 대응할 필요도 있었다. 김진균 · 정근식에 따르면, "일제는 각종 직업과 사회적 지위에 대하여, 일상생활의 모든 영역에서, 새로운 내용의 규율을 제정하여, 이를 주기적으로 외우게 하였다. 일제는 이런 규율들에 '심득(心得)'이라는 이름을 붙였다. 그것은 일상의 내면화를 의미하였다. 이런 류의 '심득'은 변화된 가족제도를 포함하여, 학교 · 공장 · 병원, 그리고 각종 근대적 사회제도에 두루 존재하였다."[56]

학생층에 대한 일상 통제와 간섭은 1933년 보도연맹이 발족하면서 공식화되었다. 그런 파시즘적 통제 원리에 대해 반응하는 양식은 상이했다. 경기공립중학교와 같은 1류 학생들의 파시즘 체제에 대한 경험과 기억은 주로 입시를 중심으로 이뤄졌다.[57]

1933년에 일어난 이른바 '무궁화당(無窮花堂) 사건'도 일제의 집요함을 잘 보여준 사건이었다. 애국계몽운동을 하다가 건강이 악화돼 1918년 강원도 홍천군으로 낙향해 농촌 청년을 가르치면서 무궁화 보급을 통한 애국운동을 벌인 남궁억(1863~1939)이 투옥된 사건이다. 그는 일찍이 학생들에게 가르친 〈무궁화동산〉이라는 노래 때문에 체포되었는데, 일제는 "우리의 눈물이 떨어질 때마다 또다시 소생하는 이천만"이라는 내용의 이 노래를 '불온'하다고 판정한 것이다(남궁억은 1년여 수형생활로 건강이 악화돼 출옥한 지 5년 후인 1939년 4월 5일 사망했다).[58]

조선학이란 무엇인가?

그런 배경에서 1933년 후반부터 '조선학운동'이 본격적으로 시작되었다. 안재홍, 정인보(1893~1950), 문일평(1888~1939) 등은 민족적 정체성을 강조하면서 특수성에 주목했다. 안재홍과 문일평은 일본 와세다대학 출신이고, 정인보는 유학자 출신으로 연희전문 교수로 일하고 있었다. 이들의 활동은 1934년 정약용 서거 99주기를 맞아 『여유당전서』의 간행을 계기로 본격화되었다. 이들은 자주적인 학문 주체성을 조선후기 실학으로부터 찾아내고자 했다.[59]

'조선학'이란 말을 처음 쓴 사람은 최남선이다. 최남선은 1931년에 낸 『조선역사』에서 한국문화의 특징을 창조성보다는 통합성에 있다고 보았다. 세계의 모든 문화를 집성(集成) · 화회(和會)하는 것이 한국문화의 특색이라고 본 것이다.[60] 좋게 보자면, 화이부동(和而不同)을 역설한 셈이다.

『조선일보』 편집고문으로 『조선일보』 지면을 이용해서 조선학운동을 펼쳐나간 문일평은『조선일보』1933년 5월 16일자에 쓴「조선학의 의의」란 글에서 다음과 같이 주장했다.

"조선인의 특수성을 표시하는 그 언어를 비롯하여 조선인의 과거상을 영사하는 그 역사이며, 또는 조선인의 실생활을 조선말로 써낸 조선 문학 같은 것이 조선학을 구성한 중심 골자가 되어야 하겠다. …… 오늘날 차차 구사상에서 벗어나 신사상의 자극을 받게 된 조선인은 조선을 재인식할 때가 왔다. 한편으로 신문화를 받아들임과 함께 한편으로 조선학을 잘 만들어 세계문화에 특수한 기여가 있어야만 할 것이니 이는 문화족으로서의 조선인에게 부과된 일대 사명인가 한다."[61]

안재홍은 '조선학' 의 의미를 '한국학' 이나 '국학' 으로 한정하지 않고, 한민족이 세계사에 기여해야 할 사명까지 포함했다. 그는 조선학은 "조선의 고유한 것, 조선 문화의 특색, 조선의 독특한 전통을 천명하여 학문적으로 체계화하는 것", 한마디로 "조선 역사를 기초로 하여 연구하는 것"이라고 정의하면서, "세계문화에 조선색을 짜 넣는 것이 우리에게 부여된 임무"라고 했다.[62]

안재홍은 "조선의 후진적 특수성을 주체적으로 극복하고 세계 속의 조선을 알기 위한 조선 고유의 문화 특수 경향의 탐구"를 지향한다고 말하였다. 그는 "국제화의 도정이 가속 촉급하리라고 인식하면 할수록 조선적인 또 민족적인 깃의 탐구 · 조성 · 선양 · 순화"는 중요하다고 강조했다.[63] 안재홍은 고쳐야 할 민족의 결점도 지적하였는데, 그걸 한마디로 집약한다면 극단주의다. 그가 극단주의를 극복하여 선양코자 하는 가치는 중화협동(中和協同)이었다.[64]

안재홍은 1920년대부터 신민족주의 구상에 몰두하였는데, 그는 조선의 현실이 선진국가와는 달리 계급혁명을 우선 과제로 내세울 수 없는 특수한 정세를 갖고 있음에 주목하였다. 그는 계급 각성과 민족 각성이 다 필요하다고 보았지만 민족 각성을 우위에 두었다. 선진국가와 후진국가의 역사적 과제가 같을 수 없다는 이유 때문이었다.[65]

안재홍은 민족주의 단계론 또는 계단론을 역설하였다. 그는『조선일보』1932년 2월 18일자 사설에서 민족주의란 "낙후된 처지에서 진지한 생존노력의 투쟁적인 역량을 길러내는 데는 반드시 한번 지나가는 필요한 계단"이라고 정의하였다.[66]

(해방 후 정치인으로 활동한 안재홍은 좌우통합을 시도하기 위해 여운형과 함께 건국준비위원회를 주도하였지만, 좌익으로부터는 '계급의식을 희석화시키는 소부르주아지', 우익으로부터는 '조선식 공산주의자'라는 비난을 받으면서 좌우통합의 중심이 아니라 오히려 좌우로부터 고립되는 운명에 처하게 되었다.)[67]

'비동시성의 동시성'

안재홍은 후진사회에서는 필연적으로 역사적 특수성이 나타날 수밖에 없다고 보았다. 그 특수성을 정치, 문화의 중층성으로 규정하면서, 이를 함경도 갑산의 고지대의 자연과 한강 이남의 따뜻한 지역의 자연에 비유하여 설명하였다. 남쪽의 경우 계절에 맞는 꽃이 차례대로 피지만, 추운 북쪽의 경우에는 메밀꽃과 감자꽃이 한꺼번에 피어 여름과 가을이 동시에 나타나지 않을 수 없다는 것이다.

즉 '비동시성의 동시성'이 나타난다는 것인데, 안재홍은 이를 문화의 중층성, 즉 여러 단계의 문화가 동시에 중층적으로 나타난다고 표현한 것이다. 안재홍은 신진 사상가들에게 '조선 문화의 중층성'을

『조선말 큰사전』 편찬을 주도하다가 1942년 이른바 '조선어학회 사건' 으로 곤욕을 치른 생존자들이 1946년 6월 자리를 함께했다. 앞줄 왼쪽부터 김윤경, 정세권, 안재홍, 최현배, 이중화, 장지영, 김양수, 신윤국, 가운데 왼쪽부터 김선기, 백낙준, 장현식, 이병기, 정열모, 방종현, 김법린, 권승욱, 이강래, 뒷줄 왼쪽부터 민영욱, 박혁규, 정인승, 정태진, 이석린.

인식해줄 것을 당부했다. 그는 구래의 문화를 한꺼번에 모두 결산하여버리고, 신진문화를 순식간에 받아들이기는 어렵다며, 보편성과 특수성의 조화를 강조했다.[68]

흥미롭게도 '비동시성의 동시성(the contemporaneity of the uncontemporary)' 개념을 제시한 독일 철학자 에른스트 블로흐(Ernst Bloch, 1885~1977) 가 이 개념을 쓴 것도 1930년대 독일사회를 규정하면서였다. 그는 다른 시대에 존재하는 사회적 요소들이 같은 시대에 공존하는 현상을 가리켜 '비동시성의 동시성' 이라고 했다. 그가 염두에 둔 건 독일 농민과 그의 시대에 빈곤을 겪던 중산 계급이었다.

"모든 사람들이 동일한 현재에 존재하는 것은 아니다. 그들은 오늘 보일 수 있다는 사실을 통하여 외형적으로만 동일한 현재에 존재할 뿐이다. (사실상) 그들은 예전의 요인들을 갖고 있다. 그것이 간섭한다."[69]

2007년 4월, 『경향신문』 논설위원 이승철은 "지금 정치권에서 민세 안재홍을 운위하는 이들이 과연 개마고원의 감자꽃과 메밀꽃이 동시에 피는 사연을 알고 있을까. 불행히도 이들의 말 속에서 민세의 뜻을 제대로 파악하고 있다는 흔적을 발견할 수 없다. 보편성과 함께 개별성, 바꿔 말해 정치·문화의 중층성을 인정하지 않는 그들이 개인의 정치적 목적을 위해 민세를 이용하고 있다는 생각밖에 들지 않는다"며 다음과 같이 말했다.

"민세를 좌우의 가운데 섰던 중간자적 존재로서만 오늘날 그를 거론하는 것은 일종의 모욕이다. 민세가 얘기한 비동시성의 동시성에 담긴 정신은 시간과 공간 개념을 도입해 사물을 입체적으로 보고 서로의 존재를 인정하는 것이다. 그의 정신을 제대로 모르고 모두 그의 그림자만 쫓고 있는 듯하다. 올해처럼 시절이 하수상한 때 민세가 예로 들었던 개마고원의 감자꽃과 메밀꽃은 어떻게 필지 궁금하다."[70]

사회주의자들의 조선학 비판

사회주의자들은 조선학에 비판적이었다. 박명규는 "운동과 사상진영에서 좌우의 대립이 심화되면서 사회주의진영에서는 민족적인 것에 대한 탐구 자체를 국수주의와 동일시하는 계급주의적 편향이 나타났는데, 이런 관점에서는 문화주의적인 민족 정체성론이나 조선학운동 자체가 모두 부르주아적인 타협론 내지 몰계급적 논의에 불과한 것으로 치부되었던 것이다"고 했다.[71]

1930년대의 계급주의자들은 민족의식을 가진 것이 잘못된 것이어서 그것을 말살해버려야 한다는 생각을 갖고 있었다. 그들은 단군묘 개척, 또는 단군유적 순례, 권율·이순신 사당 건축, 정약용 서거 100주년 기념활동, 조선학운동 등의 '조상숭배' '민족정신 작흥(作興)' '고전 부활' 등을 '민족주의자' 의 속임수로 비난하였다.[72]

이들은 조선학을 하는 민족주의자들을 '민족개량주의자' 혹은 '파시스트' 라고 비난했다.[73] 심지어 한 사회주의자는 1935년 조선학을 부정하면서 "조선 민족의 수호신이라는 이순신보다는 제정노국(帝政露國, 제정 러시아)의 발틱함대를 격패(擊敗)한 도고 헤이하치로(東鄕平八郞, 1848~1934)를 전 동양인의 수호신으로" 받들어야 한다고 주장하기까지 했다.[74] 이들이야말로 역설적으로 왜 조선학이 필요한가를 말해주는 생생한 증거였던 셈이다.

백남운, 이청원 등의 유물사관론자들도 조선학에 비판적이었다. 백남운(1894~1979)은 『조선사회경제사』(1933), 『조선봉건사회경제사』(1937) 등을 출간하였는데, 유물론 사학이 주목받게 된 건 『조선사회경제사』 출간 이후였다. 그러나 백남운을 비롯한 이청원의 저술은 모두 일본에서 간행되어 폭넓은 독자층을 얻을 수는 없었다.[75]

백남운은 신채호, 최남선 등 그가 특수사관이라고 규정한 이들의 소위 '문화사관' 이 끼친 악영향을 크게 경계하였다.[76] 그는 식민주의 사학이 우리 역사의 '특수사정' 을 강조하는 제국주의적 이데올로기인 것과 마찬가지로, 민족주의 사학이 우리 문화를 '초월적 절대적 무엇' 에 의해 이루어지는 특수한 것으로 강조함으로써 또 다른 '신비적·감성적 특수사정론' 에 빠졌다고 비판했다.[77]

이청원은 1936년에 간행한 『조선사회사독본』에서 조선학을 다음과 같이 비판했다.

"유교훈화적이고 정책적이고 반봉건적인 '조선학'은 조선의 역사적 과정을 세계사와는 전혀 별개의 독립적인 고유한 신성불가침의 '오천 년간의 얼'을 탐구하는 데 열심이고, 그 공식의 천재는 '단군'에 분식(粉飾)하고, 그 전체적인 영웅은 '이순신'의 옷을 빌려 입고, 그 재간있는 사람들은 '정다산'의 가면을 쓰고 역사를 왜곡하고 있다. 이리하여 '얼'에 의하여 이루어진 신비적인 역사가 이루어진 것이다. 신흥 역사과학은 물론 이와 대립한다."[78]

'오천 년간의 얼'은 정인보가 『동아일보』에 연재한 「오천 년간 조선의 얼」을 가리키는 것이다. 이청원은 "『조선사회사독본』이 기도하는 바는 '조선의 얼'을 깎아내는 것"이라고 할 정도로, 역사과학의 이름으로 이를 비판하였다.[79]

김태준(1905~1949)도 1936년 5월 『조선중앙일보』 기고를 통해 "조선 민족을 선민적으로 높이려 하고, 통일한 오천 년간의 민족혼을 환기하려는 것은 역사의 왜곡된 선입견과 공연히 허장성세(虛張聲勢)하려는 데서 오는 것으로, 역사 그 자체를 위하여, 또는 독자들을 위하여 한없는 죄악을 범한 것이라고 할 것"이라고 비판했다.[80]

이런 일련의 주장들은 비판의 방향은 옳을망정, 그 강도에 있어서 과도한 '보편성 콤플렉스'가 엿보이는 비판이라 하겠다.

모더니즘 문인들의 고완 취미 비판

한편 모더니즘 계열의 문인들은 옛것을 중요하게 여기는 고완 취미에 대해 냉소적인 태도를 보였다. 이상은 1936년 3월 『매일신보』에 쓴

「조춘점묘」라는 글에서 다음과 같이 말했다.

"가령 신라나 고려적 사람들이 밥상에다 콩나물도 좀 담고 또 장조림도 담고 또 약주도 좀 많고 해서 조석으로 올려놓고 쓰던 식기 나부랑이가 분묘(墳墓) 등지에서 발굴되었다고 해서 떠들썩하나 대체 어쨌다는 것인지 알 수 없다. 그게 무엇이 그리 큰일이며 그 사금파리 조각이 무엇이 그리 가치 높이 평가되어야 할 것이냐는 말이다. …… 항아리 나부랑이는 말할 것도 없이 그 시대에 있어서 의식적으로 미술품으로 만들어진 것은 아니다."[81]

김동인은 『문장』 1939년 4월호에 쓴 「고물(古物)」이라는 글에서 다음과 같이 말했다.

"진실한 가치로 보아서 아무 곳도 보잘 데가 없는데, 단지 옛것이라 하여 좋게 보려는 것은 희극일 따름이다. …… 고물에 또 한 가지의 희극은, 고물이면 무엇이든 그것을 가지고 그 시대의 미술을 논의하고자 하는 것이다. 옛날 무덤의 벽화를 보고는 즉시 그 시대의 미술을 운운하는 희극학자(喜劇學者)가 적지 않다."[82]

신문은 인문학의 마당

조선학의 주요 무대가 신문이었듯이, 신문은 일제강점기 인문학의 주요 마당이기도 했다. 이 시기의 18개 신문에 등장한 철학 관련 기사는 3,198건이었으며, 신문별로는 『동아일보』 1,616건, 『조선일보』 645건, 기타 937건 등이었다. 게재된 기사는 당시 철학자들의 활동내용을 비롯해 단편적인 글에서부터 장기 연재물, 지상 논쟁 등 다양한 형태로 등장했다.

최재목은 "일제강점기는 흔히 암흑기에 비유되지만 당시 신문은 근대 초기 철학자들이 당시 현실을 고민하고 대안을 모색하던 중요한 매개체 역할을 했다"고 평가했다. 또 박홍식은 "실학자 최익한(1897~?)이 1938년 『동아일보』에 65회 연재한 다산 정약용(1762~1836)의 「여유당전서를 논함」은 지금 읽어봐도 매우 수준이 높다"고 평가했다(이는 영남대 한국근대사상연구단의 「일제강점기 신문에 나타난 한국의 철학사상」 연구에 따른 것으로 최재목은 영남대 교수로 연구단장이며, 박홍식은 이 시기 신문을 통해 실학을 연구한 대구한의대 교수다).[83]

윤치호의 1935년 7월 17일자 일기엔 재미있는 이야기가 나온다. 그는 다산 정약용의 추도식에 참석한 뒤 쓴 일기에서 정약용을 높게 평가하면서 "그런데 요즘에도 노론계에 속하는 인사들은 그가 남인이었다는 이유만으로 그의 책을 읽지도 사지도 않는다"고 개탄했다.[84]

1930년대의 이야기일 뿐인가? 그렇지 않다. 1990년대에 나온 이인화의 소설 『영원한 제국』은 "남인의 후예인 작가의 노론에 대한 한풀이 소설"이라는 평가가 시사하듯이, 사색당쟁의 생명력은 매우 끈질기다.[85] 이보다 더 드라마틱한 '비동시성의 동시성'이 또 있을까?

일제강점기에 그런 현실에 대해 반대편 구부리기를 강하게 시도했을 지식인들의 담론을 오늘의 기준으로 평가하는 것도 문제가 있겠다는 생각이 든다. 그와 동시에 "조선을 알자"고 외친 조선학운동은 어쩌면 정신이 이미 반 이상은 일제에게 넘어간 당대의 상황에 대한 발버둥이었는지도 모르겠다.

04

신채호의
아나키즘과 역사학

'조선을 위하는 도덕과 주의는 없다'

단재 신채호(1880~1936)도 조선학운동에 큰 영향을 미쳤다. 신채호는 1920년 전후에 『조선상고문화사』, 1924년 『조선상고사』, 그리고 1910년대부터 1928년까지 쓴 논문들을 모은 『조선사연구초』 등을 발표하였다. 그는 『조선상고사』에서 일제의 초기 식민주의 사관을 통렬히 비판하면서, 역사를 '아(我)와 비아(非我)의 투쟁의 역사'로는 보는 역사관을 정립하였다.

"역사란 무엇이뇨. 인류사회의 '아(我)'와 '비아(非我)'의 투쟁이 시간부터 발전하며 공간부터 확대하는 심적 활동의 상태이니, 세계사라 하면 세계인류의 그리 되어온 상태의 기록이며, 조선사라 하면 조선민족의 그리 되어온 상태의 기록이니라."[86]

신채호는 『동아일보』 1925년 1월 2일자에 발표한 「낭객(浪客)의 신년만필(新年漫筆)」이라는 논설에서 "도덕과 주의(主義)가 이해(利害)에서 났느냐, 시비(是非)에서 났느냐" 하는 질문을 던져놓고 "그것은 이해에서 나왔다"고 답하였다. "그러므로 인류는 이해 문제뿐이다. 이해 문제를 위해 석가도 나고 공자도 나고 예수도 나고 마르크스도 나고 크로포트킨도 났다"는 것이다.

신채호는 이해관계의 표준이 시대와 나라에 따라 다르므로, 절대적인 보편성은 없다고 했다. "중국의 석가가 인도와 다르며, 일본의 공자가 중국과 다르며, 마르크스도 카우츠키의 마르크스와 레닌의 마르크스와 중국이나 일본의 마르크스가 다 다름이다"는 것이다. 이처럼 시대와 지역에 따른 사상의 변용을 당연한 현상으로 인정한 신채호는 조선은 예외라며 다음과 같이 주장했다.

"우리 조선 사람은 매양 이해 이외에서 진리를 찾으려 하므로, 석가가 들어오면 조선의 석가가 되지 않고 석가의 조선이 되며, 공자가 들어오면 조선의 공자가 되지 않고 공자의 조선이 되며, 무슨 주의가 들어와도 조선의 주의가 되지 않고 주의의 조선이 되려 한다. 그리하여 도덕과 주의를 위하는 조선은 있고, 조선을 위하는 도덕과 주의는 없다. 아! 이것이 조선의 특색이냐. 특색이라면 특색이나 노예의 특색이다. 나는 조선의 도덕과 조선의 주의를 위하여 곡하려 한다."[87]

신채호의 아나키즘

무정부주의자로서의 신채호의 활동은 1927년 9월에 절정에 이르렀다. 이때 중국 광둥에서는 중국, 조선, 일본, 대만, 베트남, 인도 등 6개국의 무정부주의자들이 모여 무정부주의동방연맹을 결성했는데, 신채호는 조선 대표로 참석하고, 다시 다음 해 4월에는 북경에서 열린 무정부주의동방연맹회에도 참여했다.

신채호는 이 단체의 운동자금이 부족하자 이를 타개하기 위해 외국 환을 위조하여 각지로 발송한 뒤 1928년 5월 대만으로 가서 이를 찾으려고 하다가 일본 경찰에 체포되었다. 그는 10년 형을 언도받고 뤼순(旅順)감옥에서 옥고를 치르던 중 뇌일혈로 쓰러져 영어(囹圄) 8년째 되는 해인 1936년 2월 21일 57세를 일기로 별세했다. 그는 "내가 죽으면 시체가 왜놈들 발끝에 차이지 않도록 화장하여 그 재를 바다에 뿌려 달라"고 말한 것으로 전해진다.[88]

장을병은 신채호의 아나키즘을 '일시적 방편'으로 보았다. 신용하는 여기서 한걸음 더 나아가 신채호가 아나키즘에 경도된 것을 '애석'하게 생각하면서 다음과 같이 말했다.

"신채호는 구한말부터 3·1운동 직후까지 한국의 대표적 민족주의자의 하나로서 학문과 사상과 운동에 모두 실로 거대한 업적을 내었는데 3·1운동 이후에는 만년에 애석하게도 뜻밖에 무정부주의로 전환하여 가장 미약한 흐름인 무정부주의 독립운동 노선을 선택하였다. 사상사적으로 민족주의와 무정부주의는 전혀 다른 것이라 …… 그가 만년에 그의 민족주의를 더욱 심화 발전시키지 않고 무정부주의에로 전환한 것은 이해하기 이려운 일이다."[89]

반면 신일철은 신채호의 아나키즘을 긍정 평가하면서 "1900년대에 국가를 발견한 신채호의 민족주의 사상은 1920년대에는 사회를 재발견하게 된 것"으로 해석했다.[90] 박홍규는 장을병과 신용하의 평가를 "인정하기 어렵다"며 "나는 신채호가 해방 후까지 살았어도 아나키즘을 주장했을 것이고 그것은 결코 일시적 방편이 아니라고 생각한다"

고 했다.[91] 같은 맥락에서 김성국은 아나키즘에 대한 부정적 고정관념과 편협한 이해로 인하여 단재의 아나키즘이 왜곡되거나 과소평가되었다면서 다음과 같이 주장했다.

"첫째, 신채호의 무정부주의는 사회진화론의 내적 모순을 해결하는 이념으로서 수용되었다기보다는, 시대적 조건의 변화와 독립 이후의 새로운 사회 건설에 대처할 수 있도록 저항적 민족주의의 내용과 방법 그리고 목표를 심화하는 발전적 계기로서 수용되었다. 둘째, 신채호의 무정부주의는 그의 민족주의와 양립할 수 없는 것이 아니라, 양자는 상호보완적인 관계를 유지할 수 있는 것이다. 그렇지만 신채호에게 있어서 무정부주의가 민족주의의 방편이라기보다는 오히려 무정부주의는 민족주의의 발전된(혹은 민족주의가 지양되는) 단계로서 간주함이 타당하다. 셋째, 신채호의 무정부주의는 좌우 양쪽을 모두 비판적으로 인식하는 과정에서 수용된 것이 아니라는 점에서 사회주의와 자본주의를 종합하여 지양하는 제3의 가능성으로 간주되어야 한다."[92]

신채호 사학에 대한 비판

중국 뤼순감옥에 수감 중이던 신채호는 1931년 6월 10일부터 103회에 걸쳐 『조선일보』에 「조선상고사」를 연재했으며, 바로 이어서 「조선상고문화사」를 41회에 걸쳐 연재했다. 강한 민족주의 사관에 입각하여 우리 고대사를 새로 정리하고자 했던 이들 두 저작은 구한말 『대한매일신보』에 발표했던 「독사신론」과 함께 신채호의 3대 저술로 꼽힌다.[93] 신채호는 나철(1863~1916)의 뒤를 이어 2세 교주가 된 김교헌

1931년 6월부터 103회에 걸쳐 『조선일보』에 연재한 『조선상고사』. 후일 대종교
교본으로 채택되기도 했으며, 『조선상고문화사』 『독사신론』과 함께 단재 신채호
의 3대 저작으로 꼽히고 있다.

(1868~1923)과 함께 대종교 교육을 맡기도 해서, 그의 『조선상고사』는
후일 대종교 교본으로 채택되었다.[94]

부자(父子)의 나이 차이가 15살밖에 안 되는, 홍명희의 아들 홍기문
(1903~1992)도 방응모의 장학금으로 일본에서 공부한 뒤 1935년 『조
선일보』 학예부장으로 입사해 조선학운동에 가담했다. 홍기문은 신
채호의 역사관을 비판하는 글을 싣고 유물론적 역사관을 주장했다.
1936년 2월 29일부터 8회 연재된 「신단재 학설의 비판」이란 제목의
글에서 그는 신채호의 "아(我)와 비아(非我)의 투쟁"을 언급하면서 "아
무리 호의로 보더라도 그가 역사의 원동력을 정신에서 찾으려고 했다

는 것만은 부인치 못한다. 그 점에 있어 그는 종래의 관념론적 역사가로부터 일보(一步)도 더 나아가지 못하고 있다"고 비판했다[95](홍기문은 1948년 월북해 김일성대학 교수와 사회과학원 등을 지내며 『리조실록』을 완역하는 데 공헌했다).

김세환은 신채호 사학에 대해 "그는 우리의 사학에 대해서 철저히 부정적이다. 조선의 역사가들은 조선의 역사를 왜곡시켰을 뿐이라고 매도해버린다. 김부식(1075~1151) 이후의 사대주의만이 비판의 대상이었던 것도 아니다. 아예 우리의 역사 전체에 대해서 부정적이다"며 다음과 같이 주장했다.

"달리 말하면 우리의 역사나 학술은 단재 자신에 이르러 비로소 눈을 뜨게 되었다는 의미가 된다. 이는 오만이다. 그는 무엇 때문에 우리의 역사를 이렇듯 철저하게 부정하면서 이렇게 오만하게 되었는가? ……그의 민족사학이라고 하는 것은 결국 이와 같이 막연한 관념에 의해 사상누각(砂上樓閣)의 형태로 구성된 것이다. 더욱이 그는 우리 역사의 사대주의를 비판하면서 그 자신은 또한 새로운 사대사상에 빠져 있었음을 모른다. 그 자신의 민족자강사상은 스스로 창조한 것이 아니고……중국의 학자들한테서 차용한 것이며, 더욱이 그것은 서양의 것을 중국인의 손을 거쳐 이차적으로 베껴 쓴 것이었다. 그러면서 우리 조선의 유가적 기상에 대해서는 신랄한 비판을 한다."[96]

'신채호의 공적은 혁명적'

반면 한영우는 "신채호의 사학사상(史學史上)의 공적은 실로 혁명적인 것이라고 말해도 좋을 것이다. 이것은 그의 천재성에도 기인하는 것이지만, 무엇보다도 강렬한 민족주의에 기인되는 점이 크다"며 다음과 같이 주장했다.

"정신이 결여된 역사학이란 시체 해부와 같이 무미건조한 것인데, 단재 사학은 누가 읽어도 가슴을 뭉클하게 한다. 그러나 이 점이 단재 사학을 빛나게 하는 것이지만, 그것이 또한 단재 사학의 단점이라는 것도 간과해서는 안 될 것이다. 민족주의의 지나친 역사에의 투영은 가치 평가를 급급하게 하고, 가치를 지나치게 양극화시킴으로써 가치 평가의 공정성을 잃게 하는 경우가 많은 것이다. 단재의 경우도 예외가 아니다. 예를 들면, 요동정벌에 앞장섰던 최영(1316~1388)을 지나치게 위인화한 나머지 위화도 회군을 단행한 이성계(1335~1408) 일파를 사대주의자로 보는 것이나, 낭가(郞家)정신을 지나치게 강조한 나머지 그와 대립된 유교를 일률적으로 사대주의 사상으로 단순화시킨 것이 그것이다."

이어 한영우는 "따라서 오늘날 단재의 모든 학설을 무비판적으로 그대로 받아들일 수는 없지만, 이것은 그 당시의 시대적 한계성과 전반적인 학문 수준의 후진성과 관련되는 것이므로 그의 위대성을 감손(減損)시키는 것은 아니다"며 다음과 같이 말했다.

"그의 민족주의 사상도 또한 오늘의 입장에서 보면 지나치게 배타적이요, 투쟁적이란 인상을 받는 것도 사실이다. 그러나 그가 살던 시대적 상황을 염두에 두고 볼 때, 설사 그가 민족 상호 간의 조화를 추구하였다 하더라도 그것이 투쟁·배타 없이 달성될 수 있는가를 반문해야 할 것이다."[97]

그런 문제와 더불어 "도덕과 주의를 위하는 조선은 있고, 조선을 위하는 도덕과 주의는 없다"는 신채호의 개탄은 오늘날의 상황에도 여전히 유효한 쟁점이다. 한국적 특수성과 세계적 보편성 사이의 갈등은 양자택일을 해야 할 성격의 것은 아니며, 변증법적 발전을 기해 나가야 할 문제일 것이다. 다만 한국은 여전히 '명분 중독증'이 강한 '이념 과잉'의 사회라는 점은 감안할 필요가 있겠다.

제5장

농촌운동과 언론의 시련

01

민족주의자들의
'농촌계몽운동'

높은 문맹률과 신문종람소

민족주의자들의 농촌운동은 민족주의자들과 사회주의자들의 농민획득경쟁이 본격화되는 1920년대 후반기부터 활발하게 전개되었다. 이 운동은 동아일보사의 브나로드운동과 조선일보사의 계몽운동을 중심으로 한 언론사의 농촌계몽운동, 이와 밀접히 관련돼 있는 수양동우회의 농촌운동, 천도교 신파가 중심이 된 조선농민사의 농민운동, 그리고 기독교단체의 농촌운동 등 다양한 방식으로 이루어졌다.[1]

당시 농촌이 당면한 시급한 문제 중의 하나는 높은 문맹률이었다. 1930년 국세 조사 자료에 나타난 문맹률은 77.7퍼센트였다(1910년엔 95퍼센트, 1940년엔 70퍼센트). 남자 63.9퍼센트, 여자 92.0퍼센트였다.[2] 이러한 높은 문맹률은 "일본인들의 조롱의 대상이 되었고, '요보'니 '센징(鮮人)'이니 하고 더없이 방자하게 행동하게 한 동기 중의

일제지하 대표적인 국어운동의 하나인 '브나로드운동'은 『동아일보』가 1931년 7월부터 학생들의 여름방학에 맞춰 전개한 일종의 문맹퇴치운동이었다.

중대한 요인이 되었다."[3]

높은 문맹률로 인해 1920년대 사회운동에서 중요한 위치를 갖게 된 것이 신문종람소(新聞縱覽所)다. 문맹자를 위해 유식한 사람들이 신문 낭독과 뜻풀이를 해주는 곳이었다.[4] 신문종람소의 '독서 공동체'는 1920년대 이후 전국 각지의 독서회, 청년회, 야학으로 연결되었다.[5] 많은 사람들에게 독서는 곧 낭독으로 인식돼, 1919년 처음으로 경성도서관이 만들어졌을 때에도 묵독(默讀) 규율은 익숙하지 않은 것이었다. 낭독은 1920년대에도 한동안 지속되었지만, 점점 묵독으로 바뀌어갔다.[6]

1928년 3월 16일 『동아일보』는 300여 곳의 신문사지부를 동원하여 포스터를 발행하고 50엔의 상금을 걸어 문맹타파를 촉구하는 노래까지 공모했다. 3월 17일 『동아일보』는 한국에서 문맹타파의 시급성을 강조하고 캠페인에 대한 세부 계획을 담은 사설을 실었는데, 그중 일부는 일제의 검열에 의해 삭제되었다. 또한 일제는 공식 캠페인이 시작되기 3일 전 모든 계획을

강제로 취소시켰다.[7]

조선·동아의 문자보급운동

조선과 동아의 문자보급운동은 1930년대 들어서야 활발하게 추진될
수 있었다.

『조선일보』는 1930년 12월 '한글기념가'와 '문자보급가'를 현상
모집하였고, 1931년 신년호에 당선작을 발표하였다. '문자보급가'는
"맑은 시내가에는 고기잡는 소년들/ 일할 때 일하고 배울 때 배우세/
아는 것이 힘 배워야 산다"고 노래했다.[8] 『조선일보』는 1931년 2월
20일엔 춘계 문자보급반을 결성하고 『조선일보』 전국지국과 분국을
총동원하여 3주간에 걸쳐 문맹퇴치를 위한 한글 원본을 전국에 무료
배포했다.

『동아일보』는 1931년에서 1934년까지 네 차례에 걸쳐 학생 하기(夏
期) '브나로드운동'을 전개해 문맹타파와 한글보급운동을 벌였다(Vna-
rod는 '민중 속으로'라는 러시아 말이다).[9] 『동아일보』가 1931년부터 보
급한 〈문맹타파가〉는 다음과 같다.

"귀 있고 못 들으면 귀머거리요, 입 가지고 말 못하면 벙어리라지,
눈 뜨고도 못 보는 글의 소경은, 소경에도 귀머거리 또 벙어리라/ 듣
는 대신 보란 글을 보도 못하니, 귀머거리 이 아니고 그 무엇이며, 말
하듯이 써낸 글을 쓰도 못하니 벙어리가 아니고 그 무엇이요"[10]

정진석은 "이와 같이 일제치하에서 언론이 전개한 국어운동은 민
족의 독립역량 배양이라는 원대한 목표를 두고 추진한 것"이었다고
평가했다.[11]

그러나 두 신문의 문맹퇴치운동을 아름답게만 보지 않는 시각도 있다. 당시 2,000만 인구 중 신문을 구독할 수 있는 사람이 400만에 불과해 독자 확보 차원의 계산도 있었지 않느냐는 것이다. 그런 관점에서 이 운동의 경비는 거의 학생들이 스스로 부담했고, 그 밖에 동리 유지, 지방단체, 교회, 그리고 신문사 지·분국 등이 부담하였다는 것도 지적되고 있다.[12)]

그런 비판은 당시에도 있었다. 월간 『신단계』 1933년 1월호에 실린 글은 신문사의 문자보급운동에 대해 다음과 같이 일침을 가했다.

"문자의 필요는 우리도 잘 안다. 그러나 그것이 문자나 지식 그것만을 주는 한에 있어서는 우리는 그 필요를 그다지 크다고 생각지 않는다. 하물며 문자 그것을 통하야 전술한 바 동아지의 그 가공한 민족개량주의의 독성을 뿌림에 있어서랴! 그들은 그들의 주장을 보다 광범히 보다 힘 있게 펴기 위하야 지금 귀중한 학생의 힘을 빌어 그 소리를 닦고 있는 것이다. 그리고 겸하야 문자를 원여(援與)함으로써 그 기관지 『동아일보』를 널리 소화시키려는 그러한 의도도 물론 있다."[13)]

이광수의 『흙』, 이기영의 『고향』

문자보급운동은 시작 1년 뒤인 1932년에는 일제의 알선을 받아 일제의 허가를 얻은 뒤에, 문자보급활동 이외에 다른 활동은 하지 않을 것이라고 약속하는 등 변질되었다. 1년 전에 약속했던 협동조합운동은 사라지고 말았다. 1933년에 시작된 조선일보사의 농촌계몽활동도 애초에 성격이 제한되었으며, 1934년 한 해 더 진행된 뒤에 마감되고 말았다.[14)]

무언가 심상치 않다는 걸 느꼈던지 총독부가 1935년 여름방학을 기해 『조선일보』와 『동아일보』가 벌이는 문자보급운동에 대한 중지령을 내렸기 때문이었다. 그러나 두 신문은 다른 형태로 이 운동을 지속시켰다. 이 당시의 신문 연재소설들은 주로 농촌계몽을 겨냥한 것이었는데 대표적인 작품은 『동아일보』에 연재되었던 이광수의 『흙』(1932년 4월~1933년 7월)과 심훈의 『상록수』(1935년 9월~1936년 2월) 등이었다.[15]

브나로드운동을 주도한 것은 편집국장 이광수였으며, 그 운동의 시범작으로 쓴 것이 『흙』이다.[16] 지수걸은 『흙』에 대해 "이광수가 『흙』에서 표방한 '하면 된다' '고생 끝에 낙이 온다' '아는 것이 힘' '티끌 모아 태산' 등의 헛구호는 제국주의 지배모순을 은폐하기 위하여 일제가 선전한 자력갱생운동 구호와 거의 동일한 메시지를 담고 있다"며 "이러한 구호는 '안 해도 이미 되어 있는 자'들이 '아무리 노력해도 잘 안 될 사람'들에게 안주 삼아 내뱉는 비아냥, 그 이상도 이하도 아니었다"고 주장했다.[17]

『흙』의 반대편엔 카프 계열의 작가인 이기영(1895~1984)의 『고향』이 있다. 1933년~1934년 신문연재 장편소설인 『고향』은 세밀하게 농민생활과 농촌 풍속을 재현하면서 소작료 인하 투쟁 등 봉건적 인습을 타파하는 농민의 저항의식의 성장을 제시했다. 이기영은 이광수가 프롤레타리아 계급 사상을 노골적으로 풍자 공박한 『혁명가의 아내』(1930)를 반박하는 『변절자의 아내』(1933)를 쓰기도 했다(1931년, 1934년 카프 1, 2차 검거 사건으로 투옥되기도 했던 이기영은 해방 후에 월북, 조선문학예술총동맹 중앙위원장과 최고인민회의 부의장 등 요직을 거쳤으며, 북한 아태평화위원회 부위원장 리종혁이 그의 아들이다).[18]

심훈의 『상록수』

『상록수』는 브나로드운동이 끝난 1935년, 『동아일보』 창간 15주년 신문 연재소설모집의 당선작이다. 심훈은 1924년 『동아일보』 기자로 언론계에 입문했다가 1926년 영화배우가 되었으며 1927년 자신이 쓴 시나리오를 각색한 영화 〈먼동이 틀 때〉를 감독했다. 그러나 성공을 거두진 못했다. 그는 다시 신문으로 돌아와 1928년부터 1931년까지 『조선일보』 기자로 활동했다.[19]

심훈은 1932년 시집 『그날이 오면』이 일제의 검열로 사장되자 충남 당진군 송악면 부곡리에 정착했다. 마침 이곳에서는 심훈의 조카 심재영이 공동경작회를 운영하며 야학을 비롯해 농촌계몽운동을 벌이고 있었다. 조카의 헌신적인 삶에 감동받은 심훈은 글을 경작한다는 뜻을 가진 집필실 '필경사(筆耕舍)'를 짓고 『상록수』를 55일 만에 집필했다.

손종업은 "김윤식은 문맹인 조선 천지에서 글자 가르치기야말로 신문사의 이해관계에 관련되는 것이라는 지적을 통해 이 소설이 지닌 가치를 대중소설, 우파 쪽의 농촌계몽 소설의 일종으로 평가절하하고 있는데 이러한 생각이 『상록수』에 대한 통념이라 할 수 있다"며 다음과 같은 반론을 제기했다.

"『상록수』는 명백하게 당대의 많은 현실적 · 이념적 운동에 대한 도전의 형식이라 할 수 있다. 이러한 차이가 특히 뚜렷하게 드러나 있는 곳은 이 소설의 첫 부분이다. 거기서 우리는 소설 『상록수』가 남 · 녀 주인공과 여타의 지식인그룹과의 대립구조로 짜여 있음을 확인하게 된다. 다시 말해 그것은 경성 중심의 지식인그룹에 대한 적대감으로 표현되어 있다. 이러한 차원에서는 이광수도, 이기영도 하나의 담론

심훈의 대표작으로 꼽히는 소설 『상
록수』는 당대 농촌계몽활동의 연장
선상에 있는 작품이면서 동시에 수
많은 이념적·현실적 운동에 대한
도전이기도 했다. 사진은 『상록수』
의 주인공 채영신의 모델이 되었다
고 알려진 농촌계몽가 최용신.

에 지나지 않는 것임은 물론이다."[20]

심훈은 『상록수』로 받은 상금 중 100원(쌀 10가마 값)을 기탁해 부곡
리에 야학당을 세웠다. 이 야학당은 광복 이후 상록초등학교가 되었
다. 2007년 교장으로 부임한 유인종은 이 같은 사실을 확인하고 '상
록 정신'을 고취하기 위해 심훈의 「그날이 오면」 시비(詩碑)를 세우고
『상록수』 독후감대회 등을 열기 시작했다.

2008년 5월 2일 오전 상록초등학교 운동장에선 학부모와 학생, 교
직원 600여 명이 참석한 가운데 '상록가족 한마당 축제'가 열렸다.
이날 축제에 참가한 상록초교 학생과 학부모들은 상록초교가 바로
'상록수의 고향'이라는 사실에 자부심을 보였으며, 유인종은 "집필실
인 필경사와 상록초교 일대를 비롯해 심재영 씨 생가를 포함하는 상
록수 문화단지로 조성했으면 한다"고 말했다.[21]

02

⋮
◆

조선총독부의
농촌진흥운동

'피해자 탓하기' 운동

민족주의자들에 의한 농촌계몽운동과는 별도로, 일제는 비슷한 시기에 농촌진흥운동을 전개하였다. 1932년 7월부터 1940년 12월까지 전개된 이 운동은 1932년 7월 제6대 총독으로 부임한 우가키 가즈시게(宇垣一成, 1868~1956)가 "조선지배의 성패를 걸고 총력을 기울여 전개한 관제(官製) 농민운동"이다.[22]

일제는 아시아 대륙으로의 팽창을 위해 조선을 '대륙전진병참기지'로 만들었으며, 그 과정에서 조선은 경공업 중심에서 중화학공업으로 급속히 변모했다.[23] 그러나 그 내실에 대해선 이견이 있다. 신용하에 따르면, "일제의 1930년 이후의 소위 '공업화'라는 것도 민족별로 구분해보면, 일제가 대륙 침략을 위한 병참기지를 함경남도 장진호 · 부전호 부근에 설치했기 때문에 전체 통계에만 공업 생산량 증가

평양광업소 풍경. 1930년대 이후 일제는 급격한 공업화 전략을 통해 조선을 '대륙전진병참기지'로 만들었고, 조선의 농촌은 갈수록 피폐해졌다.

로 잡아 처리한 것에 불과했다. 이것은 한국 민족사회의 공업화가 전혀 아니라 일제의 대륙 침략을 위한 군수(병참)공업화에 불과했다. 한반도 내 일본 자본의 중핵인 이 함경남도의 군수공업 시설은 일본의 군수공업 시설로서, 제2차 세계대전 종전 후 소련은 전리품(일본의 군수공업이었기 때문에)으로 간주해 빼앗아갔다."[24]

그 와중에서 농촌은 갈수록 피폐해졌다. 1930년 전 소작농의 75퍼센트가 빚을 지고 있었다. 식산은행의 것이 39.2퍼센트, 동양척식회사의 것이 14.6퍼센트, 금융조합의 것이 17.4퍼센트였으며, 이자는 연 15~35퍼센트였다.[25] 1926년 3만 4,000여 명이던 화전민은 1931년

4만 1,000여 명으로 증가했다. 일제에 대한 저항이 일어나기 시작하자, 일제는 농민들의 혁명적 진출을 저지하기 위한 필요성에서 농촌진흥회라는 관제기구를 설립해 관제 농민운동을 전개하게 된 것이다.

일제는 3.5퍼센트에 불과한 지주가 60퍼센트 이상의 토지를 소유하고 있고 농민이 일제의 가혹한 수탈에 시달리고 있다는 현실을 무시하고, 농촌 몰락의 원인을 조선 농민의 게으름, 음주, 흡연, 도박 등 '나쁜 민족성'에 있다는 기만적 논리를 전개했다.[26] 일종의 '피해자 탓하기' 운동인 셈이었다.

윤치호는 1935년 8월 4일자 일기에서 "조선의 농업이 양적인 면에서나 질적인 면에서나 향상되었다는 점에 대해서는 의문의 여지가 없다. 많은 농작물이 도입되어 농민들에게 큰 이득이 되었다. 가격도 올랐다"며 다음과 같이 말했다.

"농민들은 세금만 아니었다면, 조선왕조치하에서보다 더 잘살았을 것이다. 농민들이 질 좋고, 가격도 비싼 농작물을 통해 벌어들인 소득을 닥치는 대로 집어삼키는 세금만 없었더라면 말이다. 당국은 세금을 거두기 위해 조선의 농민들과 지주들이 벌어들인 건 제 아무리 적은 금액이라도 빠짐없이 찾아낸다. 이로 인해 조선의 농민들과 지주들은 사상 유례없이 가난에 찌들어 살고 있다."[27]

가장 죽어나는 것은 소작인들이었다. 김유정은 당시 지주와 소작인의 계층적 갈등을 그린 작품들을 집필했다. 그는 1935년에 발표한 『봄봄』, 1936년의 『동백꽃』 등을 통해 농촌 피폐의 궁극적 원인을 식민지농업정책의 구체적 형태인 조선 농민의 소작농화가 빚어낸 구조적 모순으로 파악했다.[28]

1937년 화전민은 7만 6,000여 명으로 증가했다. 일제는 이들을 산

림보호정책으로 내쫓아, 이들은 도시의 토막민이 되거나 만주 등으로 해외 유랑의 길을 떠나야 했다.[29] 1937년부터 1939년까지 소작쟁의는 7만 847건이나 발생했다.[30]

농촌진흥운동과 브나로드운동

브나로드운동은 일제의 농촌진흥운동 때문에 비난을 받기도 했다. 예컨대, 최민지는 "우연이든 아니든 일제가 부르짖는 농촌진흥정책에 부응하여 문자보급, 농촌계몽민중운동이라는 대간판을 걸고 독자망 확대라는 일석이조의 효과를 노린 동아의 뛰어난 기업생리를 나타내는 전형적인 사업" 또는 "반동적 악취를 분분히 발산하는 민중에 대한 아편적 거세제"이며, "문화가 아니라 도리어 문화(文禍)"를 보급하려는 개량주의운동이라고 비난했다.

이런 평가에 대해 지수걸은 "브나로드운동은 동아일보사만에 의해서 전개된 운동이 아니었으며, 또 동아일보사 측의 의도와는 전혀 다른 방향에서 운동이 진행되었을 가능성도 전혀 배제할 수 없"다며 다음과 같이 말했다.

"일제가 이 운동을 감시 탄압하고 급기야는 중지명령까지 내리게 되었다는 사실, 1934년의 활동을 즈음하여 동아일보사 측이 활동을 떠나는 학생들에게 '우리 계몽운동의 범위(문자계몽)를 분명히 아실 것' '교재에 보인 것 외에는 일체로 말씀 말아 주심이 좋다'고 신신당부했다는 사실은 동아일보사 측의 의도와는 달리 이 운동이 학생들의 주체적인 노력과 창의성에 의해서 변화되고 있었음을 시사한다. 그럼에도 불구하고 당시 사회주의자들은 이 운동의 또 다른 측면인 이 같은 성격을 간과함으로써 대단히 소중한 운동공간을 방기했다.”[31]

금융조합은 식민지경영의 ‘첨병’

일제는 1933년부터 농촌진흥운동을 본격화하면서, 1개 면마다 30호
~40호를 기준으로 1개 지도부락을 선정하여 농가별 현황조사를 하
고 계획서를 작성·실시하는 등의 방법으로 개개 농가를 장악하려고
했다. 이 방침은 1935년을 기점으로 전체 촌락과 농가를 대상으로 확
대 실시되었다. 또한 일제는 가부장적 권한을 강화하는 한편 농촌진
흥운동을 통해 호(戶) 대표(세대주·호주)를 매개로 개개인에 대한 지배
와 규제를 확대하려고 했다.[32]

금융조합은 또 하나의 지배장치로 기능했다. 김영희는 “금융조합
은 경제단체로서 자금의 운용으로 경제적·금융적 지배를 하는 한편
‘도덕과 경제의 조화’를 강조하면서 정신통제를 겸하고 있었다”고 했
다.[33]

금융조합은 대한제국의 경제구조를 일본의 그것과 일치시키기 위
해 대한제국 정부에 파견되었던 일본인 경제관료 메가타 타네타로(目
賀田鍾太郎, 1853~1912)의 주도로 만들어진 ‘근대적’ 금융기관으로, 훗
날의 농업협동조합이 된다. 금융조합은 1929년 5월 시행된 개정 조합
령에서 금융 전업기관화를 규정하면서 완전한 금융기관이 되었으며,
정책금융을 실시하고 농민을 조직하는 일에 적극 참여함으로써 농촌
진흥운동과 불가분의 관계가 되었다.[34]

금융조합 이사는 일본인만 임명되었으나 일제는 1919년부터 조선
인도 이사에 채용하기로 방침을 변경했다. 1930년대 중반 금융조합

금융조합 앞에 모여 있는 사람들. 일제의 관제기관으로 각 지역에 세운 금융조합은 소작민들에게 돈을 빌려줘 소작쟁의를 막는 구실을 했다.

이사의 1년 봉급은 지역 내 최고 연봉으로 꼽힐 만큼 거액이었다. 우월의식과 오만도 대단했다. 1934년 충남 예산군 대흥금융조합 이사 조익환은 당시 24세였음에도 65세의 노인(권태원)에게 '이놈 저놈' 하며 모욕을 주었고, 이로 인해 그 노인과 같은 동네에 살던 조합원 십오륙 명이 그에 분개하여 조합 탈퇴서를 제출하기도 했다. 금융조합 직원들의 우월의식과 전횡도 극심해 스스로 반(半)관청이라고 주장할 정도였다.[35]

최재성은 "민족분열정책기에 금융조합장에 새로 부임한 조선인들은 일제의 친일파 양성책에 따라 지역에서 일제의 협력자가 된 자들이었다"며 "연령상으로 볼 때 30대~40대가 80퍼센트 가까이 압도적 다수를 차지하여 이전 시기에 비해 세대교체가 이뤄진 것으로 보인다. 또한 근대적 교육 이수자도 대폭 증가했고, 면장과 면협의회원 경력자도 60퍼센트에 달한다"고 했다.[36]

당시 조선인 자산가들은 부협의회, 학교평의회 등 행정 및 교육기관 자문기구, 경제단체(상업회의소, 금융기관) 등 선거를 실시하는 곳이면 여기저기 입후보하여 당선되려고 노력하였는데, 그 이유는 지역유지로서의 자신의 성가를 높이고, 그를 배경으로 일제 측으로부터 지원을 얻기 위해서였다. 특히 금융조합장 선거는 부정선거 시비가 일정도로 매우 치열했다.[37]

최재성은 "이들 조합장들은 총독부와의 유착으로 1920년대~1930년대를 거쳐 학교 평의원, 면 협의원, 도 평의원, 도회 의원, 중추원 참의 등으로 일신의 영달을 누리면서 계속해서 일제 식민통치의 적극적인 협력자로 성장하였다"며 "일제는 지역사회에서 이들이 갖고 있는 영향력을 이용해서 지방을 더욱 철저히 장악할 수 있었고, 이들은 총독부 권력과의 유착으로 자신들의 재산과 영향력을 더욱 확대해갔던 것이다"고 했다.[38]

'식민지 조합주의'

일제의 1930년대 농촌 지배방식을 '파시즘'으로 보는 견해가 있다. 이에 대해 신기욱은 "1920년대 격렬한 소작쟁의가 끊이지 않고 항상화하자, 소작권을 법적으로 일정하게 보장하는 소작입법, 자·소작농의 자녀들을 중심으로 한 인력을 키우고 농가부채 정리 등 이른바 '농촌진흥운동'이 이뤄졌다"며 "이런 일제의 정책은 '식민지 조합주의(Colonial Corporatism)'로 파악할 수 있다"고 주장했다.

신기욱은 조합주의의 일반적 특징을 사회갈등의 적극적인 관리, 국가 개입의 정당화, 국가와 개인 사이에 제한적 중간조직의 활성화 등으로 규정했다. 반관반민(半官半民) 형태의 농촌진흥위원회, 금융조합, 마을마다 설립된 식산계(조선금융연합회가 중심이 되어 조직한 농촌금융기구) 등 관변조직을 통해 농촌사회를 장악해 들어간 1930년대 일본의 식민농정은 이런 조합주의에 해당한다는 것이다. 반면, 독일과 이탈리아에 등장한 '파시즘'은 중간적 사회조직을 거치지 않고 국가가 원자화한 개인을 직접 동원하는 전체주의 체제였다.

또한, 지주 계급과 관료 간 연합에 의한 '위로부터의 혁명'으로 파시즘을 보는 시각도 1930년대 일제의 조선 농촌 지배방식에는 맞지 않는다는 게 신기욱의 논지다. 1920년대 농촌 지배방식은 지주의 소유권을 보장한 1910년~1918년의 토지조사사업, 산미증식계획 등 지주를 중심에 둔 '식민 지주제'였지만, 1930년대에는 지주-소작인 계급대립 격화에 따른 일상화한 소작쟁의를 통제하기 위해, 한계가 있기는 하지만 법적 보호의 바깥에 있던 소작권을 보장했다는 것이다. 이를 보여주는 대표적인 예가 1932년과 1934년 각각 제정된 '소작조정령'과 '농지령'이다. 소작조정령은 소작쟁의를 법 테두리 안에 끌어들임과 동시에, 소작인에게 조정 신청권을 준 게 특징이다. 농지령은 소작권 3년 보장 및 상속 인정, 불가항력적인 수확 감소 때 지주에 대한 소작료 경감·면제 청구권 인정 등을 내용으로 한다.[39]

윤해동은 "1930년대 전반에 시행된 일제의 '농촌진흥운동'은 체제 안정책의 일환이었으며, 이는 빈농을 중심으로 한 농민 일반을 체제 내화시키는 것을 목표로 한 것이었다"며 다음과 같이 주장했다.

"농촌진흥운동의 시행배경으로 이해되고 있는 농촌 내 농민운동의 활성화는 거꾸로 말하면 일제와 민족운동세력 간의 '농민획득경쟁'으로도 표현할 수 있는 성질의 것이었다. 그러나 결론부터 말하자면 1934년을 전후하여 일제와의 '농민획득경쟁'에서 민족운동세력이 결정적으로 패배하게 되는 것이 '농촌진흥운동'의 진행과정이었다. 일제 스스로도 '농가갱생계획' 실시 이후에 '식량의 충실' '부채 상환' '현금수지 개선'이라는 이른바 '갱생계획의 3요점'은 많은 실적을 거두었고, 이로 인해 농촌 민중생활은 안정되고 향상되었으며, 일선인 간에 융화가 이루어지고, 관민 상호 간에 친화가 이룩되고, 근로정신의 진작 등으로 미풍양속이 순화되었으며, 농산물 증수·부업 실행 등의 성과를 거둔 것으로 평가하고 있다. 이러한 농촌사회의 '안정'과 농업공황의 종식이라는 상황을 바탕으로 일제는 1935년 '농가갱생계획'의 확충 방침을 결정하고 '심전개발운동(心田開發運動)'을 시행함으로써 이후 전쟁동원을 위한 조선 농촌의 재편과 식량증산정책을 진행시킬 수 있었던 것이다."[40]

심전개발운동

'심전'은 불교용어다. '정신적 생활을 지탱하는 마음의 밭'이란 뜻이다. 임혜봉은 "당시 조선 불교계 인사들은 불교식 용어인 '심전(心田)'이란 어휘의 마술과 총독부의 불교 우대책에 현혹되어 악랄한 정치적 저의를 바탕에 깐 일제의 '심전개발운동'에 적극 호응하였다"고 했다.[41]

총독부는 1935년 1월 31일 불교 각 종파 대표 12명과 함께 종교 간담회를 열어 심전개발책을 토의하기도 했다. 바로 이 심전개발운동 때문에 총독부가 불교를 조선의 국교로 만들려고 한다는 소문까지 나돌았다.

그러나 윤치호의 1935년 2월 9일자 일기에 따르면, 이 같은 소문은 근거가 없었던 것으로 보인다. "와타나베(渡邊豊日子) 학무국장이 오후 4시부터 5시간 동안 조선호텔 응접실에서 주재한 회의에 참석했다. 10명의 기독교 지도자가 참석했는데, 그중에 일본인과 조선인이 각각 5명씩이었다. 와타나베 국장은 모 신문이 퍼뜨린 소문, 즉 총독이 불교를 조선의 국교로 만들려고 한다는 얘기는 낭설에 불과하다고 딱 잘라 말했다."[42]

또 윤치호는 1935년 12월 8일자 일기에 이렇게 적고 있다. "총독부는 유물론과 무신론의 홍수를 막고자 심전개발이라는 표어 아래 종교 부흥운동을 시작했다. 당국은 보이지 않는 신격을 대상으로 하는 신앙은 어떤 형태든 괜찮다고 주장한다. 심지어 조선에서는 주술의 형태를 띠고 있는 샤머니즘조차 격려를 받는다. 그러나 신도(神道)가 일본의 신성한 황족(皇族) 숭배와 불가분의 관계에 있는 만큼, 총독부는 신도를 조선 내에서 최고의 정교로 만들려 하고 있다."[43]

'식민지 전체주의' 논쟁

신기욱·한도현은 그레고리 헨더슨(Gregory Henderson, 1924~1988)이 『소용돌이의 한국 정치』(1968)에서 제기한 '식민지 전체주의'를 반박했다. 이들이 보는 헨더슨의 주장에 의하면, '급속한 도시화·공업화'와 광범위한 '전쟁동원'을 추구한 한국의 강력한 식민지 정부는, '중재하는 사회단체들'도 없이 인민들이 중앙집권적 정부의 노골적인 조작과 동원에 종속된 '대중사회'를 창출하였다는 것이다. 그 결과 "'엘리트와 대중 사이를 중재할 수 있는 조직의 취약함'으로 인하여 '양자가 서로 직접적으로 대면'하는 '원자화된' 사회, 사회적 관계의 무정형성과 고립성을 특징으로 하는 사회"가 되었다. 그리하여, 이러한 식민지적 국가-사회관계의 방식이 종전 이후에도 이어져 현대 남북한에서 '소용돌이 정치'를 낳았다.[44]

이들은 "헨더슨은 20세기 한국의 국가-사회관계에 대한 설득력 있는 역사관을 세운 것으로 평가되어야 하겠지만, 그의 견해는 몇 가지 점에서 오류가 있다"며 다음 세 가지를 지적했다.

①강력한 식민지 국가의 존재에도 불구하고 한국사회는 필연적으로 '원자화'되거나 '노골적인 조작이나 동원'에 그저 종속되지는 않았다 ②식민지 전체주의는 군국주의 식민 정권하 사회에서의 전시 동원은 잘 설명할 수 있지만, 식민지 지배의 다른 시기의 국가-사회관계를 설명하지는 못한다 ③식민지 국가의 사회적 동원방식은 헨더슨이 묘사한 것보다 더욱 유기적이고 조합적이었다 ④탈식민지 이후 한국 정권들은 전체주의적이라기보다는 조합주의적이었으며, 그 역사적인 기원은 헨더슨의 묘사가 매우 상세하게 들어맞는 전쟁시기보다는 1930년대의 국가-사회관계까지 거슬러 올라가 추적할 수 있다.[45]

농촌 지배방식의 경우에는 이들의 주장이 맞는다 하더라도, 헨더슨이 강조한 논지의 핵심은 '중앙과 정상을 향한 맹렬한 돌진'에 있는 게 아닌가 싶다.

헨더슨도 강조했다시피, "끝으로 매우 중요한 것은, 일본 식민주의가 정치활동을 금지함으로써 조선인들이 조선 말기에 시행된 옛 조선의 정치패턴과 정치적 본성을 동결시키는 경향이 있었다는 점이다.

조선인들은 35년간, 극히 작은 규모의 것 외에는 그들 자신의 정치적 경험을 요구하는 정치활동을 전혀 시도할 수가 없었다. 해방이 되었을 때, 일부는 조선시대로부터 물려받고, 일부는 근대의 도시화에서 비롯된 중앙권력에 대한 통제 없이 원자적인 접근을 도모하는 오래된 본성이 다시 살아나게 됐다. 식민지시대가 정치패턴에 영향을 주긴 했지만 그것을 정착시키지 못했고, 무엇보다 조선인들이 만족할 수 있고 안정성 있는 새로운 형태의 정치를 마련하지 못했던 것이다."[46]

'소용돌이의 한국 정치'

해방 후의 정치상황까지 포함한 『소용돌이의 한국 정치』라는 책의 중심적인 논지는 이런 것이다.

"첫째는 한국사회를 이해하는 핵심적 열쇠는 동질성(homogeneity)과 중앙집중(centralization)에 있으며, 둘째는 엘리트와 대중 간에 매개그룹이 없는 사회관계로 인해 한국 정치의 역학은 사회의 모든 활동적인 요소들을 태풍의 눈인 중앙권력을 향해 치닫게 하는 거센 소용돌이(vortex)를 닮았다는 것이며, 셋째는 이런 중앙집중의 환경 속에서 한국의 정치는 당파성, 개인 중심, 기회주의성을 보이면서 합리적 타협의 기초를 결여하게 되었다는 것이며, 마지막으로 이런 소용돌이 정치패턴에 대한 처방은 다원주의(pluralism)와 분권화(decentralization)에서 찾아질 수밖에 없다는 것이다."[47]

헨더슨은 한국인들이 원자화된 상태로 중앙권력에 대한 의존성이 강화돼 있는 상태에서 개개인이 위로만 올라가려는 강한 욕망을 갖고 있다고 보았다. 늘 보다 더 높은 곳을 향하여 질주하는 그런 욕망은 교육열로 나타나고 있다는 것이다. 그는 "광적이기까지 한 교육열이 널리 인식된 바와 같이 현대화의 전제 조건이라면, 한국인들은 세계에서 가장 야심적인 국민에 속한다고 할 수 있다"고 했다.[48]

헨더슨은 그런 특성은 개인뿐만 아니라 조직에도 그대로 나타난다고 보았다. 그는 "한국의 여러 조직들은 조직 자체나 조직원들이 중심축을 향해 상승하는 흐름에 참여하려고 하는 아메바적 성격을 갖고 있어야 했다"며 다음과 같이 주장했다.

"모든 가치는 중앙권력에 속했다. 권력기반도, 안정성도, 야심을 만족시킬 수 있는 대체 수단도 없이 권력을 향한 경쟁에 뛰어드는 사람들이 계속 증가했다. 이 사회는 높이 솟은 원추형 소용돌이라는 특유의 형태를 만들어냈다. 이와 같은 소용돌이 구조는 지금까지는 한국에서만 추적되고 있으며 기록도 그것을 증명하고 있다."[49]

헨더슨의 이런 논지에 대해 가장 많이 제기된 비판은 오리엔탈리즘이었다. 미국의 잣대로 한국사회를 평가했다는 것이다. 그래서 한국사회를 너무 폄하한 것 아니냐는 비판도 제기되었다. 헨더슨도 그 점이 염려돼 "한국 친구들이 이 책을 읽고 자포자기적 태도를 보이지 않기를 바란다"고 하면서 "소용돌이 이론은 만들어진 것이지 태어난 것이 아니"라고 토를 달았다.[50]

헨더슨의 주장에 대해 중앙의 소용돌이 현상만큼이나 지역·이념·계급 균열을 중심으로 한 원심력의 작용도 거세다는 반론도 있다.[51] 그러나 그런 균열마저도 궁극적으론 중앙과 정상을 향한 구심력에 종속되는 것으로 보는 게 옳을 것이다.

'소용돌이 문화'가 부정적인 것만은 아니었다. 그것이 1960년대 이후 불기 시작한 '잘 살아보세'라는 절규에도 작동하여 세계에서 가장 빠른 경제발전을 이뤄낸 원동력이기도 했다. 헨더슨이 소용돌이 문화를 부정적인 측면에서만 보면서 그 처방으로 제시한 다원주의와 분권화가 실현되기 어려운 이유도 바로 여기에 있다.

한국의 지정학, 남북분단 상황, 적어도 600년간 형성된 초강력 중앙집권문화, 문화와 의식을 고착 및 강화시키는 미디어와 교육의 중앙집중은 다원주의와 분권화를 매우 어렵게 만들 것이다. 그렇다고 다원주의와 분권화를 포기하자는 게 아니라 알 건 제대로 알고서 각오와 준비를 단단히 하자는 것이다.

헨더슨은 소용돌이 문화의 양면성을 균형있게 고찰하지 못했으며 다양한 측면을 다 포괄하지도 못했다. 한국의 '소용돌이 문화'를 총체적으로 규명하자면 ①정치의 과잉 ②지도자 숭배 ③공직의 출세도구화 ④승자독식문화 ⑤패권쟁취를 위한 분열주의 ⑥뜨거운 교육열 ⑦위험을 무릅쓰는 문화 ⑧자본주의 이데올로기에 충실한 문화 ⑨여론의 휘발성 ⑩피곤한 삶 등이 모두 다루어져야 할 것이다.

03

손기정의 마라톤 우승,
일장기 말소 사건

'불온문서 임시 취체령'

1930년대 중반 『동아일보』와 『조선일보』는 기로에 섰다. "1930년대 한국 언론의 황금기는 1936년으로 보는 것이 신문학계의 일반적인 견해"라는 주장도 있지만,[52] 그건 상업적으로만 그랬을 뿐이다. 최유리가 지적했듯이, "상업화가 진행되고 또 점차 신문사가 대기업화하면서 경제적 타격을 받는 것을 두려워했기 때문에 총독부에 대한 비판적 기사는 감소하고 있었"기 때문이다.[53]

이 시기엔 『동아일보』와 『조선일보』가 일제의 통제에 굴복하면서 그간 존재해왔던 지하신문들의 활약이 두드러진 해이기도 했다. 일제는 1936년 8월 9일 '불온문서 임시 취체령'을 공포하여 지하신문을 없애려고 하였는데, 당시 일제가 발표한 담화문의 내용은 이러했다.

"요즈음 소위 괴문서란 것의 횡행은 특히 심하여 이것 때문에 현저하게 사회인심의 불안을 조성하고 치안상에 중대한 지장을 자아내는 바가 있고, 조선에서도 그 사례가 적지 않은 것에 비추어 같은 취체법규를 제정하여 내외 공히 이것이 취체를 행한다는 것은 참으로 긴급 필수지사로 인정하여, 본령 시행령에 따라 음험한 수단목적을 위한 차종(此種)의 소위 괴문서의 출판과 그 횡행을 금압배제(禁壓排除)하여 인심의 불안을 제거하고 치안을 확보하려는 취지인 것이다."[54]

여기에 더하여 1936년 8월에 일어난 '일장기 말소 사건'은 민족적 울분의 표현이었지만, 그로 인해 더욱 혹독해진 일제의 탄압으로 이후 신문들의 활동을 더욱 위축시켰다. 사건의 전말은 이렇다.

'손기정 만세, 남승룡 만세'

베를린 올림픽에 출전한 손기정(1912~2002)의 마라톤 우승 소식이 국내에 알려진 건 8월 10일이었다. 마라톤은 한국 시각으로 1936년 8월 9일 밤 11시에 시작되었다. 서울엔 장맛비가 줄기차게 내리고 있었지만, 세종로 동아일보사(현 일민미술관) 앞에는 많은 시민이 우산을 쓴 채 몰려 있었다. 동아일보사의 스피커를 통해 세종로 사거리에 울려 퍼지는, NHK의 베를린 올림픽 마라톤 라디오(JODK) 중계방송을 듣기 위해서였다. 4위로 달리던 손기정이 17.5킬로미터 지점을 막 지날 때쯤인 밤 12시 중계방송이 끊겼다. 경성방송국은 1936년 8월 2일 밤부터 NHK 전파를 받아 조선 전역에 베를린 올림픽 실황중계를 시작했지만, 밤 11시와 오후 6시 30분 각각 1시간씩 하루 두 번밖에 올림픽 실황을 중계하지 않았기 때문이다.[55]

사람들은 분통을 터뜨리며 발을 굴렀지만, 그걸 모르고 신문사 앞에 몰려든 건 아니었다. 이제 운동부 기자들이 바빠지기 시작했다. 그들은 전화통을 붙잡고 도쿄와 베를린에 선을 대기 위해 고래고래 소리를 질러대기 시작했으며, 그렇게 해서 알아낸 걸 몰려든 군중에게 전했다. 10일 새벽 2시가 가까워질 무렵 동아일보사 사옥 2층 창문에 한 여자가 나타나 우산을 쓰고 기다리고 있는 시민들에게 외쳤다. "손기정 군이 2시간 29분 19초 올림픽 최고 기록으로 우승을 차지했습니다. 남승룡 군도 3위로 들어왔습니다."

김화성은 당시 시민들의 모습을 이렇게 묘사했다.

"시민들은 그 순간 '와' 함성을 질렀다. 여기저기서 '손기정 만세, 남승룡 만세' 소리가 터지기 시작했다. 우산도 내던져버렸다. 누가 시킬 것도 없이 모두들 거리로 쏟아져 나가 '손기정 군이 베를린 올림픽 마라톤에서 우승했다'고 소리쳤다. 이들은 날이 새도록 서울 장안 곳곳을 누비며 목이 터져라 '손기정 우승'을 외치고 다녔다. 손기정 우승은 당시 일제식민지였던 조선 땅을 한달 내내 '기쁨의 눈물바다'로 만들었다."[56]

손기정은 훗날 "마라톤 터널을 통과해 경기장으로 들어서는데 갑자기 '와아' 하는 소리가 나서 깜짝 놀랐지. 그게 바로 나를 환영하는 소리더군. 그리고선 바로 히틀러가 앉아 있던 본부석 앞으로 골인했지"라고 회고했다.[57]

손기정의 기록은 올림픽에서 마라톤이 정식 종목으로 채택된 이후 최초로 2시간 30분 벽을 깬 2시간 29분 19초였다. 2위인 영국 선수 하퍼(Ernest Harper, 1902~1979)는 2시간 31분 23초, 3위인 남승룡 (1912~2001)은 2시간 31분 42초였다. 히틀러가 게르만 민족의 우수성을 보여주길 원했던 독일 선수는 손기정보다 30분이나 늦은 기록으

1936년 8월 9일, 결승점을 향해 1등으로 달리고 있는 손기정 선수.

마라톤 시상식에서 고개를 숙이고 있는 손기정과 남승룡. 두 사람의 쾌거는 수많은 한국인들의 가슴을 뛰게 했지만 일장기를 가슴에 달고 시상대에 오른 두 조선 청년의 어깨는 2위를 한 영국 선수와는 달리 펴지지 않았다.

로 29위에 머물렀다. 손기정은 남승룡과 함께 마라톤 입상자에게 월계관을 씌워주는 역할을 맡은 히틀러와 악수를 한 유일한 한국인이 되었다.[58]

'청년들아 일어나자'

8월 10일 새벽 2시 15분 조선체육회 회장 윤치호는 모여든 기자들 앞에서 한 마디를 해야 했다. 천정환의 말마따나 '조선에서 가장 신중하고 냉혹한 현실주의자'였던 그도 '조선인의 승리' 앞에선 감격하지 않을 수 없었다.

"손기정 군이 우승하였다는 것은 곧 조선 청년의 앞날이 우승하였다는 예언이자 산 교훈이라고 굳게 믿는다. 우리 조선의 청년이 스포츠를 통하야 특히 세계 20억을 상대로 하야가지고 당당 우승의 영관(榮冠)을 획득하였다는 것은 곧 우리 조선의 청년이 전세계 20억 인류를 이겼다는 것이라 우리의 기쁨과 감격은 이 위에서(이 이상) 없다."[59]

시인 심훈은 8월 10일 새벽 『조선중앙일보』가 발행한 신문 호외를 받아들고 그 뒷장에 "그대들의 첩보를 전하는 호외 뒷등에 붓을 달리는 이 손은 형용 못할 감격에 떨린다. 이역의 하늘 아래서 그대들의 심장 속에서 솟음치던 피가 2300만의 한 사람인 내 혈관 속을 달리기 때문이다. 오오 나는 외치고 싶다. 마이크를 쥐고 전세계의 인류를 향해 외치고 싶다. 인제도 너희들은 우리를 약한 족속이라고 부를 터이냐!"라고 갈겨썼다.[60] 감격에 몸을 떤 심훈은 그 즉흥시를 들고 『조선중앙일보』의 편집실을 찾아가 한바탕 읽어 들려주고는 사라졌는데, 그 이튿날 신문에 대문짝만 하게 실렸다.[61]

「世界制覇(세계제패)의 凱歌(개가)」, 「人類最高(인류최고)의 勝利(승리)」, 「永遠不滅(영원불멸)의 聖火(성화)」. 『동아일보』 8월 10일자 석간 1면 기사 제목들이다.[62] 『동아일보』는 이 사건이 "조선의 피를 끓게 하고, 조선의 맥박을 뛰게 했다"라고 쓰면서 "우리들의 승리"를 기뻐했다.[63] 『동아일보』 1936년 8월 13일자 사설 제목은 「청년들아 일어나자」였다. 그저 일어나서 '세계'로 가자는 막연한 구호였을 뿐이지만,[64] 사람들은 그게 무슨 말인지 알아차렸을 것이다.

금 6, 은 4, 동 10으로 전체 순위 7위를 기록한 일본은 손기정의 승리를 '1억 일본인의 승리'로 생각했다.[65] 총독부 당국은 손기정의 우승에 바짝 긴장했다. 총독부가 간행한 『조선출판경찰개요』를 보면 당시 '언문' 각 신문들이 "광희난무(狂喜亂舞)"하면서 "우리들의 승리"라고 보도하고, 이에 민중들이 자극되어 민족의식이 한층 대두했는데, 우려할 만한 일이지만 조선인들의 정서상 "약간 짐작의 여지"가 있다고 보아 관용의 태도를 취해 "우리들의 승리" 운운 같은 문구를 불문에 부쳤다고 돼 있다. 그러나 총독부는 손기정 선수 우승에 대한 민족적 감정이 반일감정으로 흐르는 것을 막기 위해 각종 축하회를 금지하고, 기념체육관 설립 발기나 각종 연설회도 금지했다. 또 여러 차례 신문사 사장이나 편집국장을 불러다가 손기정 선수 보도에 대한 주의를 환기시켰다.[66]

『동아일보』의 일장기 말소

시상대에서 월계관을 쓴 손기정의 표정은 굳을 대로 굳어 있었다.[67] 아마도 그런 심정은 모든 조선인들에 의해 공유되었을 것이다. 공식기록에 그의 이름은 '손기테이', 그의 국적은 일본으로 써 있었으며, 그의 가슴에는 일본 국기인 히노마루가 달려 있었으니 말이다. 체육부 기자 이길용(1899~?) 등 『동아일보』의 몇몇 기자들은 뒤늦게 현장 사진이 입수되자 이를 게재하기로 하면서 일장기에 대해 그런 착잡함을 느끼면서 고민을 했으리라.

8월 24일치 신문에서 총독부의 검열을 받는 1판에는 뚜렷이 일장기가 보이지만, 2판부터는 일장기가 사라졌다. 이길용 등 기자들이 지워버린 것이다. 일본군 20사단 사령부가 이 사실을 발견하는 바람에 비상이 걸렸다. 이길용을 비롯해 일장기 말소와 관련된 『동아일보』 기자와 사원 10여 명이 경찰에 연행됐고, 같은 사진을 게재한 『신동아』의 관련자들도 체포됐다.

동아일보사가 간행한 여성지 『신가정』은 「논개」의 시인 변영로(1892
~1961)가 편집책임을 맡고 있었는데, 일장기가 달린 사진을 내보내기
싫어서 손기정의 두 다리를 클로즈업한 사진을 게재하고 '이것이 베
를린 마라톤 우승자, 위대한 우리의 아들 손기정의 다리'라는 설명을
달았다. 일본 경찰은 이마저 문제 삼았는데, 변영로는 손기정이 두 다
리로 세계를 제패했기 때문에 두 다리를 클로즈업했는데 뭐가 잘못이
냐고 버텼다. 일제는 그래도 일장기를 잘라버린 게 아니냐며 쓰레기
통을 샅샅이 뒤져 잘린 사진을 찾아내는 난리를 쳤는데, 변영로가 쓴
사진은 일장기가 달린 사진이 아니라 양정고보의 유니폼을 입고 있는
사진이라 화를 면했다고 한다.[68]

이 사건으로 인해 『동아일보』는 무기 정간 처분을 당했으며 사장
송진우와 부사장 장덕수(1895~1947)가 사직하였다. 『신동아』도 『동아
일보』와 같이 정간되었는데, 이후 복간되지 못했다. 『동아일보』의 일
장기 말소는 체육부 기자 이길용에 의해 이뤄진 것이었다. 그는 후에
잡지에 기고한 글을 통해 "단순히 충동적이고 우발적으로 일장기를
지웠다"고 고백했다. 사건이 터지자 사장 송진우는 이길용을 불러 놓
고 "성냥개비로 고루거각(高樓巨閣)을 태워버렸다"고 큰 호통을 쳤으
며, 이 소식을 들은 『동아일보』 사주 김성수도 "히노마루(일장기) 말소
는 몰지각한 소행"이라면서 노여워했다. 그 후 송진우는 무기 정간 해
제를 위해 총독부 고관들에게 이 사건은 일개 기자의 독단에 의해 저
질러진 몰지각한 행위에 불과하다고 하소연했으며 급기야 이길용 등
13명의 사원을 해고했다.[69]

이길용은 물론 사회부장 현진건, 잡지부장 최승만 등 8명은 구속되

었다. 40일간의 문초 끝에 이길용, 현진건, 최승만, 신낙균, 서영호 등은 언론기관에 일절 참여하지 않는다는 조건부로 풀려났다는 주장도 있다. 동아일보사 쪽 입장에선 송진우와 장덕수뿐만 아니라 주필 김준연, 편집국장 설의식, 영업국장 양원모, 사회부장 현진건, 잡지부장 최승만, 조사부장, 지방부장 등 모두 13명의 제작 핵심이 회사를 떠나는 등 "말하자면 신문사가 그대로 풍비박산(風飛雹散)된 셈"이었다는 것이다.[70]

중고생 39퍼센트 '손기정이란 이름을 들어 본 적조차 없다'

1996년 8월 손기정 마라톤 제패 60주년을 맞아, 『동아일보』는 일장기 말소 사건과 관련된 기사를 연이틀 1면과 사회면에 보도했다. 『동아일보』는 9일치 1면에 「『동아일보』 일장기 말소 사건, 국내외 독립운동 확산 계기」라는 기사를 컷을 떠서 보도했다. 한일근대사연구가인 최서면이 일본외무성의 집무보고 문서를 일본외교사료관에서 확인했다는 보도였다. 동아는 1면에 이어 5면에 최서면의 기고문을 싣고 「『동아일보』 일장기 말소 민족혼 깨웠다」는 표제를 달았다. 또한 「손기정 올림픽 마라톤 제패 60주년」 특집기사를 함께 편집했다.

이에 『한겨레』 1996년 8월 14일자는 "손기정 선수의 베를린 올림픽과 관련된 기사를 언제나 자신들의 업적인 양 과시하는 동아의 보도행태가 언제까지 갈 것인가에 적지 않은 언론전문가들이 궁금해하고 있다"며 "이들은 동아의 '손기정 신화'가 역사를 바로세우기 위해서라도 깨져야 한다고 주장한다. 억압받던 조선 민중들이 힘을 얻은 것은 동아의 일장기 말소 사건보다 손기정 선수의 베를린 올림픽 우

승 자체였다는 사실을 동아가 교묘하게 활용하고 있다는 것이다"고 비판했다.[71]

1999년 9월, 전『동아일보』이사 김광희는『동아일보』기고문을 통해 "일장기 말소 사건은 그 동기와 결과에서 보듯이 우리 언론사에 민족언론의 진면목이 무엇인가를 웅변한 산 교과서였다. 그러나 우리 사회 일각에서는 사건 자체를 희화화하려는 시각도 없지 않다. 일장기 말소 사건은 일제의 식민지배 아래 표류하던 민족정서를 하나로 묶어 분출시킨 대 역사(役事)요, 살신성인의 표본인데도 말이다. 하나의 공동선을 위해 자신을 희생할 줄 아는 선인들의 그 정신은 누구보다도 오늘을 사는 언론과 언론인이 기리고 배워야할 덕목이라고 생각된다"고 주장했다.[72]

2002년 11월,『동아일보』는 "한국 독립투쟁사에서 높이 평가되고 있는 이 사건은 한두 기자의 개인적인 정의감에서 비롯된 것이 아니라 이심전심으로 이뤄진 모두의 항쟁이었다"며 "이는 이해 12월에 작성된 일제의 정부문서 '쇼와(昭和) 11년(1936년) 집무보고'에서도 확인된다"고 했다. 이 문서는 '조선 민족이 마라톤 우승선수로 인해 받은 충동'이라는 항목에서 '……『동아일보』사설에서 두 용사의 우승이 조선의 피를 끓게 했고 한번 일어서면 세계도 손안의 것이라는 신념과 기백을 가지게 했다. 또한『동아일보』는 손 선수 유니폼의 일장마크를 고의로 말살한 사진을 게재했다. 이로써 조선이 일본에 승리, 조선독립의 기초가 이루어진 듯이 생각하는 경향이 생겨나기에 이르렀다'고 기술했다는 것이다.[73]

『동아일보』2005년 12월 26일자는 이길용이 직접 쓴 일장기 말소 사건에 대한 회고록이 발견됐다고 보도했다. 7쪽 분량의 이 수기는

『동아일보』에 실린 일장기 말소 사진(오른쪽)과 원본 사진(왼쪽). 『동아일보』 기자 이길용에 의해 지워진 일장기는 이후 일파만파로 퍼져 무기 정간사태와 이길용 본인과 편집국장을 비롯한 13명이 해직당하는 결과를 초래했다.

일제강점기와 해방공간에서 활약했던 기자들의 회고록을 담은 『신문기자 수첩』(1948년 모던출판사 발행)에 실린 것으로 『동아일보』 사사편찬위원회 연구팀이 국회도서관에서 찾아냈다는 것이다. 이길용은 수기에서 일제강점기에 『동아일보』 지면에서 "일장기 말소는 항다반(恒茶飯)으로 부지기수였다"며 다음과 같이 썼다.

"세상이 알기는 백림(베를린) 올림픽 마라톤의 일장기 말살 사건이 이길용의 짓으로 꾸며진 것만 알고 있다. 그러나 사내의 사시(社是)라고 할까. 전통이라고 할까. 방침이 일장기를 되도록은 아니 실었다. 우리는 도무지 싣지 않을 속셈이었던 것이다. 이것은 (총독부에서 일본 본토를 가리킬 때 쓰도록 강요한) 내지(內地)라는 글을 쓰지 않는 것과 마찬가지였다."[74]

그러나 중요한 건 그게 아닌 것 같다. 오늘날 학생들이 손기정을 잘 모른다는 사실이 훨씬 더 중요한 게 아닐까? 2006년 6월 손기정기념 재단이 실시한 조사에 따르면 서울 시내 중고등학생 462명 중 39퍼센트가 손기정이란 이름을 들어본 적조차 없다고 했으며, 이름을 들어봤다는 응답자 3명 중 1명도 손기정을 '친일파'로 생각하고 있었다.[75] 이거 정말 문제가 심각하다!

『조선중앙일보』 폐간,
『매일신보』 독립

여운형은 '발로 뛰는 사장'

사실 일장기를 말소한 손기정의 사진을 먼저 게재한 신문은 여운형이
운영하던 『조선중앙일보』였다. 『조선중앙일보』는 8월 13일자 지상에
서 일장기를 말소한 사진을 게재하였는데, 이 사진은 선명치 않아 아
무 일 없이 넘어갔다가 『동아일보』 사건이 터지면서 알려져 『조선중앙
일보』도 같이 무기 정간을 당하게 되었다. 『동아일보』는 1937년 6월
1일, 무기 정간을 당한 지 279일 만에 복간되었으나 『조선중앙일보』
는 재정상태가 악화되어 정간은 해제되었지만 끝내 복간을 못하고
1937년 11월 5일 허가의 효력 상실로 폐간되고 말았다.

여운형은 '발로 뛰는 사장'으로 유명했다. 『조선일보』 1936년 3월
14일자에 따르면, "『중앙일보』 사장 여운형 씨는 감초사장이란 별명
을 가지셨다는 바 감초사장이란 별명의 의의는 여 사장께서는 결혼식

이니 무슨 연회니 무슨 개회니 하야 사람 많이 모이는 곳이면 어데서 나 여 사장의 얼굴을 볼 수 있다는 것으로 한약방의 감초에 비하야 감초사장이라고 한답니다."[76]

여운형은 1935년에 53쌍의 결혼 주례를 했고, 1936년에는 11월 24일 현재로 57쌍의 결혼 주례를 섰다. 한 주일에 한 번 이상 주례를 선 셈이다. 그는 나중에(1939년) 자신의 주례 경험을 근거로 결혼식의 허례허식을 비판했다. 그는 "내가 조선으로 돌아와서 이 5년 동안 결혼주례를 한 것이 어언 300여 쌍이나 됩니다"라면서 다음과 같이 말했다.

"결혼에 식장이 문제가 아니요 의복이 문제가 아닙니다. 근래의 식의 한 가지 폐풍은 결혼식에 빚을 내다가 굉장히 하는 그것입니다. 그래서 그달 그달 월급으로 도모해가는 박종자에게는 이 결혼식만 한번 치르고 나면 그 빚을 갚을 길이 없어 쩔쩔매며 지나는 꼴입니다. 그러지 말고 있는 대로 간단하게 지나고 살면 어째서 그러는지, 이건 당연히 폐지하여야 할 것입니다."[77]

여운형의 『조선중앙일보』는 친일파들의 사생활 폭로에 앞장선 신문이었다. 그들의 변절행위를 정면으로 비판할 수 없는 상황이었기에 그들의 불륜관계나 잘못된 사생활을 폭로하는 방식으로 항일운동을 한 셈이었다. 예컨대, 1934년 3월 29일자에 3 · 1운동 때 33인의 한 사람이었다가 변절한 중앙보육학교 교장 박희도(1989~1951)의 불륜행위를 폭로한 것이나, 1934년 9월 20일자에 최린(1878~1958)이 여류화가 나혜석(1896~1948)과 불륜관계를 맺었다가 고소당한 사건을 보도한 것이 바로 그런 경우였다.

박희도의 '여 제자 정조 유린' 사건

전 조선을 떠들썩하게 만들었던 박희도의 '여 제자 정조 유린' 사건에선 '키스내기 화투' 가 등장한데다 엎치락뒤치락 하는 반전의 묘미까지 더해져 더욱 세인의 뜨거운 관심을 불러 일으켰다. 이는 상업적 효용이 뛰어났기 때문에 다른 신문들도 같은 편집 태도를 보였다.[78] 박희도 사건의 한두 장면을 감상해보자.

박희도가 건드린 여제자의 이름은 윤신실, 그의 남편은 노원우였다. 이 사건을 고발한 노원우는 물적 증거라며 아내 윤신실의 수기를 공개했다. 『조선중앙일보』 1934년 3월 18일자는 문제의 '정조유린 고발서' 를 게재했다.

"그 어떤 날 몇몇 학생이 놀러왔는데 박희도의 말이 키스내기 화투를 하자 하여 화투를 하다 간 후 나는 그 집에 살기 때문에 혼자 남아 있는데 나를 끌어 키스하고 자기의 침대에 눕히고 나의 가슴도 만지려 하므로 몸을 꼬고 만지지 못하게 하였으나 약한 탓으로 만짐을 당하고 마음과 몸이 약한 탓에 정조를 빼앗기었고……"[79]

『조선중앙일보』 1934년 3월 27일자에 실린 「경관과 기자 입회하에 노·박 양씨 담판」이라는 기사에 따르면, 노원우는 아내의 수기를 움켜쥐고 몇 번이고 울부짖는다. 사태의 심각성을 깨달은 윤신실은 남편에게 "자신의 육체는 이미 디렵혀졌지만 정신적으로는 여전히 순결하다"며 손가락을 잘라 피로써 순결을 서약한다. 노원우는 전후 사실을 고백하고 손가락까지 잘라 순결을 서약하는 아내를 이해하지 않을 수 없었지만, 박희도의 만행은 생각할수록 치가 떨려 도저히 용서할 수 없었다고 한다.

그러나 다음 날 상황은 180도 바뀌었다. 3월 27일 시내 각 언론사에는 윤신실의 또 다른 고백서가 날아들었다. 자신은 박희도에게 추행당한 사실이 없으며, '맹수와 같은' 남편이 강요하는 바람에 불가피하게 거짓진술을 했다는 충격적인 내용이었다. 이와 관련, 전봉관은 다음과 같이 말했다.

"어쩌면 박희도는 노원우의 악의적 무고에 의한 억울한 희생자였을 수도 있다. 그러나 중요한 것은 그 후 그의 친일행적 때문에 아무도 그렇게 믿고 싶어 하지 않는다는 사실이다. 오히려 역사는 친일파 박희도의 추행을 폭로한 것을『조선중앙일보』사장 재직시 여운형의 업적 중 하나로 꼽고 있다. 품행이 바르지 않거든 상황 판단이라도 제대로 할 줄 알아야 한다는 교훈이라고 할까."[80]

친일 어용지로의 전락

박용규는 언론사 연구의 관점에서 '『시대일보』→『중외일보』→『중앙일보』→『조선중앙일보』'로 이어지는 이 일련의 신문들에 대해 "조선공산당 창당을 포함하여 1920년대 중반의 사회주의운동과 관련해서는『시대일보』를 살펴볼 필요가 있고, 1927년에 창립된 신간회와 관련해서는『중외일보』를 살펴볼 필요가 있다. 또한 사회주의 운동가 출신들이 1930년대에는 어떻게 활동했는가를 보기 위해서는『조선중앙일보』를 살펴볼 필요가 있다. 특히 이 시기에는 여러 민간지들을 옮겨 다닌 기자들이 많았기 때문에, 이들에 대한 연구를 위해서도 제3의 민간지들에 대한 연구가 필요하다"고 했다.[81]

최민지는 1931년 만주사변 발발에서 1937년 중일전쟁에 이르는 기간을 "논조나 기사에 있어서 정치적 사상적 기사보다 일상생활적, 순수 문화적, 오락적 그리고 역사적 분야에 몰두하여 신문사 주최의 사업 홍수를 이루는 한편 민간지는 치열한 증면 경쟁과 사옥 경쟁을 벌이는 민간신문의 춘추전국시대에 돌입하게 되는 시기"로 평가했다.[82]

『동아일보』는 일장기 말소 사건 후 일제의 압력에 굴복하여 친일 어용지로 전락하고 말았다. 물론『조선일보』의 경우엔 더 말할 것도 없었다.『조선일보』는 일제의 모든 일거수일투족을 찬양하기에 바빴다. 1937년 1월 1일『조선일보』는 일왕 부부의 사진을 1면에 크게 싣고 같은 지면에 총독의 새해 기념사와 휘호를 실었다. 이후 해마다 1월 1일자 1면에 일왕 부부의 사진을 커다랗게 실었다.[83]

『매일신보』와『경성일보』의 분리

한편『동아일보』와『조선일보』가 발행되던 시절에『매일신보』, 정확히 말해서『매일신보』에서 일하는 한국인들은 이중고(二重苦)를 겪어야 했다. 그들은 한국인들로부터 전혀 환영을 받지 못했을 뿐만 아니라 같은 총독부 기관지인 일문『경성일보』의 일본인 사원들의 냉대까지 받아야 했다.『매일신보』의 경영이 영 신통치 않았기 때문이었다. 그래서『경성일보』의 일본인 사원들은 자기들이 돈을 벌어『매일신보』 기자들을 먹여 살린다는 우월감을 갖고 있었을 뿐만 아니라『매일신보』를 가리켜 "『경성일보』의 암(癌)"이라고까지 말하기도 했다(영문 기관지인『서울 프레스』는 1937년 5월에 폐간되었는데, 이는 미국과 영국을 적대시하면서 나타난 영어 배격운동 때문이었다).[84]

두 신문 사이의 그런 갈등으로 인해『매일신보』는 1938년 4월 29일『경성일보』로부터 분리하여 독립적인 주식회사로 발족하였으며, 이

1938년 『매일신보』는 일문 기관지인 『경성일보』로부터 독립하고 제호의 한자도
바꾸었다. 의친왕의 둘째 아들 이우의 죽음을 보도한 『매일신보』. 바뀐 제호가
보인다.

때에 제호도 『每日申報』에서 『每日新報』로 바꾸었다. 주주는 경무국
의 강요로 한국인 40퍼센트, 총독부가 지정한 반관(半官) 회사 60퍼센
트로 이루어졌다. 이때 사장은 최린, 부사장은 이상협, 편집국장은 김
형원이었으며 전무와 경리부장 등 재정 분야는 일본인들이 맡았다.[85]

이상협(1893~1957)은 1933년 10월 박석윤에 이어 『매일신보』제2
대 한국인 부사장에 취임했다. 『매일신보』를 『경성일보』로부터 독립
시키고 제호도 고치게끔 총독부를 설득한 이가 바로 이상협이었다.[86]

정운현은 "이 시기는 민간지들도 일제의 탄압에 굴복하여 친일 노
선을 걷고 있었는데 『매일신보』의 '새 출발'은 민간지 강제폐간을 위
한 사전 정지작업이었다고 볼 수 있다"고 주장했다.[87]

『매일신보』는 이런 개편과 함께 발행부수 배가운동을 벌여 종래 4만

5,000부에 불과하던 발행부수를 9만 5,000천부로 끌어올렸는데, 이는 당시 『조선일보』의 6만부, 『동아일보』의 5만 5,000부를 능가하는 것이었다. 그럼에도 조선총독부는 『조선일보』와 『동아일보』의 발행부수 합계가 『매일신보』보다 많은 것에 대해 강한 불만을 품고 있었으며, 이는 나중에 두 신문의 폐간 결정에도 영향을 미쳤다.[88]

이상협은 1940년 9월에 『매일신보』를 퇴사하였다. 그는 1912년에 『매일신보』에 입사하여 1940년에 퇴사하기까지 『동아일보』『조선일보』『중외일보』 등 민간지 3사를 주도하는 희귀한 기록을 세웠다. 이상협은 당시 '신문계의 귀재'로 통했다. 이상협은 해방 후 반민특위에 의해 일시 구금되었으나 글을 통한 친일행위의 흔적은 별로 남기지 않아 곧 풀려났다.[89]

1974년 송건호는 "하몽 이상협 하면 우리나라 언론사상 빼놓을 수 없는 인물이다. 기자로서도 뛰어난 재능이 있었을 뿐더러 한국언론 50여 년간에 남긴 족적은 거의 추종을 불허할 만큼 미친 바 영향이 컸다. 그만큼 언론인으로서 그의 생애는 시비가 많았다"고 평가했다.[90]

제6장

중일전쟁과 고려인 비극

01

김일성의
보천보 전투

보천보 전투의 상징성

만주사변 이후 항일무장투쟁은 빨치산의 유격전 중심으로 바뀌었다. 일제의 강력한 관동군과 정면 대항하여 싸우기엔 역부족이었기 때문이다. 양세봉(1896~1932)이 이끈 조선혁명군은 1932년에서 1934년에 걸쳐 유격전을 벌여 혁혁한 전과를 거두었으며, 조선혁명군은 양세봉 사후에도 이홍광(1910~1935)의 부대와 연합하여 싸우다가 1938년 동북항일연군에 합류했다.[1]

항일연군은 1935년 8월 만주에서 결성된 중국 공산당의 항일 유격 부대로, 항일무장투쟁 강화를 위해 힘을 모은다는 의미에서 중국 공산당원뿐 아니라 상당수의 조선인 항일유격대도 가담했다. 항일연군 소속의 조선인 유격대는 국내 공산주의자들의 지원을 받으면서 종종 국경을 넘어서 국내의 일본군을 공격했다.[2]

1944년 동북항일연군 부대원들과 자리를 함께한 김일성(앞줄 오른쪽에서 두 번째). 본래 항일연군은 1935년 만주에서 결성된 중국 공산당의 항일유격부대였으나 상당수의 조선인 유격대들도 가담하고 있었다.

1937년 6월 4일 밤 김일성(1912~1994)이 이끄는 동북항일연군 제2군 6사 대원 80여 명은 뗏목을 타고 압록강을 건너 함경남도 보천보(普天堡)를 점령했다. 보천보는 압록강 상류 혜산진 인근의 작은 마을이다. 그간 이 전투는 김일성 때문에 남한 교과서에선 다루지 않다가 2002년에서야 처음으로 소개했다. 고교 2, 3학년용 한국 근·현대사 검정 통과본 일부 교과서에 처음으로 실린 내용을 소개하면 다음과 같다.

"1937년 6월 동북항일연군 제2군 6사 대원 80여 명은 압록강을 건너 함경남도 보천보를 점령했다. 이들은 평소부터 연결되어 있던 국내 조직의 도움을 받아 보천보에서 외부로 통하는 도로와 통신망을 차단하고 경찰 주재소와 면사무소 등 일제의 행정관청을 불태우고 철수하였다. 돌아가던 중에 뒤늦게 사태를 파악하고 추격해오던 일본군을 기습 공격하여 커다란 피해를 입혔다."[3]

이는 이렇다 할 전과는 없는 상징적인 전투인 동시에 심리전이었으며, 김일성도 그 점을 잘 알고 있었다. 김일성은 부하들에게 "군대가 싸움을 잘하면 민중의 배짱이 커진다"면서 "국내에 들어가 총 몇 방만 뚱땅거려도 대중의 활동이 한결 수월해진다"고 훈시했다.[4]

'김일성 신화'의 탄생

한홍구는 "중무장한 100여 명의 유격대가 술에 전 경관 6명~7명을 제압하지 못한다면 어찌 유격대라 할 수 있겠는가?"라면서 다음과 같이 말했다.

"대중은 독립운동진영의 거듭된 패배와 일제의 기세에 눌려 패배주의에 빠져 있었다. 이때 김일성은 보천보 진공작전을 통해 '조선은 죽지 않았다. 조선은 살아있다!'고 외치고 싶었던 것이다. …… 순수하게 군사적인 면에서 본다면 내세울 만한 전과를 거두지 못한 보천보 전투를 이북의 역사가들은 물론 일본 제국주의자들도 큰 충격으로 받아들인 이유가 여기에 있었다."[5]

그런 효과를 내는 데 있어서 1등 공신은 『동아일보』였다. 일장기 말소 사건으로 1936년 8월 27일부터 무기정간당했다가 1937년 6월 1일부터 복간이 된 『동아일보』는 독립군의 '보천보 습격 점령'이 있자 6월 5일 즉각 두 차례나 호외를 발행했다. 6월 6일자는 「기관총 가진 200여 명 월경, 보천보 시가를 습격 충화」「100여 호, 1000여 주민이 사는 보천 촌락 전멸상태」「김일성 일파로 판명」이라고 보도하

김일성과 동북항일연군 소
대가 보천보를 습격, 점령했
다는 소식을 접하자 『동아
일보』는 즉각 호외를 발간
하여 이 소식을 국내에 전
하였다.

였다. 6월 7일자, 9일자도 크게 보도하였다.

신용하는 "일제가 승승장구하여 독립군이 다 소멸되었는가 걱정하
면서 만주 독립군의 독립운동 소식을 갈망하고 있던 국내 한국인들은
『동아일보』의 이 보도에 경탄을 금치 못하였다. 이 국내 진입작전을
지휘한 김일성이 26세의 청년 사장(師長)임은 물론 알지 못하고, 홍범
노, 김좌진 같은 노장년 장군이라고 상상하여 온갖 신화가 만들어져
서 전파되었다"고 했다.[6]

교과서에 실린 보천보 전투

앞서 소개한 바와 같이, 2002년 보천보 전투가 고교 2, 3학년용 한국

근·현대사 검정통과본 일부 교과서에 처음 실리면서 화제가 되었다.

『경향신문』 논설위원 김지영은 "북한에서 보천보라는 단어는 특별한 이미지를 갖고 있다. 가령 보천보 전자악단은 '휘파람'이라는 히트곡과 전혜영이라는 대중스타를 배출한 가요계의 보물이다. 보천보 혁명박물관은 조선 혁명박물관과 함께 북한의 양대 혁명박물관이며 보천보전투 기념탑은 높이 49미터, 길이 60미터로서 대규모 기념조형물이 많은 북한에서도 가장 큰 기념탑이다. 그만큼 '보천보 전투'는 북한 김일성 전 주석의 무장항일투쟁사와 북한 혁명사에서 상징적 사건인 것이다"며 다음과 같이 말했다.

"나중에 북한정권의 핵심인사가 되는 최용건(1900~1976)과 님 웨일스(Nym Wales, 1907~1997)의 『아리랑』에 나오는 김산(1905~1938) 등도 전투에 참가했다. 보천보 사건은 당시 국내 신문에 크게 보도됐다. 국민들은 만주의 항일독립군투쟁이 계속되고 있음을 알고 '조선독립'에 고무되기도 했다. 일제는 곧 국경지대 항일운동을 대대적으로 탄압하면서 1930년대 민족해방운동사상 최대의 검거 선풍이 일게 된다. 이러한 역사적 사실은 물론 진작 남한 학계에서도 인정하는 것이었다. 하지만 극심한 냉전 이데올로기로 인해 교과서에 실리지 않은 것은 물론 공식인정은 금기가 돼왔다. 지난해 통일부의 북한 인물 자료집이 거론, 정부가 최초로 김 전 주석의 무장항일투쟁 경력을 인정했다. 이번에 고교 교과서가 이를 수록한 것은 그런 면에서 의미가 있다. 반쪽 역사에 대한 맹목으로는 진정한 민족의 화해와 통일을 기대하기 어려운 것이다. 다만 김 전 주석과의 관계는 생략해 여전히 미완의 기록이 됐다."[7]

그러나 『조선일보』는 사설을 통해 "이들 교과서를 읽으며 드는 첫

느낌은 '굳이 이렇게까지……?'다. 검정과정에서 문제가 됐지만 '이미 학계에 알려진 사실 아니냐'고 해서 통과됐다고 한다. 정말 그렇게 해서 통과됐다면 그것대로 문제는 남는다. 무엇이든 학계에 알려지기만 하면 충분한 학술적 평가를 거치지 않고, 나아가 고등학생을 위한 교과서에 실려도 괜찮은 것인지에 대한 교육적 고려도 하지 않고 얼마든지 교과서에 실릴 것 아닌가"라면서 다음과 같이 주장했다.

"또 하나 문제점은 서술방식의 어색함과 궁색함이다. 비판을 우려한 때문인지는 몰라도 1930년대 무장투쟁과 관련해 상당히 많은 분량으로 김일성과 연관이 있는 동북항일연군, 보천보 전투 등을 서술하면서 '김일성'이란 이름은 한 군데도 나오지 않는다. 보천보 전투가 북한에서는 '독립투사 김일성' 신화화(神話化)의 핵(核)임을 모를리 없으면서 굳이 그 이름은 빼고 사건만 기술한 처리방식의 뜻과 함축이 아무래도 이상한 것이다. 한반도에서의 역사적 정통성 문제와 불가분한 연관을 갖고 있는 근·현대사 교과서 서술과 관련해 이번의 경우가 우리 역사학계 일반의 보편성 있는 의견인지, 아니면 '집필자들의 선호(選好)'인지도 궁금한 대목이다. 교육부는 이 궁금증에 대답해야 한다. 자기 아이들이 '그런 역사'를 배우는 데 동의할 수 없는 학부모들도 분명히 있을 것이라는 점을 유념해서 말이다."[8]

EBS의 〈올기강은 흐른다〉

보천보 전투가 교과서에 실린 '사건'에서 알 수 있듯이, 예전 같으면 국가보안법의 처벌을 받을 수도 있었던 '김일성 이야기'를 비교적 자유롭게 할 수 있는 풍토가 조성되었다.

2005년 8월 EBS는 광복 60주년 특집으로 제작한 10부작 다큐멘터리 〈한국독립운동사〉 9부로 김일성의 항일투쟁을 다룬 〈올기강은 흐른다〉를 방영했다. 이 다큐멘터리의 연출·출연·편집·내레이션까지 맡은 도올 김용옥은 방영에 앞서 가진 기자회견에서 "그동안 알려진 우리 독립운동사는 1퍼센트밖에 되지 않는다"면서 "독립운동사에 대한 무지에서 깨어나는 과정을 정직하게 국민들과 공유하고 싶어 이번 다큐멘터리를 제작하게 됐다"고 했다. 또한 그는 "이제 '침략사'가 아닌 '항거사'를 써야 한다"면서 "'누가 일제시대에 친일했다더라'는 식의 폭로로는 역사가 바로잡힐 수 없다, 우리 역사의 0.1퍼센트도 되지 않는 친일파보다는 의식을 가지고 항거했던 99.9퍼센트의 역사를 써야 한다"고 주장했다.[9]

'전 주사파 운동권'이자 『시대정신』 편집위원인 곽대중은 『월간조선』 기고문을 통해 〈올기강은 흐른다〉의 내용에 이의를 제기했다. 그는 "김용옥의 선의엔 공감하면서도 '침략사' 건 '항거사' 건 국가·민족 일변도의 역사가 갖는 한계를 이젠 인정할 때가 되지 않았는가 하는 점에서 아쉬웠다. 국가·민족의 역사는 꼭 필요하지만, 역사가 오직 그것뿐일 때에 비롯되는 문제는 의외로 심각하다"며 다음과 같이 주장했다.

"도올은 도산 안창호의 실력양성론에 대해 '자각론의 변형이며, 진화론의 병폐'라고 하면서, 심지어 그런 주장을 '변절자의 변명일 수도 있다'라고까지 공격하며 김일성 회고록을 거든다. 관련 서적을 1000권 이상 읽었다는 도올은 김일성 회고록만 읽어 보고 도산의 책과 연설은 한 번도 살펴보지 않은 것 같다. …… 도올의 말대로 김일성의 항일투쟁 역사는 북한에서는 과장되었고, 남한에서는 폄훼되었다. 그러나 사실 김일성의 항일투쟁 역사를 온전하게 이야기할 수 없는 이유는 남한에서 너무 폄훼해서가 아니라, 북한에서 너무 과장한 탓이 크다. …… 도올은 기자간담회에서 '이념적으로 좌우를 얘기하기 이전에 사실은 사실로써 알고 무지에서 벗어나야 하지 않겠느냐'고 했다. 그런 도올은 북한이 왜곡한 사실을 검증 없이 받아들이고 있다. '무지에서 벗어나야' 할 대상은 도올이 먼저인 듯하다."[10]

'『동아일보』 보천보 전투 순금 인쇄판'

2007년 12월, 고승우는 11월 27일~28일 6·15 공동선언실천 남측위원회 언론본부 관계자의 일원으로 방북해 묘향산 입구 국제친선전람관에서 발견한 '『동아일보』 보천보 전투 순금 인쇄판'을 보고 느낀 단상을 밝혔다. 『동아일보』 취재단은 1998년 10월 26일 방북 길에 김정일에게 '보천보 전투 소식을 전한 『동아일보』' 금 인쇄원판을 선물했다. 고승우는 금 인쇄원판의 크기는 가로 20센티미터, 세로 15센티미터 정도이며, 금의 무게는 1.2킬로그램이라며 다음과 같이 말했다.

"금 인쇄원판에는 원래 호외신문 기사의 작은 제목, 본문의 일부 글씨가 흐려져 있는데 이는 당시 항일독립군을 일제가 '비적' 등의 칭호로 표기하도록 했기 때문으로 추정된다. 조선총독부의 검열을 통과하기 위해서는 피할 수 없는 표기였기 때문이다. 동아는 북측에 기증한 금 인쇄원판을 제작할 때 항일독립군의 호칭을 지운 것으로 보인다."

이어 고승우는 "이 기사의 제목과 기사 내용은 항일독립군이 무장투쟁을 했다는 것이 아닌 일본 쪽이 피습을 받아 어떤 피해를 당했다는 내용이다. 동아는 오늘날 항일운동을 보도한 것으로 평가하고 있다"며 다음과 같이 말했다.

"하지만 당시 상황을 보면 동아가 총독부의 허락을 받고 '비적'의 '가해행위'를 보도해 한민족에게 독립운동에 대한 부정적인 인식을 심화시키는데 기여한 것이 아니냐는 추정 또한 가능하다. 만주사변이 발생한 1931년부터 일제의 언론통제는 전시통제로 강화되어 모든 신문은 총독부 기관지와 다름없는 역할을 하게 된다. 민간신문들도 일제의 통치정책을 비판하거나 공격하지 못했다. …… 당시 시대상황을 감안하면 동아는 일제의 만주 침략에 유리한 여론을 조성키 위해 보천보 전투를 비중 있게 보도한 것이 아니냐 하는 의혹을 사기 충분하다. 이에 대해서 학계의 면밀한 연구가 이뤄져야 할 것이다."[11]

반면 한홍구는 "물론 보도에 사용한 언어는 '공비들의 살인, 방화, 약탈'이었지만, 이를 두고 일부에서는 독립운동을 폄하한 당시 신문들의 친일적 보도태도라고 비판하는데, 필자의 생각은 조금 다르다"며 다음과 같이 말했다.

"지하신문이 아닌 이상 합법적으로 발행되는 신문으로서의 한계는 인정해야 한다. 더구나 우리 민중은 아무리 합법신문들이 '개떡'같이 말해도 '찰떡'같이 알아듣는 재주가 있지 않았던가?"[12]

두 가지 해석이 가능할 것 같다. 앞서 1920년 일제의 간도 출병과 관련, 송우혜는 독립운동 보도를 사실상 부추긴 조선총독부의 언론조작을 지적한 바 있다. 같은 맥락에서 고승우의 문제제기도 검토해볼 필요가 있다는 생각이 든다. 다만 『동아일보』가 일제의 만주 침략에 유리한 여론을 조성키 위해 그랬다기보다는 일제의 언론조작술에 이용당했을 가능성에 무게를 두는 게 어떨까? 일제의 각종 조작술이 워낙 영악했기 때문이다.

중일전쟁과 난징 대학살

중일전쟁의 시작

일제의 전쟁광기는 벌겋게 달아오른 반면 중국은 내분으로 점점 더 망가지고 있었다. 1932년 공산주의자들은 장제스의 대일본 유화책을 비난하며, 일본에 전쟁을 선포했다. 그러나 장제스는 일본보다는 공산당을 더 염려해, 1937년까지 일본군보다는 공산주의자들에 대항하여 더 많은 싸움을 했다. 1935년에서 1937년까지 공산주의자들은 남부의 피난처에서 북쪽의 연안까지 6000마일(약 9656킬로미터)의 대장정을 하며 장제스의 북벌군의 포위망을 피해 도망하는 데 성공했다.

1936년 12월 12일 만주의 군벌 장쉐량(長學良)은 북벌작전을 독전하러 온 장제스를 납치, 그의 목숨을 담보로 연합정부를 구성하여 내전을 끝낼 것을 주장했다. 이른바 시안 사건(西安事變)이다. 1937년 초 스탈린과 중국 공산주의자들은 그의 석방을 보장하고 대일전에 관한

일본군이 수비를 하고 있는 루거우차오. 1937년 7월 7일 밤 10시 40분, 중국 베이징 교외의 루거우차오 근처에서 훈련 중이던 일본군이 몇 발의 총격을 받았다. 그리고 다음 날, 일본군은 중국군을 공격했다. 중일전쟁의 시작이었다.

연합전선을 구성할 것을 설득했다. 그 결과 1937년 2월에 빈약하고 비효율적이나마 항일통일전선이 구축되었다.[13]

한편 일제는 점점 더 군국주의적 광란으로 빠져 들고 있었다. 1932년 5월 15일 해군 청년 장교들이 수상 관저 등을 습격해 수상을 암살한 5·15사건, 1936년 2월 26일 육군 청년 장교들이 병사 1,500명을 움직여 쿠데타를 결행해 수상 관저와 육군성, 경시청 등을 점거하고 대장(재무상) 등 정부 요인 세 명을 살해한 2·26사건 등을 거치면서 일제는 '전쟁기계 국가'로 가고 있었다.[14]

1937년 7월 7일 밤 10시 40분. 중국 베이징 교외 루거우차오(盧溝橋 또는 마르코폴로교) 근처에서 군사훈련 중이던 일본군 중국 주둔 보병 제1연대 제3대대 8중대가 누군가로부터 몇 발의 총격을 받았으며, 사병한 명이 행방불명되었다. 이 사실은 바로 연대장에게 전달됐다. 밤 11

시께 행방불명이라던 사병은 귀대했지만, 다음 날 아침 일본군이 중국 군을 공격했다. 일본의 중국 본토 침략, 즉 중일전쟁의 시작이었다.[15)

난징 대학살

일본은 1937년 7월 베이징을 점령하고 12월에는 난징을 점령해 '난 징 학살 사건'을 일으켰다. 12월 13일 난징을 점령한 일본군 5만여 명 은 다음 해 1월까지 40여 일간 무기를 들지 않은 일반 시민을 상대로 광란의 학살극을 연출했다. 무려 30만 명이 살해됐다. 총살, 난자, 생 매장, 불태워 죽이기 등 살해 수법도 잔혹하기 이를 데 없었던 바, 중 국인은 이를 대도살(大屠殺)이라고 불렀다.[16)

에드거 스노(Edgar Parks Snow, 1905~1975)는 "적어도 여자라면 10 세부터 70세까지 모두 강간당했다. 피난민은 만취한 병사에 의해 종 종 총검으로 살해되었다. 대낮에 벌어지는 성폭행도 낯선 일이 아니 었다"고 썼다.[17)

중국계 미국인 여성 아이리스 장(Iris Shun-Ru Chang)이 쓴 『난징 의 강간: 2차 대전의 잊혀진 홀로코스트』에는 일본군의 대도살을 고 발하는 목격자의 증언, 사진과 기록이 수두룩하다. 일본군은 비무장 중국인들을 대상으로 목 베기 경쟁을 벌이고 신병들의 담력을 키우기 위해 중국인을 총검술 표적으로 삼았다. 산 채로 매장하기와 불태우 기 같은 인종청소가 벌어지기도 했다. 여성 2만 명 이상이 강간 살해 당했고, 능욕한 여성의 외설사진을 찍어 기념품으로 간직하고 다니다 패전 후 포로가 되면서 압류당한 병사들도 있다.[18)

그럼에도 일왕 히로히토는 난징 공략부대에 찬양 칙어(勅語)를 내렸

일본군에게 학살당한 중국인. 1937년 12월부터 다음 해 1월까지 두 달간, 일본군은 무기를 들지 않은 난징의 일반 시민을 상대로 광란의 학살극을 연출했다. 희생된 사람은 무려 30만 명에 이른다.

다.[19] 이미 중일전쟁의 발발과 함께 일왕이 사는 궁엔 전쟁을 지휘하는 최고 통수기관인 대본영이 설치되었다. 대본영은 참모총장(육군)과 군령부 총장(해군)을 핵심으로 육해군 대신들이 참가한 군부 지도자들의 회의였으며, 이 회의를 주재하는 우두머리는 일왕이었다.[20]

일본군은 1937년 7월 27일 독가스를 쓰기 위해 중국에 파견할 화학부대를 조직해, 1938년 중반부터 중국의 주요 전투지역에서 독가스를 대규모로 사용하기 시작했다.[21] 2,000여 차례에 걸친 화학무기 사용으로 9만여 명의 중국 군인이 피해를 입게 된다.[22]

1938년 10월 일본군이 주요 대도시와 상공업지대를 거의 모두 장악하자 국민당의 통치구역은 내륙지방으로 축소되었다. 중국 공산당의 팔로군(八路軍)과 신사군(新四軍)은 일본군이 점령한 배후지역과 국민당군이 철수한 광대한 지역에서 게릴라전을 전개하면서 농촌해방구를 건설했다.[23]

"말을 삼가라. 자칫하면 금고 3년이다"

중일전쟁은 조선인에게도 재앙이었다. 전쟁이 확대되면서 유언비어로 구속되는 사람이 많아지자, 『동아일보』는 1937년 8월 3일자 사설 「말을 삼가라」에서 "말을 삼가라. 자칫하면 금고 3년이다"라고 했다.[24] 그러나 삼가는 것만으론 부족했다. 일제는 충성을 요구했다.

총독부 경무국은 이미 1937년 7월 12일 경성부 내에서 발행되는 신문사 대표 및 각 지국장 50여 명을 불러 전쟁에 대한 언론기관의 협력을 요구했다. 7월 13일에는 총독이 직접 조선에 있는 언론계 대표자를 불러 시국에 협조할 것을 요구했다. 요구에 나선 까닭은 『매일신보』를 제외하곤 『조선일보』와 『동아일보』 등이 중일전쟁에 대해 침묵하고 회피한다고 보았기 때문이다.[25]

사실 신문들로선 고민이었다. 총독부가 소집하기 전날인 7월 11일 『조선일보』에서는 긴급회의가 열렸다. 주필 서춘은 그간 외국인 신문처럼 '일본군, 중국군, 장개석 씨' 하던 용어를 사용하는 대신 '아군, 황군, 지나 장개석' 등으로 고치고, 논설은 일본 국민의 입장에서 게재할 것을 제안했다. 이에 대해 편집국장 김형원과 영업국장 김광수가 반대했으나, 사장 방응모는 경영상의 이유를 들어 서춘의 손을 들

어주었다.[26]

『조선일보』는 7월 19일자부터 일본군을 '아군' 혹은 '황군'으로 표기하기 시작했다. 『조선일보』 1937년 8월 2일자 사설 「'총후'(후방)의 임무-조선군사후원연맹이 목적」은 "제국 신민으로서 응분의 의무와 성의를 다하고자 시국대책을 강구 실시하고 있는 중 조선군사후원연맹은 그 가장 중요한 것의 하나"라면서 "황군의 사기를 고무 격려하는 것"이 후원연맹의 중요 임무라고 강조했다. 8월 12일자는 일본의 중국 침략으로 전선이 확대돼 전쟁자금이 부족하게 되자 조선 동포들에게 국방헌금을 내도록 독려하는 '사고(社告)'를 냈다. 이 사고는 신문사와 사원들의 헌금 솔선을 밝히며 "북지사변(중일전쟁) 발발 이래 민간의 국방헌금과 군대위문금은 날로 답지하는 형편인데 본사에서는 일반 유지의 편의를 위하여 이를 접수 전달하려 하오니 강호 유지는 많이 분발하심을 바랍니다"라고 했으며, 이후 고정적으로 실렸다.[27]

이런 변화에 대해 내외의 격렬한 반발이 뒤따랐다. 서춘은 무기명 협박문을 50통~60통이나 받았다. 독자 감소에 대한 책임을 지고 11월 24일 서춘과 김형원이 동반 사직했다. 편집국장엔 함상훈, 주필엔 이훈구(1896~1961)가 새로 발탁됐다. 그러나 일제의 요구를 따르는 데에 달라질 건 없었다.[28]

친일화의 분기점

지식인의 친일화도 중일전쟁이 분기점이 되었다. 이전엔 『매일신보』에 몸담으면 이 신문을 줄인 이름인 '매신(每申)'에 빗대 '매신(賣身)'했다는 말을 들어야 했다. 지식인에게 '몸을 판다'는 말 이상 치욕이

어디 있으랴. 그러나 중일전쟁 이후 양상이 달라졌다. 친일로 전향하는 이들이 크게 늘기 시작한 것이다.[29]

이준식의 논문 「파시즘기 국제정세의 변화와 전쟁인식」에 따르면, 중일전쟁 발발 이전인 1937년 11월 경기도 경찰부 요시찰대상이었던 민족운동가 725명 중 전향자 내지 준전향자는 144명(20퍼센트)에 불과했으나, 1938년을 기점으로 민족대표 33인 중 한 사람이었던 최린, 2·8독립선언 서명자였던 서춘과 이광수 등 지도적 위치의 민족운동가들이 대거 전향했다. 서춘은 중일전쟁 후인 1939년 한 잡지 기고문에서 "소화 5년(1930년)까지 21년간은 조선 사람 2,300만 명 거의 전부가 정신적으로는 일본인이 아니었지만 만주사변(1931년)의 결과 조선의 독립은 도저히 바랄 수 없다는 것을 깨닫게 됐다"고 고백했다.[30]

반면 기존 친일파는 더욱 기세등등해졌다. 강상규라는 젊은이의 1937년 8월 4일자 일기를 보자.

"오늘은 면사무소에서 최익(면서기)이 와서 시국간담회를 한다고 말한다. …… 최익 놈은 만고의 대역(大逆)이다. 자기 아버지 정도로 늙은 이준성 씨에게 머리를 깎지 않았다고 나무라고, 또 연설 중에는 조선은 썩었다, 일본인을 숭배하지 않으면 안 된다, 이러한 말만 한다. 나의 가슴에는 피가 용솟음쳐 당장에 죽이고 싶은 기분이 들었으나 할 수가 없다."[31]

1938년에 출간한 『순애보』를 비롯하여 간도를 배경으로 한 이민 소설을 많이 쓴 박계주의 『모토(母土)』는 바로 그런 모습을 그려냈다. 『모토』의 주인공이 조선을 더 이상 고향이 될 수 없다고 생각하고 북간도(北間島, 현 중국 지린성 옌벤 조선족 자치주)를 도피처로 삼은 이유는 무엇이었을까?

"왜놈의 게다짝 소리보다도 그 꺼떡대는 면직원놈들의 꼴이 보기 싫었고, 왜놈의 순사보다도 그 조선놈의 나으리 자식들의 절꺼덕거리는 칼소리가 듣기 싫기도 했거니와 그리고 소작이요 홍수요 한재요 하여 못살겠구나, 어떻게 살아갈 것이냐 하는 탄식소리도 귀에 못 박혀서 못살 지경이었거니와, 도대체 이 쌍놈의 산골짜기의 고리타분한 농촌 구석이 무엇보다 싫증이 났던 것이다. 이렇게 고향에 아무 미련이나 정을 느끼지 못하는 그는 (적어도 떠나는 날까지는) 어쩌면 다른 지방으로, 더욱이 타국으로 자리를 옮겨본다는 것이 즐거웠을는지도 모른다."[32]

독립운동세력의 분열

그간 분열을 일삼던 독립운동세력도 중일전쟁을 계기로 일본에 대항해 협동전선을 구축할 필요성을 절감했지만, 쉽진 않았다. 당시 독립운동가들은 무엇을 하고 있었던가?

1935년 7월 5일 중국 난징에서 김원봉(1898~1958)의 주도하에 조선민족혁명당이 창당되었다. 의열단의 '발전적 해소'이자 '의열단의 변신'이었다.[33] 창당 시 중앙집행위원은 김원봉, 김두봉(1890~?), 김규식(1881~1950), 조소앙(1887~1958), 이청천(1888~1957) 등 15명이었다. 김원봉이 서기장을 맡아 당권을 장악했다. 김원봉은 민족혁명당의 활동 방향에 대해 "한국 혁명의 완성은 민족운동을 기본으로 삼고, 해외보다도 국내 운동에 주력하지 않으면 안 된다. 국내 조직을 진행시키기 위해서는 먼저 국내의 청년층을 확보하여 이들을 핵심세력으로 하고, 다수 청년 당원을 국내에 잠입시켜 농촌, 공장, 학교, 어장

김구와 만난 장제스. 김구는 당시 중국 국민당 정부를 이끌던 장제스를 통해 대한민국의 독립에 대한 국제적 여론에 영향을 끼치고자 했다.

등지에 1군(郡) 1인씩 배치시켜야 한다"고 강조했다.[34]

그러나 당권 문제를 둘러싸고 1935년 9월 조소앙파가 탈당한 데 이어, 1937년 4월 이청천파도 탈당했다. 1937년 7월 중일전쟁이 터지지, 7월 말 김원봉은 조선민족전선통일촉성회를 조직해 우파세력과의 연합을 시도하였으나, 김구 측의 거부로 무산되었다. 8월 17일 이청천(조선혁명당)과 조소앙(재건한국독립당) 등 우파세력들이 김구(한국국민당)를 중심으로 집결하고 미주지역 6개 단체가 연합하여 한국광복운동단체연합회(광복진선)를 결성하고, 전시 체제를 모색하고 나섰다.[35]

중일전쟁이 시작된 지 넉 달 만인 1937년 11월에 중국 정부가 충칭 (重慶) 천도를 선언하자 임시정부도 11월 말에 급하게 배를 마련하여 난징을 떠났다. 일본군이 난징을 점령하면서 벌인 대학살 사건을 2주 일 앞둔 긴박한 순간이었다.[36]

김원봉은 1937년 12월 초에 김구 중심의 한국광복운동단체연합회 에 가담하지 않은 중간파·좌파세력을 결집해 조선민족전선연맹을 결성했다.

한상도는 "이로써 1930년대 후반기, 중국 관내 지역 한인들은 민족 주의를 표방하는 김구의 우파그룹과, 상대적으로 진보적 민족주의 성 향으로 가던 김원봉 중심의 중간좌파그룹으로 양극화되어갔다"고 했 다. 1938년엔 장제스가 직접 나서 한인세력의 단결과 재편성을 촉구 하게 된다.[37] 끝없는 분열! 당시 독립군세력이 처해 있던 최악의 열악 한 상황을 감안하면 이해 못할 것도 없지만, 잘했다고 박수를 쳐주긴 어렵겠다.

03

고려인 강제이주 재앙

고려인에게 닥친 대재앙

한인 공산주의자들의 소련 숭배는 1930년대에도 계속되었다. 예컨 대, 1935년 코민테른 제7차대회에서 김하일은 연설을 통해 소련이 "세계 프롤레타리아트와 피억압자의 조국"이며 국제공산당은 "세계 혁명의 참모부"이며 스탈린은 "세계프롤레타리아트의 수령"이라고 주장했다.[38] 그러나 2년 후 일어난 고려인 강제이주 사건은 이런 생각 이 엄청난 착각이었음을 보여주었다.

러시아지역에서 고려인(高麗人, 카레이스키)의 형성은 1864년 연해 주(沿海州 · 블라디보스토크를 중심으로 한 시베리아 동해안지방)에 한민족 13가구가 이주함으로써 시작됐다. 1869년 한반도 북부의 대기근으로 연해주 이주민이 급증했고, 1905년 을사조약 이후에는 의병기지로 변했다. 1914년 블라디보스토크에 한인 집단거주지인 '신한촌(新韓

러시아지역 고려인의 형성은 1864년 연해주에 한민족 13가구가 이주하면서 시작됐다. 이들은 신한촌을 건설하고 모여 살았으나 스탈린의 강제이주정책에 의해 중앙아시아를 떠돌게 된다. 사진은 1920년 신한촌의 만세운동 모습.

村)'이 건설됐다.[39)]

1937년 8월 21일 소련 통치자 스탈린은 한인이 일제에 협력하는 것을 예방한다는 명분으로 17만 5,000명의 연해주 '카레이스키' 들을 중앙아시아로 강제이주시키라고 명령했다. 극동지방에 일본 정보원들이 침투하는 것을 차단하기 위해서라는 명목도 덧붙여졌다.[40)]

엄청난 비극, 아니 대재앙이 고려인들에게 닥쳤다. 한인들은 옷가지와 먹을 것만 들고 화물열차에 강제로 태워졌으며, 이후 벌어진 40일간의 여정은 처참했다.

"기차에는 위생시설이 제대로 없었기 때문에 한 달가량 목욕을 하지 못해 피부병이 번지자 수많은 허약자, 노인, 어린이들이 이동 중에 죽어나갔다. 한인은 기차가 서면 옷이나 천에 싼 시체를 아무 데나 묻었다. 어떤 이는 밤에 매장해 그 후 다시 그곳을 찾을 수 없어 허탕치고 눈물을 뿌려야 했다."[41)]

한인들은 6,000킬로미터가 넘는 길을 달려 불모의 땅에 버려졌다. 소련 당국은 고려인 지식인 2,500명을 반역죄 명목으로 총살했고, 이주 후에는 이동의 자유를 제한했다. 그해 말까지 계속된 이주 길에 추위·굶주림·병으로 1만 1,000명이 숨졌다. 고려인은 낯설고 물 선 땅에 간신히 정착한 뒤에도 '적성(敵性)민족'으로 분류돼 오랫동안 취업과 진학, 여행에 제한을 받았다.[42]

'손톱으로 새긴 노래'

1934년 사할린에서 출생해 『고려일보』의 사장을 지낸 조영환은 "러시아는 한인 이주민을 교묘히 이용하여 연해주 일대의 미개간지를 개척한 후에는 이 개간지에 러시아인을 이주시킨 다음 한인들을 다시 오지인 미개간지대로 추방했다"며 다음과 같이 말했다.

"1935년 이후 연해주에 상주하는 한민족 수가 근 30만 명이었는데 그 후에도 인구수가 증가하고 있었다. 조국이 인접한 이 지대가 장래에는 한민족의 자치지역으로 변할 수 있었다. 그래서 스탈린 체제는 1932년부터 한민족 중 인텔리, 기술자, 농업전문가, 당 관리요원, 군무자 등 민족의 두뇌를 제거하기 시작했다. 이유는 일제 스파이라는 것이다. 한평생 조선의 독립을 위해 반일투쟁에 몸바쳐온 연해주 한민족들에게 역사의 철천지원수인 일제의 스파이라는 혐의는 만인의 단죄를 받는 야수적인 행위였다. 그 때문에 1932년~1937년까지만 해도 한민족의 핵심 지식인 2,000여 명이 학살되었다."[43]

조영환은 중앙아시아로 강제이주된 후 독소(獨蘇)전쟁 때의 고려인의 처지에 대해 다음과 같이 말했다.

"오직 소련이 승리해야만 우리 조국이 독립되어 귀향의 길이 열릴 것이라는 기대를 걸고 탱크, 비행기 생산에 자기 재산을 몽땅 국가에 헌납했다. 하나 자신들은 여전히 일본 스파이라는 불온 인민의 자손으로 취급돼왔다."[44]

카자흐스탄의 원로 평론가이자 1940년대~1950년대 북한 문화계 고위 공무원이었던 정상진은 "1937년 9월 연해주에서 중앙아시아로 끌려가는 가축 수송용 기차에서 나를 포함한 고려인 대학생 20명이 김동환 시인의 「손톱으로 새긴 노래」를 합창하듯 읊으며 설움을 달랬습니다"라고 회고했다.

"벽은 말할 줄 모르고 나는 말을 못하네/ 종일토록 두 벙어리 마주 앉았으니/ 죽었음인가 살았음인가/ 하늘과 땅은 이렇게 있다거늘/ 소낙도 치고 벼락도 울거늘/ 나는 다만 때만 오면 하고/ 맨주먹만 쥐었다 폈다"

정상진은 "레닌이 중시했던 민족화합정책은 스탈린이 정권을 잡으면서 짓밟혔다"며 "거처도 없이 한겨울에 내동댕이쳐진 탓에 카자흐스탄 이주민 20만 명은 동굴을 파고 추위를 견뎠지만 결국 1, 2년 만에 2만 명이 죽었다"고 당시의 참상을 전했다. 그는 "혹시 집단적 저항이 있을까봐 소련 정부는 지식인, 군인 등 2,800명을 요주의 인물로 몰아 처형했는데, 그중에 빵 만드는 기술자였던 아버지도 있었다"고 말했다.[45]

'러시아 쇼비니즘의 발로'

권희영은 "한인 강제이주의 실질적인 동기는 한인들을 극동에서부터 제거하려는 오래된 러시아 쇼비니즘의 발로였다고 보는 것이 타당할 것이다"며 다음과 같이 말했다.

"이는 멀리는 한인들이 연해주에 정주하기 시작하면서 러시아의 식민정책이 한인들의 연해주 거주를 위험스럽게 여기기 시작한 데서 나온 것이었으며 러시아가 유럽으로부터 멀리 떨어진 변방인 극동지방을 군사적으로 방어하는 데 있어서 한인들을 받아들일 수 없었던 러시아의 편협한 인종주의의 산물이었다. 러시아의 이러한 대(對)한인정책은 소비에트시대에 들어가면 더욱 악화되었다고 말할 수 있다. 새로이 권력을 장악한 러시아의 볼셰비키는 차르시대의 인종주의적인 편견을 조금도 제거하지 못하였다. 내전기에 한인들에 대하여 일부 협조적인 정책을 가진 것은 위기에 처한 그들 정권에 이용하기 위한 것이었으며, 정권이 붕괴의 위험으로부터 벗어나자 소비에트 관리들은 제정시대보다도 한층 더 적극적으로 한인들을 추방하려는 정책을 세워 나갔다."[46]

그 광기의 세월에 조선인 지식분자로 처형당한 김단야(1900~1938)의 비극적인 운명은 그런 '인종주의적 편견'의 설득력을 높여준다. 박헌영의 동지였던 김단야는 1934년 모스크바에서 박헌영의 처였던 주세죽(1901~1955)과 결혼해 비교적 안정된 생활을 하고 있었다(박헌영은 1933년 7월 상하이에서 일제 경찰에 체포되었다). 김단야는 스탈린의 광기가 휘몰아치던 1937년 11월 5일 소련 내무인민부에 체포돼 '일제의 밀정'이라는 누명을 뒤집어쓰고 1938년 처형당했다.

주세죽은 박헌영과의 사이에서 낳은 딸 비비아나와 김단야와의 사이에서 낳은 아들 비딸리이를 두었지만, 김단야의 부인이라는 이유만으로 5년간 카자흐스탄에 유배를 당했다. 그 와중에 아들은 죽었고,

엄마 아빠가 누구인지도 모른 채 고아원에서 자란 딸은 오랫동안 만날 수도 없었다. 해방 후인 1946년 5월 주세죽은 스탈린에게 북한 고위층이 된 박헌영에게 돌아가게 해달라고 청원을 하지만, 박헌영은 주세죽을 외면했고 그녀의 청원은 기각되었다. 박헌영은 1949년 8월 자신의 비서로 있던 25세 여성 윤레나와 재혼하지만, 1953년 3월 '미제국주의 간첩'이라는 혐의로 체포됐다. 주세죽은 봉제공장에서 직공으로 일하다가 1950년대 중반 사망했으며, 뒤를 이어 박헌영도 1956년 7월 사형을 당했다.[47]

'고려인 강제이주 70주년의 부끄러움'

50여 년 후 고려인에 대한 현지인의 이미지는 "일하기를 좋아한다" "공손하다" 등이었다. 김일성대학 부총장을 지낸 박일은 그런 평가에 동의하면서도 "그 말은 반드시 긍정적인 것만은 아니라"고 반박했다. 소련 민속지리학자 프로제발스키는 "조선인들의 성격은 복종, 공손, 근면으로 특징지어진다"고 했는데, 이 분석과 일맥상통한다는 것이다. 박일에 따르면 고려인은 숙청이나 강제이주 등을 당하면서도 "항의 한번 제대로 해보지 못하고 자치주에 대한 요구 한번 옳게 소리쳐보지 못한 어리석은 민족"이라는 것이다. 그는 "시키는 대로 일이나 하는 다스리기에 좋은 사람들"이라는 의미가 내포돼 있다고 분개했다.[48]

그러나 고려인이 저항을 하지 못한 건 워낙 호되게 당했기 때문일 수 있다. 2004년 현재 고려인은 약 55만 명이며 중앙아시아·러시아·우크라이나 등 구소련 전역에 살고 있다. 이는 해외 한인 중 미국(215만 명), 중국(214만 명), 일본(63만 명)에 이어 네 번째를 차지하는 숫자다. 고려인이 가장 많은 곳은 중앙아시아로 우즈베키스탄 · 카자흐스탄 · 키르기스스탄 3국에 집중돼 있다.[49]

2007년 러시아 한인 강제이주 70주년을 맞아 한국외국어대 러시아어과 교수 표상용은 "소련 해체 이후 조국을 가진 다른 민족들은 자기 나라로 돌아갔거나, 본국이 재빨리 현지 정착촌을 만들어 자국민을 보호하였다. 이스라엘은 소련 시절부터 유대인의 입국과 정착을 지원하여 100만 명에 이르는 러시아계 유대인을 받아들였다. 독일은 동 · 서독 통일에 따른 경제적 부담에도 불구하고 50만 명의 러시아 거주 독일인을 수용했다. 그리스, 폴란드, 터키 등 대부분의 국가들도 자국민 후손들이 귀국할 경우 국적을 부여하고 정착지원금을 보조하고 있다. 그러나 55만에 달하는 고려인들은 모국으로부터 외면당하고 있다. 한국정부는 고려인 귀국 프로그램 등 어떤 종합적 대책도 마련하지 않았다"며 다음과 같이 말했다.

"역사 속에 묻혔던 연해주 한인들의 항일독립운동 행적이 점차 밝혀지면서, 항일독립투쟁사에서 이들도 재평가받고 있다. 한국 정부가 과거사의 진실을 규명한다면 이들의 역사와 현실을 직시할 필요가 있다. 고려인에 대한 관심과 지원은 과거사를 정리하는 첫걸음이며 경제력이 커진 대한민국이 가장 먼저 해야 할 도리이다. 먼저 4만~5만 명에 이르는 러시아 및 주변국의 불법 체류 고려인과 무국적 고려인, 절박한 생활고와 질병 등으로 고통받는 고려인의 현황을 조속히 파악하여 대책을 마련해야 한다. 소련 붕괴과정에서 수만 명의 고려인들이 신생 독립국가의 국적을 받지 못해 불이익을 당하고 있다. 고려인 1세대는 대부분 세상을 떠났으며, 지금은 4~5세대까지 형성되어 있다. 이들 가운데 많은 수가 중앙아시아지역에서 남부 러시아와 연해주, 러시아 대도시로 재이주를 감행했거나 희망하고 있다. 이들에 대해서도 한국 정부의 신속하고도 적절한 지원대책이 절실하다."[50]

'카레이스키 디아스포라'

『조선일보』 2007년 8월 20일자 사설은 "고려인은 겹겹이 쳐진 차별 속에서도 이를 악물고 피눈물을 흘리며 살아남으려 몸부림쳤다. 이들에게 주어진 유일한 선택, 아니 피할 수 없는 운명은 집단농장 건설에 매달리는 것뿐이었다. 고려인이 소련 전역에서 배출된 '노력영웅' 1,200명 중 750명을 차지했던 것은 운명을 이겨낼 길이 그것밖에 없었기 때문이다"며 다음과 같이 말했다.

"고려인의 유랑은 조국의 무능과 무력 탓이다. 나라다운 나라로서 국민을 부양하지도, 보호하지도 못했던 것 때문이다. 대한민국이 이들의 아픔을 외면해서는 안 된다. 정부가 고려인들이 살고 있는 나라의 국적을 얻을 수 있도록 러시아·우크라이나 정부와 협력하는 것은 당연한 의무다. 그것이 모국으로서 의무를 다하지 못했던 역사의 빚을 갚는 길이다."[51]

2008년 우즈베키스탄의 고려인을 취재한 배명복은 "소련 시절 고려인들은 120개 소수민족 중 가장 뛰어난 민족이었다. 전체 노력영웅 1,200여 명 중 750여 명을 배출했고, 대학 졸업자와 박사 학위 취득자 비율에서 유대인 다음으로 높았다. 정부 고위직에도 상당수 진출했다. 고려인의 절반 가까이가 몰려 사는 우즈벡(우즈베키스탄)의 경우도 마찬가지였다. 하지만 1991년 독립과 함께 사정은 달라졌다"며 다음과 같이 말했다.

"민족 정체성 확립에 나선 우즈벡 정부는 러시아어 대신 우즈벡어를 공용어로 채택했고, 공공기관에서는 우즈벡어를 쓰도록 했다. 우즈벡어를 할 줄 모르면 당연히 공무원이 될 수 없다. 일상생활에서는 여전히 러시아어를 광범위하게 사용하면서도 우즈벡어 구사능력을 일종의 사회적 통과 기준으로 삼고 있는 것이다. 소련 시민이었던 시절, 고려인들은 우즈벡어를 쓸 필요도 배울 이유도 없었다. 러시아어만 하면 됐다. 하지만 세상이 바뀌면서 졸지에 우즈벡 국민이 됐고, 우즈벡어를 못 하면 행세를 할 수 없는 처지가 됐다. 소련 시민이란 울타리가 사라지면서 우즈벡 민족주의에 의한 보이지 않는 차별을 걱정해야 하는 상황이 된 것이다. …… 한때 24만 명에 달했던 우즈벡의 고려인은 최근 17만 명으로 줄었다. 앞으로 더 줄어들 수밖에 없다. 70년 전 강제이주의 아픔을 겪었던 카레이스키들이 지금은 자발적인 이주를 택하면서 각지로 뿔뿔이 흩어지는 디아스포라의 위기를 맞고 있다."[52]

2008년 6월 러시아 연해주지역의 블라디보스토크·우수리스크·아르좀 등에 사는 고려인 125명이 모국을 방문했다. 2007년에 이어 두 번째인 고려인 모국 방문을 이뤄낸 주역은 고려인돕기운동 연해주 본부장 김재영과 고려인 문화농업 교류협력회장 오채선이다.

김재영은 "현지에서 갖가지 지원사업을 하는 동안 고려인들이 가장 바라는 것이 모국에 한 번 가보는 것이란 걸 알게 됐다"라고 추진 배경을 설명했다. 그는 "사할린 동포들은 일본이 비용을 대고 한국 적십자사가 집행하는 식으로 대거 모국을 방문했지만, 연해주 고려인들은 그 같은 혜택을 받지 못했다"라며 안타까워했다.

국내 준비작업을 맡은 오채선은 "자원봉사자를 합치면 일행이 150

여 명이나 돼 비용이 1억 원 이상 든다"며 "힘이 부치지만 상당수가 독립투사의 후손인 그들에게 누구도 관심을 보이지 않으니 우리라도 나선 것"이라고 말했다. 그는 "뜻있는 기업이나 개인의 후원이 절실하다"라고 호소했다.[53]

오늘날 한국인들이 고려인이 겪은 비극을 너무도 모르기 때문에 그들에 대한 관심이 적은 건 아닐까? 서울시내 중·고등학생 39퍼센트가 손기정이란 이름을 들어본 적조차 없다는 조사 결과에 비추어 그럴 가능성은 농후하다. 새삼 역사교육 대중화의 필요성을 절감하게 된다.

제**7**장

경성방직과 황국신민화운동

경성방직은
'대군의 척후'인가?

'만주 특수'와 경성방직

1930년대 만주는 빠른 속도로 근대화되었으며, 이에 따라 조선에는 만주 이민 열풍이 휘몰아쳤다. 1930년대 후반 경성역에는 개척민을 실은 북만행 이민열차가 거의 매일같이 지나갔으며, 이 모습을 본 경성역 직원들이 "조선 농부들이 죄다 만주로 가면, 조선 농사는 누가 짓느냐"고 탄식할 정도였다.[1]

전봉관은 "이주의 성격도 달라졌다. 조선에서 살 수 없어 떠나는 방랑과 유랑의 길이었던 만주 이민은 만주국 건국 후 '낙토(樂土)'를 찾아 떠나는 행복한 모험'으로 변모했다"며 다음과 같이 말했다.

"만주 이주민들은 곧잘 황무지 미주로 이주한 영국의 청교도들에 비유되었다. 총독부는 이주를 개척으로 고쳐 부르게 했다. 실제로 만주로 이주한 조선 농민들은 한 겨울 혹한이 몰아치고 한 여름에는 건

경성방직 공장 내부 모습. 1925년부터 이윤이 생기기 시작한 경성방직은 1930년대 한국의 대표기업으로 자리 잡았다. 이광수는 『조선일보』에 쓴 글에서 '대군의 척후'라 표현하기도 했다.

조하기 이를 데 없는 만주 벌판에 벼농사를 개척했다. …… 만주는 정녕 '꿈의 낙원'이었던가. 농민은 땅과 먹을 것을, 지식인은 직장과 권력을 얻을 수 있었다. 그러나 안수길(1911~1977)의 『북간도』나 김동인의 『붉은 산』이 증언하는 것처럼, 중국인과 조선인의 갈등은 종종 피바람까지 불렀다."[2]

1930년대 중반부터 국내엔 이른바 '만주 특수' 바람이 불었다. 윤해동은 1934년 이후 조선에는 '조선 경기'라고도 호칭될 정도의 상대적인 호경기가 도래했다며 다음과 같이 말했다.

"조선인 회사 수는 1934년~1937년에 매우 높은 증가율을 보이며 이는 일본인 회사 수의 증가율을 훨씬 앞지르고 있다. 1934년 149개, 1935년 253개, 1936년 286개, 1937년 25개의 증가를 보이고 있으며, 특히 신설회사 수가 1934년 239개, 1935년 359개, 1936년 409개, 1937년 444개로 매우 많았다는 점이 인상적이다. 이는 해산하는 회사 수가 많았음에도 신설하는 회사 수가 그를 훨씬 능가하여 회사 수가 증가하고 있음을 말하는 것이다."[3]

당시 한국의 대표기업은 경성방직이었다. 경성방직은 1925년부터 이윤이 생기기 시작했고, 1935년 김성수의 동생 김연수가 사장이 되면서부터 번성하기 시작했다.[4] 이광수는 1935년 『조선일보』에 쓴 글에서 "상업에서 화신백화점, 공업에서 경성방직의 확장 발전은 결코 한낱 사실만이 아니요, 뒤에 오는 대군(大軍)의 척후(斥候)임이 확실하다"고 주장했다.[5] '대군의 척후' 중 하나인 경성방직은 중일전쟁 이후 큰 호황을 누리게 되었다. 김연수는 중일전쟁 이후의 호황에 대해 훗날 이렇게 말했다.

"이 무렵부터 만주에서 인기를 끌고 있던 불노초표 광목이 이번에는 화북 일대로 그 세력을 뻗치어 경성방직은 크게 신장하였다. 이 뜻하지 않은 '국제무대'에서 각광을 받으면서 경성방직은 생산에 박차를 가하여 즐거운 비명을 올리고 있었다."[6]

카터 에커트의 『제국의 후예』

미국 하버드대 교수 카터 에커트(Carter Eckert)는 1991년에 출간한 『제국의 후예: 고창 김씨가와 한국 자본주의의 식민지 기원, 1876~1945』에서 경성방직을 통해 한국 자본주의의 기원을 규명하고자 했다. 그는 하버드 대학원생이던 1969년 평화봉사단원으로 한국에 온 뒤 한국 자본주의 '현실'의 역동성에 매혹당해 한국 체류를 8년간으로 늘렸다고 한다. 미국 역사학회의 존 페어뱅크상을 받은 『제국의 후예』는 미국 내 한국사 연구 주류인 "광의의 식민지 근대화론적 시각"을 지녔기에, 국내에선 식민지배를 정당화하고 미화했다는 비판을 받기도 했다.[7]

에커트는 "1937년~1945년에 경방(경성방직)은 일제의 전시정책을 가장 효율적으로 돕는 도구였고 식민지 전시기를 통해 가장 큰 이익을 거두었다"며 다음과 같이 주장했다.

"경방에게 하늘이 내려준 행운인 전쟁이 계속될수록 일본은 품질 하한선을 낮추어 원가상승을 상쇄해주었고 이윤보장을 위해 가격을 높여 주었다. 공급자 위주의 시장을 통해 1933년~1945년에 고정자산을 50배 이상 늘린 경방에게 경쟁을 견디고 품질을 맞춰야 하는 평화시대는 오히려 장애물이었다. 김씨 일가는 식민통치가 준 기회를 이용하여 1945년 이전에 처음으로 재벌을 형성했다."[8]

김성수는 17세에 도쿄로 가서 6년 후인 23세에 돌아오고, 김연수는 15세인 1911년에 일본으로 가서 10년 만인 1921년에 돌아왔다. 성수는 와세다대학에서 정치경제학을, 연수는 교토제국대학에서 경제학을 전공했다. 에커트는 그걸 거론하면서 "이 기간 동안 두 소년은 새로운 자본주의 문명을 처음으로 직접 대면했고, 그들의 근대화 이념은 그 후 뚜렷하게 일본풍을 띠게 되었다. 그들은 중학교부터 대학까지의 전체 고등교육과정을 일본에서 일본어로 받았다. 그러한 훈련을 통해 일본어와 일본 문화에 익숙해진 그들은 훗날 식민지 재계와 정계를 지배하는 일본인들과 자연스럽게 교제할 수 있었다"고 주장했다.[9]

에커트는 일본의 영토 확장은 만주에 원료와 시장을 의지하게 된 조선인 기업가의 성장에 결정적이었다며, 한국 50대 재벌의 창시자 중 60퍼센트 가까이가 무언가 식민시기의 사업 경험을 갖고 있었다는 점에 주목했다.[10]

이에 대해 정태헌은 "현대 한국의 재벌 설립자 가운데 60퍼센트가 일제 때 사업 경험을 시작했다는 지적은 저자의 논리를 뒷받침하는 듯하지만, 정주영을 포함해 1950년대~1960년대에 활동했던 사람들은 자연연령에 비추어 일제지배시기에 사업 경험을 갖게 마련이었다. 흥하든 망하든 사업체는 해방 후까지 이어지게 마련이다. 즉 경방의 환경은 모든 자본가들이 처한 환경으로 '무모하게' 보편화할 수 없다"고 반박했다.[11]

정태헌의 반박

에커트는 "중요한 것은 한국 자본주의가 일본 식민지 체제라는 모체에서 태어났다는 것이다. 즉 일본의 식민국가 보호 아래 그와의 긴밀한 협력 속에서 자본가가 발전했다는 것이다"며 다음과 같이 주장했다.[12]

"한국 자본주의는 억압적인 국가 구조 아래서 처음으로 매우 폭발적인 성장과 번영을 경험했고, 1945년까지 계속 한국 자본가는 오로지 독재정치 구조 내에서 기업활동을 펼쳐야 했다. 실로 한국 자본가가 해방 후의 세계로 가져온 정치적 지혜는 독재가 경제적으로 효율적이며 수익성이 있다는 것이었다. 그리고 1945년 이전 공업화의 특유한 식민지적 성격 때문에 1945년까지 독재 체제에 만족한 한국인 자본가는 더 의식적으로 반민주적인 태도를 갖게 되었다."[13]

이어 에커트는 "식민지 자본주의의 유산은 확실히 축복과 불행이 뒤섞인 것이었다. 한편으로는 그것이 한반도에 활력 있는 공업경제가 재편성되어 나타나리라고 기약했지만, 다른 한편으로 그러한 발전의 대가가 클 것이 당연하였다"며 다음과 같이 말했다.

"그 대가란 강권적인 국가권력과 높은 대외의존도였는데, 민주주의 의식과 민족주의적 감정으로 충만한 식민지 후 세계의 많은 한국인들은 결국 이에 불만을 품고 저항하였다. 확실히 식민지 유산이 1948년 이후 한국의 정치 · 경제를 형성한 유일한 요소는 아니었을 것이다. 그렇지만 이 나라가 겪은 금세기의 변혁, 특히 박정희 정권 아래서 진행된 근 20년간의 급속한 공업화 과정을 돌아보는 식민지 연구자라면 섬뜩한 기시감(旣視感)을, 즉 예상할 수 있었던 바대로 식민지기의 역사 유산이 그대로 되살아났다는 느낌을 떨쳐 버리기 어렵다."[14]

그러나 정태헌은 "한국(사)에 대한 경멸과 비아냥이 곳곳에서 묻어나는 이 책의 역사인식 또는 한국사상은 그 나라(지역) 사람들의 입장에서 역사를 이해하려하기보다 철저하게 '미국적' 이다"며 다음과 같이 반박했다.

"강자의 입장에서 사물을 평가하고 식민지 경험을 겪은 지역의 역사를 여전히 제국주의적 근대주의로 구속한다. 침략을 받는 과정에서 발생한 민족주익를 이해하지 못하는 것도 단선적 근대 인식에 기초한 '미국적' 역사상에 구속되어 있기 때문이다. 따라서 한국사를 '특수하게' 인식하려는 저자의 '미국적' 한국사상은 보편성 속에서 정당한 존엄성과 정체성을 추구하려는 한국사상과 대립될 수밖에 없다."[15]

또 정태헌은 "이 책을 읽으면서 역사학은 과연 무엇인가 하는 원초적 질문이 계속 머리에 떠올랐다"고 했다.

"저자는 한국의 민족주의와 '민족주의 학파'를 강도 높게 비판한다. 그러나 민족주의라는 거대 담론에 가려진 소외된 마이너리티 범주에 대한 인식을 촉구하는 최소한의 건강함조차 이 책은 전혀 보여주지 못한다. 이것은 이 책의 실질적인 초점이 한국 민족주의 비판에 있다기보다 내용과 질을 불문한 자본주의 예찬과 그에 따른 '역사의 철저한 승리'를 주장하는 강한 속류적 근대주의 신념에 있기 때문이다. 에커트의 역사학은 제국주의 시대에 침략의 합리화 도구로서 기능하던 역사학을 대하는 '기시감'을 뚜렷하게 보여준다."[16]

이런 비판에 대해 에커트는 이렇게 답했다.

"나는 『제국의 후예』의 몇몇 비판자들이 이 책을 일본 식민지배에 대한 변호로 읽은 이유 중 하나가 그들이 자본주의를 역사발전의 단선적인 진보과정의 일부로 보고, 유럽적 자본주의 형태를 이상적 모델이라고 생각하기 때문이라고 믿는다. 물론 마르크스가 그 기념비적인 비판서를 쓰도록 자극한 것은 바로 유럽 자본주의의 더 어두운 측면이었다. 식민지 한국의 자본주의는 그 유럽의 자본주의와 마찬가지로 억압적인 동시에 변혁적이었다."[17]

주익종의 『대군의 척후』

주익종은 2008년에 출간한 『대군의 척후: 일제하의 경성방직과 김성수·김연수』에서 "에커트는 현대 한국의 정치경제의 틀이 식민지기에 만들어졌으며 김성수, 연수와 같은 일제하의 한국인 자본가층이 현대 한국 자본가 계급의 원류라고 본다"며 "그렇지만 그가 이로부터 한국인 기업, 기업가는 일본 제국주의가 양육한 존재라고 결론을 내

김성수 · 연수 형제의 경성방직은 중일전쟁이라는 호재를 맞아 더욱 성장했고, 김씨 일가는 1945년 이전 처음으로 재벌을 형성하였다. 사진은 1930년대 경성방직 이사회. 앞줄 오른쪽에서 두 번째가 김연수다.

린 것은 초점이 어긋난 것이다. 그것은 거래관계가 곧 지원 · 의존관계라고 본 일종의 논리 비약이다"라고 반박했다.[18]

주익종은 '식민지 근대화론'을 펼쳐온 낙성대경제연구소의 안병직 · 이영훈 교수의 제자로 하버드대 방문연구원 시절 에커트와 함께 지내기도 했다. 그는 "일본의 충격에 의한 근대화 주장에는 전적으로 동의하지만 일제하 한국의 자본가를 너무 친일적으로 묘사한 것은 불편하다"며 "에커트에게 자료를 제공해준 고창 김씨 후손들조차 이러한 서술에 대해 매우 불만족스러워한다"고 했다. 그는 에커트가 훑었던 길을 그대로 따라가 보는 과정에서 에커트가 확보하지 못한 경방의 초기 일기장을 발견, 김성수가 일제에 협력하기만 한 것이 아니라 나름대로 자율적으로 기업 활동을 하려 했던 근대적 기업인이었다는 점에 주목했다.[19]

주익종은 "한국 자본주의의 식민시기 기원을 구명하는 데는 '제국의 후예'라는 라벨로는 부족하다"며 다음과 같이 주장했다.

"선진국에게서 배우는 후발국의 입장에서는 선진제도와 기술, 자본이 도입된다는 측면뿐 아니라, 그것을 제대로 습득해 활용한다는 것도 중요한데, '제국의 후예'란 주로 전자에 주목하는 것이기 때문이다. 선진제도와 기술을 도입한 후발국들은 매우 많았지만, 그중 한국과 같이 극히 일부만이 공업화와 경제성장에 성공했던 바, 그 주체적 요인이 무엇인가가 논제이지, 후발국이 선진국의 지식과 기술을 도입했느냐 아니냐는 논란거리가 될 수 없다."[20]

주익종은 "김씨가의 사업은 한국사회의 역동성을 보여주었다. 부패한 왕조 아래서 퇴락하던 사회에 가해진 외부의 충격, 경제개방과 국제무역의 확대, 망국과 그를 저지하려는 노력 등 정치경제적 격변 상황에서 전통적 지주가 대공업기업가요, 언론사업가이자 교육사업가로, 곧 근대경제사회의 핵심 주역으로 다시 태어났다"며 다음과 같이 평가했다.

"이것은 한국사회에 잠재되어 있던 뛰어난 적응력, 활동력이 발휘된 결과였다. 비록 그의 사업의 제국은 붕괴되었지만, 그 파편들은 한국 경제의 발달과정에서 중요한 유산이 되었다. …… 아울러 김씨가 기업활동의 이념, 그 실제 경영방식은 해방 후, 특히 1960년대 이후 한국 경제의 지도이념, 운영방식의 원형이 되었다. …… 뛰어난 학습

자요, 성공적인 후발자인 일제하의 경성방직은 이광수가 표현한 바와 같이, '뒤에 오는 대군(大軍)의 척후(斥候)' 였던 것이다."[21]

역사는 끝났는가?

주익종은 이광수가 말한 '대군(大軍)' 은 훗날 만개할 한국의 기업과 자본주의라 보았다. 경성방직은 선두에 서서 '척후(斥候)' 를 이끈 기업이었다. 그렇기에 그는 일각에서 김연수를 '친일파 99인' 에 선정하고, 경성방직을 '식산은행 왕국의 조선인 왕자' 요 '전쟁의 아들' 이라 부르는 것에 대해서도 이의를 제기했다. 그는 "이런 후대인들은 일제하의 전시협력이 몇몇 개인들의 변절·일탈이 아니라, 당시 한국사회의 체제적 경향, 한국인의 일반적 경향이었다는 점을 놓치고 있다"고 비판했다.

주익종은 "일제 말에 김연수는 여러 방면에서 협력행위를 했다 하지만, 훗날 한국 제1의 기업가가 된 이병철(1910~1987)은 같은 시기에 소규모 무역상과 양조장을 경영하면서 그의 일생에서 '가장 방타(放惰)했던 시절' 을 보냈다"며 "당시 김연수와 이병철의 차이는 조선 제1의 대기업가냐, 이름없는 중소기업가냐의 차이였지, 한쪽은 친일파이고, 다른 한쪽은 그렇지 않다는 것이 아니었다"고 주장했다.[22]

주익종은 "일제하의 대표적 기업가 가문인 김씨가의 전쟁참여, 대륙진출, 전쟁협력은 비판받을 일이다. 그를 포함한 친일협력의 진상은 규명되어야 한다. 그러나 그들이 일제 말 전쟁에 협력했다고 해서, 친일파요, 반민족행위자라 규정하는 것은 초점이 어긋난 것이다"며 이렇게 말했다.

"그렇게 오직 하나의 잣대만으로 낙인을 찍는 순간 그들의 다른 모습, 다른 모든 업적이 시야에서 사라지기 때문이다. 친일파, 반민족행위자라는 틀은 그들을 담기에는 부적절하다. 또 '그들'의 친일 진상만이 아니라 '그들을 포함한 우리'의 친일 진상, 협력의 진상을 규명해야 한다. 그를 통해서 과거를 반성하고 그로부터 배움으로써 오늘의 우리를 한단계 성숙시킬 수 있다."[23]

한승동은 "안병직과 에커트, 그리고 식민지 근대화론, 심지어 그것을 비판하는 자본주의 맹아론까지도 세계사를 자본주의 발달이라는 단선적 발전사관으로 파악하고 있다는 점에서는 공통된다"며 다음과 같이 총평을 내렸다.

"하지만 냉전붕괴 뒤 10여 년이 지난 지금 유일 초대국이 된 미국의 네오콘적 패권주의가 압박한 글로벌 신자유주의가 오히려 기울기 시작했다는 지적들이 나오고 있다. 역사는 아직 끝나지 않은 것이다. 그렇다면 중진 자본주의론, 식민지 근대화론 또한 그 근본을 다시 되물을 때가 오지 않을까?"[24]

이 문제는 아무래도 식민지배와 관련해서 '경제'만을 따로 분리시켜 보는 것이 가능한가, 또 가능하다 하더라도 '눈에 보이지 않는 비용'의 문제는 어떻게 계산할 것인가, 그리고 그 비용을 '경제'에 대한 평가에 어떻게 적용시킬 것인가 등의 의문과 관련이 있는 것 같다. 이런 원론적인 방법론을 세운 뒤에, 일제치하의 조선에 대한 분석으로 들어가는 게 논의의 생산성을 높일 수 있는 길이 아닐까?

02

조선의용대 창설,
김산의 '아리랑'

남목청 사건

1938년 5월 6일 중국 후난성(湖南省)의 성도인 창사(長沙)에 도착한 임
시정부는 '남목청(楠木廳) 사건'이라 불리는 총격 사건에 휘말렸다. 우
파 3개 정당의 통합을 논의하던 조선혁명당 당사에서 요인들이 피습
당한 사건이다. 김구가 이끌던 한국국민당과 이청천의 조선혁명당,
그리고 조소앙의 한국독립당 재건파 사이에 통합을 위한 모임이 열렸
는데, 통합 논의에 불만을 가진 조선혁명당원 이운한이 권총으로 회
의 장소를 덮친 것이다.

김구와 조선혁명당의 현익철(1886~1938), 유동열(1878~1950), 이청
천이 차례로 총격을 당했다. 현장에서 김구는 절명상태에 빠졌으나
병원으로 긴급하게 후송되어 수술 끝에 간신히 살아났다. 현익철은 사
망했고, 유동열은 중상을, 이청천은 경상을 입었다. 김구는 거의 1개

1938년 10월 10일, 중국 국민당 정부의 권유를 받은 김원봉은 최창익, 김성숙 등과 함께 조선의용대 결성식을 거행했다. 김원봉은 중국의 항일전쟁을 아시아 피압박민족해방운동의 구심점으로 보았다.

월이 지나서야 자신이 병원에 입원한 진상을 알게 되었고 한다.[25]

1938년 7월 임시정부는 해외 소식에 좀더 가까이 접근하려는 의도에서 창사를 떠나 광둥성 광저우로 남행하였다. 광저우 시내에 연락처를 두고 정부는 서쪽으로 25킬로미터 떨어진 포산(佛山)에 자리 잡았다.[26]

조선의용대 창설

한편 국민당 정부는 김원봉에게 조선의용대 창건을 제안했다. 1938년 7월 7일 김원봉은 한국광복운동단체연합회(광복진선)에 조선의용대

합류를 종용했으나, 김구 측은 이 제안을 거부했다. 10월 10일 김원봉은 최창익(1896~1956), 김성숙(1889~1969), 유자명(1891~1985) 등과 함께 조선의용대 결성식을 거행했다. 조선의용대는 국민당 정부 군사위원회 정치부 소속으로 편제되었다. 한인 무장부대로 중국 항일전쟁을 지원하는 국제부대였다. 김원봉은 중국 항일전쟁을 아시아 피압박민족해방운동의 구심점으로 간주했다.[27]

출범 당시 조선인들은 군대의 성격을 갖는 '조선의용군'이라는 이름을 원했지만 중국 측은 '조선의용대(Korean Volunteers)'를 고집했으며, 지휘부를 '사령부'로 이름 짓기를 원했지만 이 또한 중국 측에 의해 '대본부(隊本部)'로 명명되었다. 책임자도 '사령관'이 아니라 '대장(隊長)'이었다.[28]

이미 1925년부터 조선인은 국민당 정부의 북벌(北伐)에 참여해왔다. 그 수도 1925년 60여 명에서 1928년에는 800여 명으로 늘었다. 이들은 용맹성이 매우 뛰어나다는 평가를 받았다.[29] 조선의용대의 경우, 중국 측은 비록 소규모이기는 하지만 조선인 부대가 일본에 대항해서 함께 싸운다는 사실에 의미를 부여했다. 조선인들의 전투역량을 중요시하지 않고 이들이 한·중·일 3국 언어에 능통한 엘리트 젊은이들이라는 점에 주목해 주로 선전전(宣傳戰)과 포로 심문에 활용코자 했다.[30]

실제로 조선의용대의 선전공작이 효과가 있어 강제징집된 학병들이 탈주해오기도 했다. 또한 전투가 발생했을 때엔 용맹성이 뛰어나 일본군은 무장선전공작대를 "야수적인 전투력을 가진 의용대"라고 보고할 정도였다. 이들은 〈소탕의 노래〉를 즐겨 부르곤 했다.

"나가자 동무야 함께 뭉치여/ 원수를 소탕하러 나가자/ 총칼을 메고 혈전의 길로/ 다 앞으로 동무들아/ 혁명의 기는 우리 앞에 날린다/ (후렴) 앞으로 동무들아/ 무거운 쇠줄을 둘러메치고/ 뼈 속에 사무친 원을 풀자/ 삼천만 대중아 모도 다 나가자/ 승리는 우리를 최촉(催促)한다."[31]

김원봉이 국민당과 합작한 이유

좌파 노선의 김원봉이 1927년 제1차 국공합작이 깨진 이후 극우·반공 노선이 한창 강화된 국민당 정부와 합작한 이유는 무엇일까? 다음과 같은 김학철의 증언이 그 이유를 말해준다.

"이 무렵, 의열단 활동에 가담하고 있던 김학무가 김원봉에게 장개석(장제스)을 암살하려는데 협조해 달라고 요청하자, 김원봉은 '장개석이를 해치우는 건 우리의 급선무가 아니요, 비록 그 자가 백 번 죽어 마땅할 죄를 짓기는 했지만, 지금 그 자의 속셈은 우리를 이용해보자는 거요. 그렇다면 우리도 그 자하고 맞장기를 두어서 안 될 게 뭐 있소? 우리는 일본 제국주의를 타도하기 위해서는 조금이라도 유리한 조건이면 어떤 거나 다 이용해야 하지 않겠소?'"[32]

한상도는 "그(김원봉)는 고식적인 자신만의 원칙에 얽매여, 스스로의 여지마저 좁혀가는 보수적 민족주의자들과 달리, 현실과 미래에 대한 준비과정으로써 오늘의 현실을 판단하는 사고의 유연성을 엿보이고 있다"며 "'실용주의적 사고에 기반을 둔 민족주의자'라는 표현이 어울린다는 생각이 든다"고 했다.[33]

2001년 6월 일제하 중국에서 활동했던 조선의용대의 '마지막 분대장' 김학철이 당시 의용대장 김원봉의 유족을 만나고 의용대 2인자

윤세주(1901~1942) 탄생 기념행사에 참석하기 위해 경남 밀양을 방문했다. 김학철은 해방 이후 중국에서 곧바로 입북했으나 서울로 들어왔다가 월북한 김원봉이 숙청된 뒤 북한 정권에 환멸을 느끼고 중국으로 건너가 옌볜(延邊)에서 창작활동에 전념했다. 그러나 중국의 문화혁명 때 반동분자로 몰려 24년 강제노역과 10년 징역을 살기도 했다. 그는 밀양시청 대강당에서 열린 강연회에서 남북의 왜곡된 독립운동사를 강하게 비판했다. 모두 다 부풀려졌고, 친일파와 일제 군경의 앞잡이들까지 독립운동가로 행세하고 있다는 것이다.[34]

1993년 5월 12일 민주당 의원 이해찬은 국회 보사위에서 "지난해 말까지 포상받은 독립유공자 6,077명 가운데 독립운동을 한 흔적이 전혀 없는 가짜 및 실제 공적보다 높게 평가된 유공자와 친일파 등이 상당수 포함돼 있다"고 주장한 바 있다.[35]

김산의 『아리랑』

조선의용대와는 달리 개인적으로, 그리고 국민당이 아닌 공산당에 들어가, 중국 항일전쟁에 참여해 이름을 떨친 조선인이 있었다. 그는 바로 김산(본명 장지학)이다. 『중국의 붉은 별』을 쓴 에드거 스노의 부인이자 언론인이며 작가였던 님 웨일스가 1937년 김산을 만나 나눈 이야기를 1941년 미국 뉴욕 소재 존데이 출판사를 통해 펴낸 책 『아리랑』으로 인해 '비운(悲運)의 혁명가'로 유명해진 인물이다. 1946년 『신천지』에 『아리랑』의 일부가 번역되어 실리다가 중단되었으며, 1984년에서야 동녘출판사가 한국에서 낸 번역본 『아리랑』은 지금까지 50만 부가량이 팔렸다.[36]

'비운의 혁명가' 김산. 개인 자격으로 중국 공산당에 입당한 뒤, 항일전쟁에 참여해 이름을 떨쳤다. 왼쪽은 1937년 함께 책을 집필한 님 웨일스가 직접 찍은 김산의 모습, 오른쪽은 님 웨일스와 김산의 책 『아리랑』의 영문판 표지다.

웨일스가 김산을 만난 것은 1937년 7월 중국 서북부의 오지 옌안 (延安)이었다. 김산의 독특한 삶에 매력을 느낀 웨일스는 김산을 20번 넘게 만나 이야기를 나눈 끝에 『아리랑』을 썼다. 이 책에는 평양에서 태어나 열다섯 살에 집을 떠나 신흥무관학교와 의열단을 거쳐 중국 공산당원으로 만주와 베이징(北京), 광둥(廣東), 옌안을 누비며 조선의 독립과 공산혁명을 추구하던 김산의 삶이 담겼다. 『아리랑』에서 다룬 김산의 삶은 1937년 9월까지로 끝나는데, 김산은 1938년 가을 중국 공산당에게 트로츠키주의자와 일본 첩자로 오인받아 처형당했다.

1938년 봄 공산당 최고 지도자 한 명이 당시 공산당 본부가 있던 옌안을 탈출해 국민당에 투항하자 공산당은 당내에 침투한 반당분자, 트로츠키파, 일제와 국민당 협력자를 찾아내려는 '서간공작'을 대대적으로 벌였고 김산은 일제 협력자로 지목되었다. 만주에서 조선인 공산주의자들이 일제 스파이로 몰려 죽은 민생단 사건에 간여했던 중국 공산당 중앙정보부장 캉셩(康生)이 김산의 처형을 지시한 것으로 밝혀졌다.[37]

한홍구는 "이미 트로츠키파 혐의를 받고 있던 김산에게 그 혐의가 더 가중된 것은 조선인인 그가 님 웨일스와 자주 만났기 때문이 아닌가 싶다"며 다음과 같이 말했다.

"님의 남편 에드거 스노우는 중국 공산당이 확실히 받아들였지만, 님 웨일스는 독자적인 신뢰감을 주지 못하고 있으며, 오토 브라운(Otto Braun, 1900~1974) 등에 의해 트로츠키파로 지목되고 있었기 때문이다. 님은 특별한 인간적인 매력을 느낀 김산에게 불후의 위치를 부여하기 위해 그를 집중적으로 인터뷰하여 불후의 명저 『아리랑』을 함께 남겼지만, 그 불행한 시기에 그런 행동은 김산의 육체적 생명을 단축할 수 있는 것이었다."[38]

중국과 한국에서 명예회복된 김산

1978년 김산의 유일한 혈육인 아들 고영광은 공산당 중앙조직부에 김산의 명예회복 조사를 요청했고, 당 조직부는 1984년 공식적으로 김산의 명예를 회복시켜 주었다. 이에 고무된 고영광은 두 아들과 함께 한족에서 조선족으로 민족을 회복했다.[39] 1937년 중국 허베이(河北)에서 태어난 고영광은 어머니 자오야핑(趙亞平·1989년 작고)이 고

씨 성을 가진 중국인과 재혼하면서 '장씨'가 아닌 '고씨'로 살아왔다.

1998년, 베이징대 교수 홍정선은 중국에서 청년 시절 김산의 사진을 입수, 계간 『문학과 사회』 겨울호에 공개했다.[40] 사진은 김산이 1930년 11월 베이징에서 광저우 학생의거 추도회를 준비하던 중 장제스의 비밀경찰에 체포된 뒤 톈진(天津) 주재 일본 영사관에 넘겨져 신문을 받고 신의주로 압송될 즈음인 1931년에 촬영됐다. 김산은 '본적 조선 평안북도 용천군 북중면 하장동 289, 장지학, 당 27세, 소화6년 1월 14일부터 앞으로 3년간 지나(중국)에 머무는 것을 금한다'고 적힌 종이를 목에 걸고 있다. 홍정선은 "사진은 1937년 님 웨일스가 찍어 국내에 소개한 것보다 6년 앞선, 지금까지 공개된 것 중 가장 젊은 시절의 것이며 본명이 장지락(張志洛)이 아니라 장지학(張志鶴)으로 밝혀진 것도 김산 연구에 중요한 단서가 될 것"이라고 말했다.[41]

2002년 12월, 김산의 아들 고영광이 한국을 방문, 한민족아리랑연합회로부터 아버지 전기 『아리랑(Song of Ariran)』 초판 원본을 전달받았다. 영문판 『아리랑』은 1941년에 미국에서 출간됐다 1942년에 '공산주의 서적'이라는 이유로 판금돼 그동안 유실된 것으로 알려졌다가 2002년에서야 발견됐다. 초간본은 『아리랑』이 님 웨일스 혼자만의 작품이 아니라 김산과 공동 저술했음을 확인해주었다.[42]

중국 국가경제무역위원회 부주임으로 있는 고영광은 한국말을 전혀 하지 못했다. 고씨는 사실 1970년대까지 아버지에 대해 아무것도 모른 채 살아왔다고 했다. 어머니가 부친이 처형당한 일을 숨겨왔기 때문이다. 고씨 어머니는 아들에게 친아버지 얘기를 전혀 하지 않다가 문화혁명 때 김산에 대해 재조명하려는 움직임이 일어나자 비로소 오랫동안 간직하던 색 바랜 사진을 꺼내며 "불운했지만 치열하게 시대를 살다 가신 분"이라며 처음 실체를 확인해줬다고 한다. 고씨는 "사진을 보자마자 이분이 아버지라는 직감이 들었다"고 회고했다.

그 뒤 『아리랑』을 읽은 옌볜 역사학자들이 1980년 고씨를 찾아왔고, 그때 처음 『아리랑』을 접했다. 이후 저자인 님 웨일스에게 편지를 보내고 수차례 서신을 교환하는 과정에서 책 제목이 〈아리랑〉인 것은 김산이 평소 '아리랑 아리랑 아라리요~'로 시작되는 민요 '아리랑'을 즐겨 불렀기 때문이라는 설명도 들을 수 있었다고 말했다.

한국 땅을 처음 밟은 고씨는 "한 번도 뵌 일이 없는 아버지이지만 한국에서 이토록 높은 관심과 존경을 보여줘서 너무 감격스럽다"며 "실패한 혁명가였지만 정신만은 아직 살아있음을 실감한다"고 말했다.[43]

2005년 8월 국가보훈처는 8 · 15 광복절을 계기로 214명의 순국선열과 애국지사에 대해 서훈을 추서할 것이라고 밝혔다. 김산과 김단야, 김한, 정헌태, 최윤구 등 사회주의 계열 독립운동가 47명이 포함됐다. 2005년 3 · 1절에 여운형 등을 서훈한 데 이어 두 번째 이뤄지는 사회주의 독립운동가들에 대한 복권이다. 고영광은 한국 정부로부터 부친이 독립유공자로 정식 결정됐다는 소식을 듣고 감격에 겨워했다.[44]

03

징병과
황국신민화운동

전쟁동원을 위한 황민화정책

중일전쟁 이후 황국신민화운동이 본격화되었다. 이미 1937년부터 전쟁 준비에 광분하던 일제는 한국인을 일본 천황의 백성으로 하려는 이른바 황국신민화운동을 벌이기 시작했다. 1936년 8월에 부임한 제7대 총독 미나미(南次郎, 1874~1955)는 곧 '조선통치의 5대 지침' 가운데 하나로 국체명징(國體明徵)이란 걸 내세웠는데, 이는 "제국 9,000만 동포가 거국일치 상하일심으로 천황의 도를 선양하자면 우선 국체 관념이 명징되어야 한다. 이는 곧 조선통치의 근본이라, 신사참배, 황거요배(皇居遙拜), 국기·국가의 존중과 '고쿠고(國語, 일본어를 뜻함)'의 보급 등으로 실을 거두어야 한다"는 것이었다.[45]

이 가운데 하나인 '고쿠고' 상용을 위해 일제는 1937년 2월 26일 총독부 문서과장 명의로 총독부 각 국과 각 도에 '고쿠고' 상용을 엄명하였으며, 총독부 기관지 『매일신보』는 이미 1월 12일자부터 「매신 '고쿠고' 면」을 창설하였다.[46]

1937년 6월, 중일전쟁이 일어나기 한 달 전, 일본 육군성은 조선군 사령부에 조선인의 병역 문제에 대한 의견 제출을 요구했다. 한윤정은 "강제로 지배해온 적성민족의 청년에게 총을 건네주고 함께 생활하는 것은 결코 만만한 문제가 아니었다. 더구나 상황에 따라 원하지 않는 사람까지 마구잡이로 데려가는 징병제를 실시해야 할 판이었다"며 다음과 같이 말했다.

"역사상 유례를 찾아볼 수 없을 만큼 집요한 민족개조작전이었던 황민화정책은 이때부터 본격화된다. '선인(鮮人)들의 삼천 년에 걸친 구습관을 떨쳐버리도록 해서 무의식까지 황민으로 만들고, 싸움이나 잠꼬대도 일본어로 하도록 하라'는 특명이 떨어진다. 이는 징병과 징용을 함께 염두에 둔 것이었지만 아무래도 징병의 요구가 심각했다. 육군지원병제를 눈앞에 둔 조선군이 볼 때 식민통치 30여 년에 걸친 조선인의 황민화 정도는 실로 한심한 수준이었다. …… '왜 30여 년 전(한일합방 당시) 어린애였거나 태어나지도 않았던 사람들이 오늘날 훌륭한 일본 국민이 되지 못했는가.' 이 같은 고민 아래 일련의 황민화 조치들이 취해진다."[47]

즉, 일제의 고민은 "조선인을 징병으로 전장(戰場)에 내몰았을 경우 조선인 병대(兵隊)가 무기를 어느 쪽으로 향할 것인가"라는 우려였다.[48] 이게 바로 황국신민화운동의 가장 중요한 배경이다.

皇國臣民ノ誓詞

皇國臣民ノ誓詞（其ノ一）

一　私共ハ　大日本帝國ノ臣民デアリマス

二　私共ハ　心ヲ合ハセテ　天皇陛下ニ忠義ヲ盡クシマス

三　私共ハ　忍苦鍛錬シテ　立派ナ強イ國民トナリマス

皇國臣民ノ誓詞（其ノ二）

一　我等ハ皇國臣民ナリ　忠誠以テ君國ニ報ゼン

二　我等皇國臣民ハ　互ニ信愛協力シ　以テ團結ヲ固クセン

三　我等皇國臣民ハ　忍苦鍛錬力ヲ養ヒ　以テ皇道ヲ宣揚セン

朝鮮教育の三大綱領

一、國體明徵

二、内鮮一體

三、忍苦鍛錬

황국신민서사. 조선민족 개조를 위해 일제는 1937년 10월부터 모든 학교에서 수업 시작 전에 황국신민서사를 암송하면서 동쪽을 향해 참배하도록 했다.

'황국신민서사' 암송

일제는 1937년 10월 2일부터 모든 학교는 수업을 시작하기 전에 이른바 '황국신민서사'를 암송하면서 동쪽(일본 쪽)을 향해 참배토록 했다. 황국신민서사의 내용은 다음과 같다.

①우리는 황국신민이다. 충성으로써 군국에 보답하리라 ②우리들 황국신민은 서로 신애·협력함으로써 단결을 굳히리라 ③우리들 황국신민은 인고단련(忍苦鍛錬) 힘을 길러서 황도를 선양하리라.[49]

어린이용 서사도 있었는데 ①우리들은 대일본제국의 신민입니다 ②우리들은 마음을 합하여 천황폐하께 충성을 다합니다 ③우리들은 인고단련하여 훌륭하고 씩씩한 국민이 됩니다 등이었다.[50]

황민화정책이 실시되면서 한글교육은 전면 중단되었다. 조선의 어린이들은 황국신민서사를 암송하고 일본어독본을 읽으면서 충실한 일본 국민이 될 것을 강요받았다.

이 서사는 학교를 비롯해 각 관공서, 은행, 회사, 공장, 상점 등 모든 직장에서 조례시간 때 또 그 밖의 회합 때 반드시 제창토록 했다. 그리고 이 서사를 조선신궁에 바치고 제를 지냈으며 그곳에 이른바 황국신민화 서사주를 건립하였다.[51]

1941년 충북 증평국민학교에 입학한 유종호는 "이때 쓰인 '닌쿠단렌(인고단련)'이란 말은 체조시간이나 작업시간에 교사들이 걸핏하면 빌려 쓰는 상투어구가 되었다. 작업을 시키면서 이것도 '닌쿠단렌'을 위서라는 투였다"고 회고했다.[52]

조선총독부는 1938년 초부터 조선의 모든 중학교에서 한글교육을 폐지한 데 이어 소학교에서도 한글교육을 중지시키고, 일어사용을 의무화하였다. "학교라기보다 오히려 일본어 특별 훈련소와 같은 곳이었다"[53] 일본말을 잘하는 아이에게는 타의 모범이 되라고 벚꽃 문양의 휘장까지 달아주고 꿈도 일본말로 꿔야 한다고 가르쳤다.[54]

이 시절에 중학생이었던 지명관은 "별 생각 없이 조선어가 튀어나온 경우에도 일본인 교사에게 발각되면 호된 처벌을 받아야만 했다"고 회고했다. 조선어는 일주일에 한 시간씩 하는 자유선택 과목이 됐고, 그나마 이듬해에는 전면 폐지되었으며, 조선어 소설을 가지고 있다는 것만으로도 사상이 불온하다는 판정을 받아야 했다.[55]

육군특별지원병제도 실시

1938년 2월 26일 일제는 '조선육군특별지원병령'을 공포한 데 이어, 3월 4일 '제3차 조선교육령 개정'을 공포했다. 둘은 한 세트였다. '제3차 조선교육령 개정'은 황국신민화를 위한 것이었기 때문이다. 육군특별지원병제의 자원자 자격은 17세 이상의 남자로서, 보통학교 4년 수료 정도 이상의 학력을 가지고, 행장(行狀)이 방정하고 지조(志操)가 견고하며 가계가 곤궁하지 않은 자로 되어 있었다. 이에 『조선일보』와 『동아일보』는 사설을 통해 '대일본제국군대'에 지원할 것을 설득하였다. 지금의 태릉 육군사관학교 자리에 세워진 육군지원병훈련소의 개소를 맞아 『조선일보』는 1938년 6월 15일자 사설을 통해 다음과 같이 주장했다.

"조선통치사상에 한 에포크 메이킹이요 미나미 총독의 일대 영단

태릉에 있던 지원병훈련소에서 훈련을 받고 있는 지원병들. 1938년 2월 일제는 '조선육군특별지원병령'을 발표하고, 그해 6월 태릉에 육군지원병훈련소를 열었다. 『조선일보』와 『동아일보』는 사설을 통해 '대일본제국군대'에 지원할 것을 설득했다.

정책하에 조선에 특별지원병제도가 실시되게 된다는 데 대하여 이미 본란에 누차 우리의 찬사를 표한 바 있거니와……요컨대 금번 지원병제도의 실시는 위정 당국에서 상(上)으로 일시동인의 성려를 봉체하고 하(下)로 반도 민중의 애국 열성을 보아서 내선일체의 대정신으로 종래 조선 민중의 국민으로서의 의무를 다하지 못하고 있던 병역의무의 제일단계를 실현케 하는 것이다. 황국신민된 사람으로 그 누가 감사치 아니하랴. 다만 오늘의 개소식을 당하야 특별히 이번에 엄선으로 선발된 지원병사들은 이와 같은 중대하고 심원한 의의를 가진 제도를 특별히 실시하는 초기에 있어서 제1차 훈련생인 만치 그 책임이 중차대한 것이다."[56]

이런 분위기 속에서 이젠 메이데이 기념투쟁조차 어려웠다. 일제는 조선에서 메이데이가 소멸되고 그날이 '근로일'로 바뀌었다고 즐거워했다. 『동아일보』 1938년 5월 3일자에 따르면, "비상시국에 처하여 당국에서는 의연히 불온분자의 소탕을 철저히 하고 있는 터인데 지난 5월 1일은 메이데이로서 전 조선 각도 경찰부에서는 만일을 경계하고 있는 바……경무국에 보고한 바에 의하면 전 조선 각지가 모두 메이데이는커녕 당일을 총력애국투쟁주간 제6일로의 '근로일'로서…… 작년까지도 5월 1일이면……붉은 삐라(전단)가 살포되는 예가 있었는데 금년에는 이러한 사건이 없을 뿐만 아니라 조선의 메이데이는 금년을 기하여 영구히 소멸되고 조선 전 도는 여전히 총력 애국의 열의에 불타고 있는 것을 여실히 표현하고 있다."[57]

언론 · 가정 · 학교의 황국신민화

1938년 2월 일제는 주요 신문 · 통신 25개사의 대표자들로 구성된 조선춘추회를 결성하도록 했다. 조선춘추회는 총독부 경무국 도서과 등과 긴밀한 관계를 가지며 언론통제에 보조를 맞추기 위한 단체로, 이후 일제는 필요할 때마다 보도 범위 및 방향에 대한 지침을 내렸다.[58]

심지어 총독부 경무국은 신문 3사 대표 동아의 송진우, 조선의 신석우, 시대의 한기악(1898~1941)을 불러 '보도 지침'을 지키겠다는 서약까지 받아냈다. 일본을 내지(內地), 내지인(內地人)으로, 일본 정부는 아(我) 정부, 제국 정부(帝國 政府)로, 항일무장단은 비적단(匪賊團)으로 표시하라는 등 그 논조와 용어까지도 구체적으로 서약하게 만든 것이다.[59]

파시스트들이 하는 일은 비슷하다. 독일의 히틀러는 가정에 있는 여성의 위대한 가치를 격찬하면서 미래의 전사들을 양육하는 어머니의 역할을 강조했다.[60] 일제도 다르지 않았다. 1930년대 후반 일제가 '황국신민화'에 미쳐 돌아가면서 국가와 남성에게 '복종하는 여성'을 여성의 이상형으로 제시하는 작업이 크게 강화되었다. 조선인의 '황국신민화'를 위해 만들어진 1938년 3월의 제3차 개정 조선교육령은 "고등여학교는…… 국민도덕의 함양, 부덕의 양성에 힘쓰며 양처현모의 자질을 얻게 함으로써, 충량지순(忠良至順)한 황국여성을 기르는 데 힘을 써야 한다"고 명시했다.[61]

보통학교에선 군사훈련식의 체력훈련이 강화되었다. "조회(朝會)는 훈련의 아버지, 주회(畫會)는 훈련의 어머니"라고 할 정도였다. 열병 분열과 같은 정식 군사훈련을 시켜놓곤 일본 군인들이 와서 평가를 했다. 1938년 한 일본군 장교는 보통학교 열병 분열을 보고 다음과 같이 감격했다.

"너무 잘해서 눈물이 나왔다. ……이렇게 훌륭한 것을 나 한사람만 본 것이 과분하다고 생각한다. 사단장 각하나 군사령관 각하에게도 보여주었으면 하고 생각한다. 또 총독에게도 보이고 싶다고 생각한다. 가능하면 활동사진에 담아 전선은 물론 내가 각 장면에도 선전하고 싶다."[62]

1939년 중등학교 입시제도 개정 이후 체력훈련은 더 강화되었다. 중등학교 입학경쟁으로 인한 입시 위주 교육의 폐해를 개선한다는 명분을 내걸고 입학 사정에서 학과시험의 비중을 줄이고 신체검사와 면접검사의 비중을 크게 늘린 것이다. 만점 1,000점에 신체검사 300점, 면접고사 200점, 필답고사 300점, 내신성적 200점이었다. 체능검사의 내용은 100미터 달리기(여자는 50미터), 멀리뛰기, 수류탄 던지기,

턱걸이(여자는 철봉 매달리기), 체조, 윗몸 일으키기(배근력), 폐활량 등으로 되어 있었다.[63]

국민정신총동원 조선연맹

1938년 5월 5일 일제는 한 달 전인 4월 1일에 내린 총동원령에 따라 사실상의 '강제징용(강제연행)'을 실시, 다수의 근로자를 연해주 앞바다에 있는 사할린 섬(면적 7만 6400제곱킬로미터)에 투입하기 시작했다. 1905년 러일전쟁에서 승리한 일본은 차르시대 러시아 땅이었던 사할린 섬 북위 50도선 이남을 할양받았다. 일제는 이 섬의 전략적 가치와 매장 지하자원의 중요성을 파악, 섬 개척을 위해 다수의 근로자를 필요로 했다. 이에 따라 사할린 거주 한인의 수도 급격하게 늘어났다. 1926년 4,300명에 불과했던 사할린 거주 한국인 수(1926년 9월 18일자 조선총독부 경무국 통계)는 1939년 8만 5,000명을 거쳐 1941년 15만 명으로 급증했다(사할린의 현재 인구는 약 60만 명으로 약 4만 명의 한인 동포들이 살고 있다).[64]

1938년 6월 22일 황국신민화운동의 추진단체로 국민정신총동원 조선연맹(약칭 정동연맹)이 구성되었으며, 여기에 참여한 조선 엘리트 중엔 신문사 사주들도 포함되었다. 1937년 9월 12일 김성수는 시국강연반에 편성돼 강원도 춘천에서 학병 지원 권유에 나선 것을 시작으로 1938년 6월 22일 정동연맹 발기인으로 참여, 이사로 활동했다. 방응모도 1938년 국민정신총동원 조선연맹의 일원으로『동아일보』사장 백관수(1889~?)와 함께 '조선명사 59인 각도 순회강연'에 참석, 시국강연을 다녔으며 1939년 5월에는 언론인단체 조선춘추회가 주최

국민징용 영장을 받는 모습. 강제징용으로 45만 명이 넘는 한국인이 일본의 탄광, 군수
공장, 군 공사장으로 끌려갔다.

하는 배영궐기대회에서 백관수와 함께 '천황폐하 및 황군만세'를 선
창하기도 했다.[65]

　중국 침략 첫 돌을 맞은 1938년 7월 7일 『조선일보』는 이를 기념하
여 사설, 머리기사 등 전 지면을 동원해 "열철일타의 일본혼이 총후국
민의 의력과 같이 동아의 신질서 건설의 발단을 만든 국민감격의 기

넘일인 7월 7일을 맞이하여 전 조선의 도시 농산어촌에 들끓는 총후 황국신민의 물적 심적 총동원의 체제는 귀한 호국의 영령에 바치는 조의와 출정 장병의 신고를 생각케 하는 뜻 깊은 여러 가지 행사"라고 보도했다.[66]

고문에 의한 전향 공작

1938년 7월 일제는 사상전향자를 모아 '시국대응전선사상보국연맹'을 결성케 해 '일본정신의 앙양'에 힘쓰고 '내선일체의 강화 철저'에 있어서 앞잡이가 되도록 강요했다. 1938년 8월에는 경무국이 중심이 돼 조선방공협회를 만들어 공산주의자 박멸에 나섰다.[67]

전향제도는 원래 일본에서 공산주의자를 탄압하기 위해 1931년 3월부터 정식으로 채택되었는데, 조선에 도입되면서 최악의 악랄한 방식으로 적용되었다.[68] 전향 공작은 공산주의자들을 주요 대상으로 삼았다. 1925년 88명이 검거된 이래로 1935년까지 1만 7,000여 명의 '공산주의자'가 검거되었는데, '사상범의 전향'은 우선 이들을 대상으로 한 것이었다.[69]

전향 공작을 위해 엄청난 고문이 자행되었다. 온갖 종류의 고문수법이 총동원되었다.[70] 『동아일보』에 보도된 것만 따져도 1932년부터 1934년까지 고문치사 사건은 27건에 이른다.[71] 바로 이런 고문의 공포 때문에 위장 전향이 적지 않았다. 1930년부터 1935년까지 전향자 2,137명 중 221명(약 10퍼센트)이 역전향의 길을 걸었다. 이에 일제는 1936년 12월 '조선사상범보호관찰령'을 시행하면서 적극적인 사상 지도와 생활보호를 강조하고 나섰다.[72]

1937년 2월 일제는 사상보호단체 대화숙(大和塾)을 설치하고 사상범으로 지목된 자는 무조건 가입을 강제하고 연좌제식으로 감시를 받게 했다(1941년 현재 27개 단체 9,825명이 그 대상이었다). 1937년 7월에는 이른바 '조선중앙정보위원회'를 설치해 사상범에 관한 정보를 수집했다.[73]

'조선사상범보호관찰령'이 실효를 거두었는지, 1936년에서 1941년까지 보호관찰소에서 수리한 사상범 전력자는 5,290명, 그중 보호관찰에 붙여진 자는 2,794명인데, 1942년 3월까지의 조사에 따르면 보호관찰 처분 중 재범자는 29명(1퍼센트)으로 그 비율이 현저하게 떨어졌다.[74]

이젠 신문의 '전향'도 확연해졌다.

『조선일보』 1939년 4월 29일자 사설은 일왕 히로히토의 생일(천장절)을 맞아 "춘풍이 태탕(駘蕩)하고 만화가 방창(方暢)한 이 시절에 다시 한번 천장가절(天長佳節)을 맞이함은 억조신서(億兆臣庶)가 경축에 불감(不堪)할 바이다. 성상 폐하께옵서는 육체가 유강하옵시다고 배승하옵는 바, 실로 성황성공(誠惶誠恐) 동경동하(同慶同賀)할 바이다. 일년일도 이 반가운 날을 맞이할 때마다 우리는 홍원한 은(恩)과 광대한 인(仁)에 새로운 감격과 경행이 깊어짐을 깨달을 수가 있다"고 주장했다.

이 사설에 대해 훗날 『한겨레』는 "자신을 낮추는 도움줄기 '옵'을 남발하며 비굴하게 몸을 굽힌 이 글은 신문의 사설이라고는 도저히 믿기지 않는 극심한 '일왕 찬가'다. '황공'도 모자라 '성황성공'이라 하고, '경하'도 부족해 '동경동하'라 하며, '충성'도 양에 차지 않은 듯 '극충극성(克忠克誠)'이라 하고 일왕을 '지존(至尊)'이라고까지 부르는 이 사설이 '민족지' 『조선일보』에 버젓이 실린 것이다"고 비판했다.[75]

전 조선의 병영화

일제는 지원병제를 실시하면서 지원병 응모자가 '황국신민의 서사'
도 외우지 못하는 등 여전히 황민화가 전혀 되어 있지 않다는 판단을
내렸다. 이에 대해 임종국은 "이리하여 군이 직접 이 문제의 제1선에
등장하면서, 단순히 황민화가 아닌, 전 조선의 병영화(兵營化) 작업이
시작되었다. 언어, 풍속, 관념과 심지어 식생활의 기호까지를 일본적
으로 수행함으로써 전쟁 수행에 차질이 없게 하자는 것이었다. 이에
따라서 일체의 비(非)일본적 사상이 혹독한 탄압을 받게 되었다"고 했
다.[76]

전 조선의 병영화 차원에서 1939년 10월 조선에는 '국민징용령'이
내려졌고 2개월 뒤인 12월에는 '창씨개명령'이 공포되었다. 1939년
엔 '고쿠고' 보급에 앞장서는 잡지들도 여럿 나타났다. 3·1운동시
'33인'으로 참가하였던 박희도가 1939년 1월에 창간한 순 일문 잡지
『동양지광』과 매일신보사가 1939년 4월 3일 창간한 순 일문 주간지
『국민신보』외에도『삼천리』등과 같은 기존 잡지들도 '고쿠고' 보급
에 앞장섰으며『신시대』와『국민문학』의 경우처럼 '고쿠고' 보급을
위해 1941년까지 새로운 잡지의 창간이 이어졌다.[77]

고쿠고 잡지들은 단지 고쿠고 보급만을 위해 생겨난 게 아니었다.
이들은 '전 조선의 병영화'를 위한 돌격대 노릇을 했다. 박희도는『동
양지광』의 창간사에서 다음과 같이 주장했다.

"이때에 반도 이천만 동포의 가슴속에 일본정신을 철저히 하고, 황
도정신을 앙양하고, 폐하의 적자로서, 황국 일본의 공민으로서 예외
없이 국체의 존엄을 체득하고, 황국 일본의 대사명을 준봉(遵奉)하고,
황도의 선포, 국위의 선양에 정진하고, 그리하여 동양의 평화는 물론

팔굉일우(八紘一宇)의 일대 이상을 펴서, 세계인류의 문화 발달과 그 강영복지 증진에 공헌할 것을 기하지 않으면 안 된다고 믿습니다. 생각컨대 이 대의를 이해하고 이 이념을 체득할 때 일본 국민으로서의 영광과 긍지를 감득치 않을 자 누가 있겠습니까."[78]

박희도가 이때에 이미 일본의 건국이념이라는 '팔굉일우'라는 말을 썼다는 게 놀랍다. 일제가 이 용어를 공식적으로 처음 사용한 건 1940년 8월이기 때문이다. 당시 제2차 고노에(近衛) 내각은 기본국책 요강에서 대동아 신질서 건설을 위해 "황국(皇國)의 국시(國是)는 팔굉(八紘)을 일우(一宇)로 하는 건국정신에 근거한다"고 밝혔다. 『일본서기(日本書紀)』에 따르면 일본의 제1대 천황인 신무천황(神武天皇)이 야마토(大和)에 도읍을 정하면서 "육합(六合)을 겸(兼)하여 도(都)를 개(開)하고 팔굉(八紘)을 병(倂)하여 우(宇)로 한다"(6대양 8대주를 병합하여 한 집으로 한다는 뜻임)는 내용의 조칙(詔勅)을 내렸는데 여기서 생겨난 말이 '팔굉일우'다.[79] 일제의 정신착란을 잘 보여주는 용어라 하겠다.

전 조선의 병영화는 이 시기의 광고에서도 잘 나타났다. 매사를 전쟁과 연관시켜 호전적으로 표현하고 전쟁과 관계없는 일상어를 군사용어로 표현하는 광고가 부쩍 늘었다. 예컨대, 1939년 위장약 에비오스정 광고는 철모를 쓴 무장군인이 삽화로 등장한 가운데 '위장전선 이상 있음'으로 시작하는 선전문구와 함께 "식욕, 소화, 변통(便痛) 어느 하나가 무너져도 건강은 총퇴각할 수밖에 없습니다. 내일로 미루지 말고 오늘부터 에비오스정으로 위장의 보강공작을 시작할 것"이라고 '압박'을 가했다.[80]

징병제 실시를 감사하는 시가행진. 갈수록 극악스러워지는 지원병 선전공세 속에 조선의 젊은이들은 일왕을 위해 군인이 되어 전쟁터에 나가는 것을 감사하도록 요구받았다.

지원병 지원자 증가는 '협력'인가?

지원병 선전공세는 날이 갈수록 극악스러워졌다. 친일지식인들이 총동원되다시피 했다. 지원병제에 대한 신념을 갖고 있는 이들도 있었다. 윤치호의 1939년 5월 9일자 일기에 따르면, "7시 30분 용산역에 나가 북방으로 떠나는 장병들을 배웅했다. 이들 중에는 14명가량의 조선인 지원병들이 포함되어 있다. 이제 조선 역사에 새로운 장이 열렸다. 즉 용맹한 일본군의 지도와 훈육 아래 민족의 재무장을 이루는 것 말이다."[81]

자신의 신념인지 아닌지는 알 수 없지만, 서춘은 『총동원』 1939년 10월호에 쓴 글에서 조선 젊은이들에게 지원병 출진을 다음과 같이 권유하였다.

"반도 청년 제군, 제군에게는 이제 절호의 기회가 온 것이다. 내선 일체, 이것이 제군이 취할 절호의 기회다……. ①대군(大君, 일황)을 위해 태어나고 ②대군을 위해 일하고 ③대군을 위해 죽는다는 정신을 갖지 않는 자는 대일본제국의 신민이 될 수 없는 것이다. ……우리 일본의 대화혼(大和魂)에서 말한다면 대군을 위해 죽는 일은 신자(臣子)된 자의 본분임과 동시에 죽는 그 사람에게는 더 없는 행복이다."[82]

그런 선전공세가 주효했던 탓일까? 여기에 지원병 희망자를 많이 낸 지역의 경찰관이나 관리들은 특진하는 등 각종 유인책이 가세했기 때문일까?[83] 육군특별지원병 지원자는 매년 격증(激增)했다. 1938년 2,964명이었으나 1940년 8만 4,443명으로, 마지막해인 1943년에는 30만 명에 달했다.[84] 30만 명 중 동원자는 9,300명이었는데, 일제가 조사한 지원 동기는 생계형 지원이 50.2퍼센트였다. 이중연은 지원자 급증은 일제의 물리적 폭력과 국민정신총동원 조선연맹의 통제로 이루어진 것이라고 보았다.[85]

반면 윤해동은 '협력'으로 보았다. 그는 일제하 사회상을 구성하는 데에 두 개의 상반된 이미지가 있다고 했다. 1910년 3·1운동을 전후하여 볼 수 있는 '전민족적 저항' 의 이미지와 1937년을 전후한 전시 체제 성립 이후 일상화되는 '전민족적 협력' 의 이미지가 공존하고 있다는 것이다. 그는 저항과 협력의 경계를 어디에서 설정할 것인가를 심각하게 재고해야 한다고 주장했다.[86]

"하층민의 신분상승을 위한 군대 지원을 협력이라는 지평에서는 어떻게 평가하여야 할 것인가? 한국인 대중(하층민)은 신분 상승을 위해서라면 일본 군대에 협조하는 행위에 대해서도 전혀 거리낌이 없었던 것이다. 일제가 징병제를 실시하면서 한국인에 대하여 의무교육은 1946년부터 실시하고, 참정권은 1960년부터 부여할 것이라고 공언한 것은 일본인이 준 반대급부였다."[87]

강성률에 따르면, "이렇게 지원 인원이 많은 것은 일제가 각 관청에 할당했기 때문이지만, 한편으로는 지원병이 되면 지원자와 가족에 대한 우대가 있었고, 무엇보다 배불리 먹을 수 있다는 현실적 요건도 있었다. 때문에 지원병에 합격해서 출정할 수 있는 '권한(?)' 이 주어진 집에서는 깃발을 내걸고 술을 마시며 잔치를 열 수 있었다. 이런 잔치는 영화 〈사랑과 맹세〉에 상세하게 재현되어 있다. 일어로 되어 있는 영화임에도 불구하고 이 부분만 조선어로 민요를 부르면서 춤추고 즐기는 장면이 여과 없이 등장한다."[88]

조선에서 인원과 물자를 차출하는 침략전쟁의 병참기지로 써 먹으면서 일제는 희한한 논리를 내놓았다. 이게 바로 내선일체(內鮮一體)의 실현이라는 논리였다.[89] "믿을 수 없는 곳을 병참기지로 쓰고 병영화하겠는가? 조선인들을 믿고자 하니, 감사해라!"라는 식의 강도적 발상이었다. 이런 강탈 앞에서 취한 조선인들의 행태를 두고 '협력' 이냐 아니냐 논쟁을 벌여야 한다는 게 가슴 아픈 일이 아닐 수 없다.

제8장

식민지 사학과 신사참배

식민지 사학의 완성

식민사관의 논리

조선총독부 초대 총독 데라우치 마사타케(寺內正毅, 1852~1919)는 취임하자마자 1910년 11월부터 전국의 경찰을 동원하여 1911년 12월 말까지 1년 2개월 동안 계속된 제1차 전국 서적 색출에서 '단군조선' 관계 고사서 등 51종 20여만 권의 사서를 수거하여 불태웠다. 그 뒤 1937년까지 한반도뿐만 아니라 일본, 중국, 만주 등의 관련 자료도 모두 찾아내어 불태웠다.[1]

효율적인 식민통치를 위해 만든 일제의 식민사관과 열등민족론을 조선인들에게 주입시키기 위한 예비작업이었다. 백인들은 '인종주의'로 그런 효과를 얻었지만, 일본의 경우엔 그 방법을 쓸 수 없었다. 박지향은 다음과 같이 말한다.

"조선인과 일본인이 얼핏 보면 구분할 수 없을 정도로 외양이 비슷하다는 것은 누구도 부인할 수 없었다. 따라서 외양상의 유사함을 넘어서는 차이를 발견해야 했다. 영국인들이 '하얀 검둥이' '하얀 침팬지'의 이미지로서의 아일랜드인을 만들어내었듯이 일본인도 '좀더 자세히 들여다보면 멍청해 보이고, 입은 열려 있고 눈에는 총기가 없으며 무언가 모자라는 것처럼 보이는' 조선인의 이미지를 만들어내었다. 일본인들은 조선인을 '옷을 잘 입은 아이누' '두 발로 서서 걷는 원숭이'라고 비하해서 불렀으며, '더럽고, 게으르고, 무지하고 비위생적이고, 냄새 나고, 심한 육체노동에는 적합하지만 복잡한 과제를 행할 능력은 없으며, 복종적이고, 따라서 어린애로 다루어져야 하는' 열등인간으로 간주하였다. 역사적으로 조선인은 '글러먹은 민족'이고 '놀기 좋아하고, 게으름이 습속이 되어 있고, 혐오스런 풍속습관을 가진 민족'으로 진단되었다."[2]

일제는 그런 목적을 위해 역사로 장난을 치는 법을 택했다. 일제가 만든 식민사관의 주요 논리는 ①조선이 독립성을 유지하지 못하고 중국 등 외세에 종속돼왔다는 타율성 ②근대사회로의 이행에 필요한 봉건사회를 거치지 못하는 등 사회발전이 정체돼 있다는 정체성 ③ 정쟁이 조선인의 체질이라는 당파성 ④두 나라의 시조가 같다는 일선동조론(日鮮同祖論) 4가지였다.[3]

앞뒤가 안 맞는 일선동조론

윤치호의 1934년 8월 15일자 일기엔 총독부 조선사편수회에 들어간 최남선이 일선동조론의 돌격대가 되었다는 이야기가 나온다. 윤치호에 따르면, "그는 연령의 많고 적음에 상관없이 스스로를 애국자라고

자부하는 사람들 사이에서 암적인 존재로 전락했다. 최근에 최 군은 조선인들과 일본인들의 신성한 기원에 공통점이 있다는 걸 증명하려 한 「신(神) 그대로의 태고(太古)를 생각한다」라는 팜플렛을 발간했다. 일본인들은 그를 위해 1만 원을 들여 집 한 채를 짓고 있다."[4]

윤치호는 1935년 12월 8일자 일기에서도 "최남선 군은, 최근에 일선동조론에 관한 저작과 연설을 발표해 일본인 통치자들의 환심을 샀다"고 했고, 다음 날 일기에선 최남선의 주장을 소개했다. 윤치호에 따르면, "최남선 군은 태양·태양신 숭배가 조선과 일본 역사의 여명기에 나타난 공통적인 현상이었다고 믿고 있다. 그는 조선인들의 영적 생활을 소생시키려면 불교나 유교가 아니라 조선의 건국신화에 귀의해야 한다고 주장한다. 이런 주장은 일본인 당국자들의 계획과 잘 맞아떨어진다. 일본의 태양신, 즉 황족의 조상인 아마테라스 오미카미(天照大御神)는 신화상으로만 보면 조선을 건국한 단군과 똑같다. 그래서 조선인들은 다른 신격보다 먼저 신도를 숭배해야 한다는 것이다."[5]

그러나 식민사관 논리는 층위가 다른 여러 목표를 동시에 겨냥했기에 상충되는 점도 있었다. 일제는 시조가 같으니 일제의 지배를 자연스럽게 여기라는 뜻에서 일선동조론을 내세우면서도, 감히 평등을 넘보거나 저항을 꿈꿀 생각은 하지 말라는 뜻에서 조선인은 일본인과는 전혀 다른 열등민족이라는 걸 강조하는 데에 주력했다.

서중석에 따르면, "외국인에게는 자연스러운 것도 한국인에게는 열등의 증표여서, 지하의 냉수를 마시는데도 한국인이 마시면 미개의 조소를 받고, 서양인에 의하여 창도(唱導)되면 문명의 신법(新法)같이 추중(推重)되었다. 남산공원에 삼삼오오 거니는 것도 태업적(怠業的) 일민(逸民)의 모습이었고, 심지어 빈곤하여 쌀을 못 먹는 것도 열등성의 일종이었다. 인종학상으로도 한국인이 열등민족이라고 주장하여, 해부학상으로 야만에 가깝다느니, 한국인은 미충(米蟲)이니, 부패한 식물을 먹는 인종이니 하는 비난을 받았다."[6]

박은식의 『한국통사』

1938년 일제는 식민사관에 바탕한 『조선사』(35권)를 펴냈다. 여기에 이르기까지의 과정을 살펴보자. 1915년 박은식(1859~1925)이 상하이에서 '태백광노(太白狂奴)'라는 필명으로 『한국통사(韓國痛史)』를 발간한 데서부터 시작해보자(태백은 한국을, 광노는 미친 노예를 뜻하니, 태백광노는 나라가 식민지로 전락해 타국에서 방황하는 자신과 동포의 상황을 통탄하는 심정으로 붙인 것이다).

박은식은 "나라는 멸할 수 있지만 역사는 멸할 수 없다. 나라는 형체이고 역사는 정신이기 때문이다. …… 정신이 살아 소멸하지 않으면 나라는 언제고 되살아날 것이다"고 말했다.[7]

"내가 세상에 태어난 이후 목격한 최근의 역사는 힘써볼 만한 일일 것이다. 이에 갑자년(1864년)부터 신해년(1911년)에 이르기까지 3편 114장을 지어 통사(痛史)라 이름 하니 감히 정사(正史)를 자처하는 것은 아니다. 다행히 우리 동포들이 국혼(國魂)이 담겨져 있는 것임을 인정하여 버리거나 내던지지 않기를 바랄 뿐이다."[8]

『한국통사』는 대원군시대부터 한일합방까지 50여년의 뼈아픈 망국사로, 국가는 비록 망하였지만 국혼(국가의 정신적인 힘)인 국교, 국가 등을 보존하고 교육과 독립투쟁을 통해 끊임없이 노력하면 결국 국백인 국가를 되찾을 수 있다는 정신사적인 관점에서 서술하고 있다.

1915년 박은식(왼쪽)은 상하이에서 '태백광노'라는 필명으로 대원군시대부터 한일병합까지 50여 년의 뼈아픈 망국사를 담은 『한국통사』를 발간했다. 일제는 이 책이 나오자 『조선사』를 편찬하는 등 한국사를 왜곡하기 위해 발 벗고 나섰다. 오른쪽 사진은 『한국통사』 속표지다.

이어 박은식은 1920년 『한국독립운동지혈사(韓國獨立運動之血史)』를 간행했다. 이 책은 글자 그대로 피로 쓴 독립운동사다. 1919년 3·1독립운동에 고무되어 1884년 갑신정변부터 1920년까지의 독립투쟁사를 서술했다. 『한국독립운동지혈사』에선 민중의 힘과 민의의 결집이 독립실현의 중요수단임을 강조했다.[9]

한영우는 "『한국통사』는 오늘날의 시각에서 보면 다소 균형을 잃고 있는 것이 사실이다"며 다음과 같이 말했다.

"지나치게 만주 중심, 고대사 중심, 국수 중심으로 역사를 이해했다고 볼 수 있으나, 당시의 시대적 과제로 볼 때는 매우 우수한 사서로서 독립운동가들의 정신적 지주가 되었다. 조선총독부는 이 책이 나오자 두려워하고 당황하여 방대한『조선사』를 편찬하는 등 한국사를 왜곡하기 위하여 발 벗고 나서게 되었다."[10]

그랬다.『한국통사』는 일제로 하여금『조선사』를 내게 한 이유가 되었다.『한국통사』가 국내에 비밀리에 반입돼 널리 읽혔기 때문이다.[11] 이에 일제는 "독립국의 옛꿈을 추상(追想)시키는 폐단이 있다"고 지적하면서, 이에 대응하는 '조선반도사'를 편찬하기 위해 중추원 산하기관으로 '조선반도사편찬위원회'를 1916년에 조직했다.[12]

『조선사』의 목적

'조선반도사편찬위원회'는 1922년 12월 조선총독부 산하 조선사편찬위원회로 바뀌었다. 일제는 조선사편찬위원회를 학문적으로 더욱 권위 있는 기구로 만들겠다며, 1925년 6월 6일 일왕 칙령 제218호에 의해 조선사편수회로 명칭을 바꾸고 독립된 관청으로 격상시켰다.

『조선사』 편찬의 지침은 1915년 7월에 나온 '조선반도사 편찬요지'다. 이 문건은 도쿄제국대학 교수 구로이타(黑板勝美, 1874~1946)와 교토제국대학 강사 이마니시 류(今西龍, 1875~1932) 등 3명의 일본인 역사학자에 의해 작성되었다. 이 글의 핵심은 다음과 같다.

"조선인은 여타의 식민지의 야만미개(野蠻未開)한 민족과 달라서, 독서와 문장(文章)에 있어 조금도 문명인에 뒤떨어진 바 없는 민족이다. 고래로 사서(史書)가 많고, 또 새로이 저작(著作)에 착수된 것도 적지 않다. 그리하여 전자는 독립시대(獨立時代: 合邦以前)의 저술로서 현대와의 관계를 결(缺)하고 있어 헛되이 독립국 시절의 옛꿈에 연연케

하는 폐단이 있다. 후자는 근대조선에 있어서의 일로(日露)·일청(日清) 간의 세력경쟁을 서술하여 조선의 나아갈 바를 설파하고, 혹은 『한국통사(韓國痛史)』라고 일컫는, 한 재외조선인의 저서 같은 것의 진상을 규명하지는 않고 함부로 망설(妄說)을 드러내 보이고 있는 것이다. 이러한 사적(史籍)들이 인심을 현혹시키는 해독 또한 참으로 큰 것임은 말로 다할 수 없는 것이다."

이어 이 글은 그 대안으로 실증사학을 제시했다.

"그러나 이를 절멸(絕滅)시킬 방책만을 강구한다는 것은 도로(徒勞)에 그치는 일이 될 뿐 아니라, 혹은 그 전파를 장려하는 일이 될지도 모른다는 점을 헤아리지 않으면 안 되는 것이다. 오히려 구사(舊史)의 금압(禁壓) 대신 공명적확(公明的確)한 사서(史書)로써 대처하는 것이 보다 첩경(捷徑)이고, 또한 효과가 더욱 클 것이다. 이 점을 조선반도사 편찬의 주된 이유로 삼으려 하는 것이다."[13]

김용섭은 1966년 『역사학보』에 발표한 「일본·한국에 있어서의 한국사 서술」이라는 논문에서 "『조선사』는 단순한 통사가 아니라 하나의 사료집이었다. 일제식민지시대에는 논문이나 단행본을 저술하는데 왕왕 이 책을 자료로서 인용하였고, 기본사료에 애로를 느끼는 사람은 지금도 이것을 사용한다"며 다음과 같이 말했다.

"많은 사람이 제대로 사료를 볼 수 없는 입장에서 이것만이 보급되어 있다면 이것은 유일한 자료가 될 것이다. 식민지통치 당국이나 조선사편수회의 일본인 고문과 위원들은 이런 점에 착안하였다. 그리하여 외관상으로는 모든 사료를 망라하여 서술한 것으로 되었지만 실제로는 많은 취사선택이 행해졌다. 그들에게 유리하고 필요한 것은 되도록 많이 채록하고 한국사의 본질적인 문제나 민족 문제 그리고 그들에게 불리한 것은 수록하지 않았다. 『조선사』가 그들의 식민지통치에 기여하는 바는 실로 크고 원대한 것이었다.”[14]

경성제대 교수로서 『조선사』 편찬에 참여했던 스에마차는 해방 후 일본으로 돌아가 다음과 같이 고백했다.

“이 35권의 『조선사』가 일본의 조선통치시대의 한 선물이 되기는 하겠지만 그것이 조선사의 연구에 어느 정도 도움이 되었느냐라는 관점에서 본다면 아마 다소 이론이 있을 것입니다. 이 조선사 편찬사업은 조선통치의 수단, 즉 정치의 한 부분으로서의 조선사편수였습니다.”[15]

이병도의 진단학회

조선사편수회의 위원장엔 총독부 정무총감(政務總監) 아리요시 주이치(有吉忠一, 1873~1947), 고문엔 이완용(1858~1926)이 추대되었다. 신복룡은 “당시 조선사를 일본인 학자들만 쓸 경우, 한국인에 대한 설득력이 약할 것이라고 판단한 총독부는 조선사편수회에 한국의 청년 사학자들을 참여시키기로 했고, 이완용이 그 인선에 깊이 관여했다”며 다음과 같이 말했다.

“그는 당시 와세다대를 졸업하고 교편을 잡고 있던 문중의 족손(族孫)인 이병도(1896~1989)와 최남선, 그리고 이능화(1869~1943) 등을 발탁했다. 이들은 당시 식민지 사학의 첨병이었던 교토제국대 교수 이마니시 류와 총독부 시학관(視學官)으로 식민지 역사교육을 주관했던 오다 쇼고(小田省吾, 1871~1953) 등을 도와 『조선사』의 편찬에 착수했으며, 이렇게 하여 1938년에 완간된 『조선사』 전35권은 식민지 사학의 원전이 되었다.”[16]

두계 이병도. 일본 와세다대학 졸업 후 교편을 잡고 있던 이병도는 조선사편수회에 참여하여 식민지 사학의 원전을 만드는 데 일조하였고, 이후 진단학회의 회원으로서 일제시대 한국사학계를 주도했다.

이어 신복룡은 "이제 와서 이 문제를 거론하지 않을 수 없는 것은 두계 이병도 등, 이 조선사편수회의 핵심 멤버들이 1934년 5월 11일에 창설된 진단학회(震檀學會)의 회원으로서 일제시대의 한국 사학계를 주도했을 뿐 아니라, 정치적 해방을 맞이한 이후에도 이 인력들이 한국 사학계의 중추적 역할을 했기 때문이다"며 다음과 같이 말했다.

"진단학파는 해방 이후 학회활동을 더욱 활발히 하여 『한국사』 전6권(을유문화사)을 집필 간행하는 등 한국 사학사에 주목할 만한 발자취를 남긴 것을 우리는 인정한다. 그 후 이들과 이들의 후학들은 실증사학을 표방하면서 이선근(1905~1983)이 주도했던 민족주의 사관과 함께 쌍벽을 이루면서 한국 사학계를 지배했다. 물론 진단학회에는 김상기(1901~1977)나 이상백(1904~1966)과 같은 또 다른 무리의 훌륭한 학자들이 있었고, 학통과 진실 사이에서 고뇌한 학자가 없는 것은 아니었다. 그러나 두계의 학통은 여전히 도제와 같이 엄숙했고 선학(先

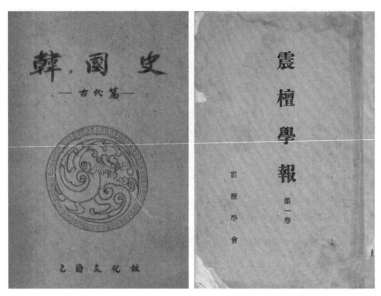

진단학회에서 펴낸 『한국사』 고대편의 표지(왼쪽)와 『진단학보』 창간호 표지(오른쪽). 우리나라 최초의 근대적 학문 연구 전문지로 꼽히는 『진단학보』는 1941년 6월 14호를 끝으로 발행이 중단되었다.

學)에 대한 비판을 허락하지 않음으로써……."[17]

진단학회가 발행한 『진단학보』는 '우리나라 최초의 근대적 학문 연구 전문지' 다. 그러나 조선어학회 사건이 발생하자 제14호(1941년 6월)를 끝으로 발행이 중지되었다. 이병도는 훗날 『진단학보』에 대해 '일제에 대한 민족적·학술적 저항' 이라고 자평했지만, 다른 의견도 있다. 김일수는 "하지만 이것은 일제의 압력과 탄압에 의한 것이 아니라, 조선어학회 사건에 이윤재(1888~1943), 이병기(1891~1968), 이희승(1896~1989) 등 진단학회 회원이 개입되었기 때문이며, 학회에 화가 미칠 것을 우려하여 스스로 활동을 중지하기로 한 것이었다"고 지적했다.[18]

조동걸도 "『진단학보』에는 총독부의 비위에 거슬리는 유심론이나 유물론사학의 논문은 실을 수 없었다. 13호를 발행할 때까지 당시 총독부 검열에서 내용 때문에 말썽이 일어난 일은 단 한 번도 없었다는 것이 그것을 말한다"고 했다.[19]

'야나기 무네요시' 논쟁

일본 지식인 야나기 무네요시(柳宗悅, 1889~1961)는 어떻게 보아야 할까? 한승동에 따르면, 그에 대한 그간의 평가는 이렇다.

"조선 사람보다 더 조선의 예술을 사랑하고 사멸(死滅)의 구렁텅이에서 구출해냈다는 그. '비애의 미' 등 21세기에도 여전히 조선 예술을 바라보고 이해하는 틀과 권위로 통하는 개념을 안출(案出)해낸 독보적 존재. 현대 한국인들의 전통예술·전통미에 따라서 그들의 일상적 미감과 역사관에도 심대한 흔적을 남긴 고유섭, 김원룡, 이한기, 김양기, 이진희, 한상일, 이규태 등 역사·예술·언론계의 실력자들이 예찬했던 야나기 무네요시. …… 1984년 전두환 정권은 '우리나라 미술품 문화재 연구와 보존에 기여한 공로'를 기려 23년 전에 작고한 야나기에게 '부관 문화훈장'을 추서하기까지 했다. 야나기는 여전히 조선 예술의 구원자이자 교사로 통하며, 심지어 그가 조선의 독립을 주창한 투사였다는 허구마저 사실마냥 떠돌고 있다."[20]

그래서 친일파 전문 연구자인 정운현마저도 야나기를 극찬했다. 야나기는 경복궁터에 조선총독부를 건립하는 걸 반대하는 글을 일본에서 발행되던 종합지 『개조』 1922년 9월호에 기고했는데, 이 글에 대해 정운현은 이렇게 말했다.

"이 글의 전문을 찾아서 읽고는 차마 내 글솜씨로는 이루 형언할 수 없는 감동을 받았다. 나는 일찍이 장르를 막론하고 이렇게 감동적인 글을 읽어보지 못했다. 그 글에는 구구절절이 그의 '조선사랑' '예술사랑'이 배어 있었다."[21]

그러나 야나기에 대한 다른 의견들도 있다.

1974년 시인 최하림은 야나기의 『조선과 그 예술』 번역본(『한국과 그 예술』)에 대한 해설 「야나기 무네요시의 한국미술에 대하여」에서 야나기의 조선 예술관을 정면으로 반박했다. 그는 야나기의 글들이 "말 못하는 조선인들의 상처를 달래주었음에 틀림없었다"면서도 그의 관점을 "한국인을 패배감으로 몰아넣으려는 술책과 한국의 역사를 사대로 일관한 비자주적인 역사로 몰아치려는 일본 제국주의의 정책이 교묘히 버무려진 사고방식"이자 "일제의 조선정책과 그의 센티멘털한 휴머니즘이 혼합 배태(胚胎)한 것"이라고 비판했다.[22]

2007년 정일성은 『야나기 무네요시』라는 책을 통해 야나기를 본격 검증하고 나섰다.

야나기는 1919년 5월 20일부터 24일까지 5회에 걸쳐 『요미우리신문』에 「조선인을 생각하다」는 제목의 글을 통해 '일선동화' 정책을 비판한 바 있다. 이에 대해 정일성은 "얼핏 보기에는 조선인을 위해 쓴 것처럼 느껴진다. 그러나 조금만 더 주의를 기울여 읽다 보면, 총독부 무단통치의 폐단만 지적하고 있을 뿐, 조선의 독립을 돕는 내용은 아니라는 사실을 곧바로 알게 된다"고 했다.[23]

정일성은 오늘날까지도 야나기가 우리 민족에게 씌운 '한(恨)의 멍에'를 떨쳐내지 못하고 있다고 개탄했다.

"'조선 예술 비애의 미론'은 말할 필요도 없이 우리 민족 스스로를 지나치게 의기소침하게 하고, 나아가 자조(自嘲)를 확대 재생산하는 부작용을 불러왔다. 그것은 외세에 의한 국망(國亡)과 광복, 그리고 바로 이어진 분단, 동족끼리의 전쟁, 어두웠던 군사독재 시절 등을 거치면서 일부 문화·예술계가 '한(恨)'이 마치 우리 예술의 원형이라도 되는 듯이 이야기의 주제로 삼고, 걸핏하면 '엽전은 어쩔 수 없어, 뛰어봤자 벼룩이지'라는 자학의 관용어를 만들어내기도 했다."[24]

이어 정일성은 "'조선인을 사랑했다'는 그는, 1923년 9월 8,000여 명의 죄 없는 조선인이 무참히 학살된 관동대지진 사건을 목격하고도, 조선에 건너와 교화활동을 벌였을지언정 조선인 학살에 대한 글은 단 한 줄도 쓰지 않았다. 또 중일전쟁을 앞두고 조선 언론인과 지식인의 입을 막기 위해 1937년 6월 7일 안창호를 비롯한 아무 죄 없는 조선 지식인 181명을 무더기로 검거, 투옥한 이른바 '수양동우회' 조작 사건 때도 침묵으로 일관했다"며 다음과 같이 말했다.

"더구나 야나기의 글 가운데 조선인에게 독립을 위해 궐기하라는 권유는 어디에도 없다. 그럼에도 우리 문화계에는 야나기를 '우리 민족의 의지를 대변하고 민족의 독립을 호소한 귀중한 존재'로 평가하거나 '한일 선린우호(善隣友好)의 원형'으로 치켜세우는 학자도 없지 않다. 우리 사회는 언제쯤 야나기의 '비애의 조선미론'을 극복할 수 있을까. 그것은 중대하고도 시급한 과제가 아닐 수 없다."[25]

지정학과 반도기질

식민사관에 대한 과잉 반응으로 인해 식민사관에 역이용당할 가능성은 없을까? 즉, 일본인들이 말한 건 무조건 왜곡이고 거짓이라고 반박하려는 의지가 충만한 나머지 우리 스스로 우리에게 도움이 될 연구조차 하지 않는 어리석음을 범할 가능성은 없는가 하는 것이다.

안재홍은 우리의 역사가 약소화, 즉 퇴영(退嬰)의 길을 걷게 된 근본 원인의 첫째를 지리적 조건에서 찾았다. 우리나라는 중국처럼 평천광야(平川曠野)의 대지(大地)도 아니고, 일본처럼 대륙의 풍진을 벗어난 도시가 아니요, 곳곳에 산악이 종횡하며 교통 불편한 각소구역(各小區域)으로 구분되어 있는 것이, 첫째 정치적 통일을 어렵게 만들었고, 둘째 정치 · 지리적으로 대륙풍진에 시달리고 해양세력인 일본에 시달려 의기(意氣) 저상의 원인이 되었다는 것이다.[26]

이에 대해 한영우는 "안재홍의 이러한 논리는 일인 학자들의 이른바 지리결정론의 영향을 받은 듯하고, 또 정체론적 시각을 크게 벗어나지 못했다는 점에서 문제점이 있는 것은 사실이다. 그러나 그 발상에 있어서는 망국(亡國)의 원인을 자성(自省)하여 새로운 각성을 촉구하자는 데 있으므로 일인류(日人流)의 식민사관과 동일시할 수는 없겠다"고 했다.[27]

여기서 제기할 수 있는 질문은 "지정학은 식민사관의 잔재이므로 무조건 폐기처분해야 하는가?"이다. 19세기 말 스웨덴의 역사학자이자 정치학자인 루돌프 헬렌(Kjellén Rudolf, 1864~1922)에 의해 만들어진 지정학은 제2차 세계대전을 거치면서 히틀러가 악용한 '나치의 과학'으로 여겨져 한동안 파산선고를 받았다가 다시 되살아나고 있다.[28] 왜 그럴까? 시간이 흐르면서 감정적 반발을 극복하고 지정학의 모든 것이 옳은 게 아니라 지정학의 일부가 옳다는 정도는 수용할 수 있는 심적 여유를 갖게 되었기 때문일 것이다.

한국의 경우, 이른바 '반도적 특성'에 대해 말하는 건 시대착오적인가? 식민사관 비판론자들은 '한반도'라는 말도 쓰지 말 것을 주장한다. '한국 전역' 또는 '대한민국'이라는 말을 써야 한다는 것이다. 꼭 그렇게까지 해야 하는가? 사실 일제의 지정학 이용은 우스꽝스러운 수준이었다. 일제가 내세웠던 '조선반도흉기론(朝鮮半島凶器論)'을 보자.

이는 일본 우익과 그 하부단체인 '새 역사교과서를 만드는 모임'이 내세우는 주장으로, "조선반도는 대륙으로부터 후배지를 가지지 못하는 섬나라 일본을 향해 내밀려 있는 팔뚝과 같은 존재이며, 조선반도가 일본에 적대적인 세력에 점유될 때에는 후배지가 없는 섬나라 일본은 방위가 곤란해진다. 이런 의미에서, 조선반도는 항상 일본을 향해 내밀려 있는 '흉기'가 될 수밖에 없다"는 내용이다. 이는 청일전쟁, 러일전쟁을 일으킨 일본의 전쟁도발을 정당화하기 위한 논리다.

정재정은 "한반도를 '흉기'로 파악하고, 이를 제거하기 위해 한국을 '병합'하는 것은 당연한 일이라는 인식은 메이지시대 이래 일본의 정치 지도자들의 논리이자, 이들을 통해 세뇌당했던 일반인들의 견해이기도 했다"며 "실제로 과거 한국을 지배했던 일제의 식민지 관료는 '한반도흉기론'을 그대로 믿고 있었다. 그렇기 때문에 일본의 한국강점은 흉기를 제거하기 위한 당연한 조치로서 받아들였다"고 했다.[29]

조선반도흉기론은 섬에 갇혀 산 나머지 일본인들의 유전자가 되다시피 한 팽창주의 근성이 낳은 망상으로 이해하면 되겠다. 그런데 우리마저 일제의 그런 장단에 맞춰 반대로 춤춰야 하는가? 일제의 장난은 장난으로 보아 넘기면서 그냥 존재하는 그대로 한국이 반도(半島)라고 하는 사실을 인정하고 받아들일 수는 없는가?

조선은 '반도'를 어떻게 보았을까? 긍정·부정의 평가에서 '대륙'

과 '섬'의 중간쯤으로 보았던 것 같다. 그러나 다산 정약용은 중화주의(中華主義) 사고에 갇혀 일본을 '왜놈'이라고 낮추어 보던 조선의 지배적인 일본 인식에 반기를 들고 일본의 발전상을 긍정 평가하였다. 그는 오히려 반도의 운명을 슬퍼하였다. 그는 「반도성격」이라는 글에서 "안타깝다. 우리나라 사람들이여. 좁은 우리 속에 갇혀 있구나. 삼면이 바다로 둘러싸였고 산이 주름 잡아 사지를 꼬부리고 있으니 큰 뜻인들 어찌 채울 수 있으랴" 하고 개탄하였다.[30]

그러나 이런 개탄은 정약용의 시대엔 타당했을망정, 21세기에 들어선 전혀 다른 관점의 목소리가 나오고 있다. 차성수는 경계가 약화되는 시대는 동시에 융합(fusion)과 잡종 (hybrid)이 우세해지는 시대인데, 한국은 반도라는 지정학적 위치 덕분에 융합과 잡종을 창조적으로 만들어내고 빠르게 흡수하는 사회문화적 토양을 갖게 되었다고 주장했다.

"대륙과 섬, 육지와 바다를 연접해있는 반도라는 공간적 특성은 다양한 문화가 흘러들어오고, 각각의 문화를 독창적인 형태로 정착시키는 문화를 형성한다. 만물신을 숭상하는 이탈리아반도가 유태종교인 기독교를 변형·수용하여 로마 기독교문화를 형성하였고, 동서양의 접점인 터키반도는 양대 문명을 통합한 독특한 문화를 형성하였다. 스페인의 이베리아반도는 이슬람문명과 서양문명의 접점으로 한 시대를 이끌어오기도 했다. 이처럼 한반도에 유입된 외국문화도 불교나 기독교나 유교나 일단 들어오면 토착적인 문화와 결합하면서 자연스럽게 정착하는 것이다. 이 과정에서 유입될 때의 순수한(?) 성격은 점차 사라지게 되고 '비슷하지만 다른' 독창적인 잡종문화를 형성하게 된다. 이러한 융합의 힘, 창조적인 잡종문화가 바로 반도기질이고 반도의 특성이라고 할 수 있다."

차성수는 "이처럼 유동적인 반도기질은 한때 박쥐심리나 주변성으로 식민사관에 의해 평가절하되기도 했다. 뚜렷한 정체성을 보여주는 확대지향적 대륙과 축소지향적 섬의 특성에 비해 정체성의 부재로 낙인찍혔다. 유동성은 타율적이고 부화뇌동하는 것으로 비하되면서 일제침략의 정당성을 강변하는 논리가 되기도 했다"고 지적하면서 "그러나 다양한 문화의 접촉을 통해 새로운 문화를 창조적으로 일구어내는 반도기질과 능력은 경계가 약화되는 시대에 창조적인 경쟁력으로 작동하고 있는 것이다"고 말했다.[31]

잘 생각해보자. '반도기질'은 식민사관이므로 우리는 영영 반도라는 말을 입에 올리지 말아야 하는가, 아니면 일본인들의 악의적 용법을 넘어서 냉정한 분석과 더불어 긍정의 의미로 사용할 것인가? 식민사관을 극복하려다 오히려 식민사관에 역이용당하는 오류는 범하지 않는 게 좋겠다.

수양동우회 ·
홍업구락부 사건

안창호의 사망, 이광수의 충격

1937년 6월 기독교청년민려회가 '멸망에 빠진 민족을 구출하는 기독교인의 역할'이라는 인쇄물을 배포하자 총독부는 수양동우회를 배후로 지목하고 관계자 181명을 체포하였다. 이른바 '수양동우회 사건'이다. 중일전쟁(中日戰爭)을 한 달 앞둔 시점에 벌어진 사건이라는 점에 주목할 필요가 있다.

일제는 중일전쟁을 앞두고 그간 합법화했던, 친목단체로 위장한 민족단체마저 불필요하다는 판단을 내렸고, 이에 따라 대대적인 수양동우회 탄압에 들어간 것이다. 이는 수양동우회 사건에 뒤이어 홍업구락부 사건, 천도교인사 탄압, 조선어학회 사건 등이 일어난 것으로도 이 같은 탄압의 의도는 입증된다.

일제에 검거된 동우회 회원은 모두 150여 명이었다. 이때에 이광수

도산 안창호. 1937년 수양동우회 사건으로 수감된 뒤 찍은 수형사진이다. 안창호는 수형 생활 중 소화불량과 급성 폐결핵을 얻어 그해 말 병보석되었으나 4개월 뒤인 1938년 3월 10일 60세를 일기로 세상을 떠났다.

도 검거되어 서대문형무소에 수감된 후 6개월 후에 병보석으로 출감 했다.[32] 이 사건으로 42명이 재판에 회부되었는데, 4년 5개월에 걸친 재판 끝에 무죄로 전원 석방된 것이 1941년 11월이다. 그 기간 중 2명은 옥사했고, 대부분 '전향'을 했다. 무죄 석방에 결정적인 기여를 한 인물은 바로 이광수다. 그 사연은 복잡하다. 우선 이광수의 행태를 논함에 있어서 안창호가 빠질 수는 없다.

1938년 3월 10일 자정 안창호가 사망했다. 안창호는 1932년 윤봉길 의거로 일본 경찰에 체포돼 본국으로 송환되었고 치안유지법 위반 혐의로 4년형을 선고받았다. 그는 2년 6개월을 복역한 뒤 가출옥했으나 1937년 7월 15일 수양동우회 사건으로 다시 수감되었다. 안창호는 대전감옥에서 소화불량과 급성 폐결핵을 얻어 그해 12월 말 보석으로 경성대학병원으로 옮겨 요양하게 된다. 그러나 병보석된 지 4개월 만인 1938년 3월 10일 60세를 일기로 사망했다(대통령 박정희의 지시로, 1973년 서울 청담동에 도산공원이 조성되었고 여기에 안창호의 유해가 모셔졌다).

안창호 사망은 그의 영원한 제자인 이광수에겐 엄청난 충격이었다. 김윤식은 "춘원이 도산의 장례식을 주도한 사실만큼 운명적인 사건은 드물다"며 다음과 같이 말했다.

"춘원의 유년기에는 동학 교주 손병희(1861~1922)가 숭배의 대상이었으며, 그 다음엔 예수였고, 그 다음 차례에 톨스토이가 오고, 석가가 오고, 그리고 도산이 그 다음을 잇는 위인이었다. 상하이에서 춘원은 도산을 거의 완벽한 인격체로 숭앙하였다. 같은 평북인이기도 했지만 무엇보다도 도산의 이념인 준비론 사상이야말로 춘원으로 하여금 숭앙케 한 근본 이유일 터이다."[33]

이상진에 따르면, "도산의 죽음은 춘원에게는 온 세상을 잃은 것과 다름없었다. 엎친 데 덮친 격으로 동우회 사건의 책임이 모두 춘원에게 돌아왔다. 그는 번민 끝에 상고심 재판에서 모든 책임을 자신이 뒤집어쓰기로 마음먹었다. 그리하여 법정에서 눈물을 흘리며, '나는 천황 폐하의 적자(赤子)입니다'라며 무죄를 애원하였다. 이어, 이천만 동포를 진정한 천황의 적자로 만드는 데 여생을 바치겠다고 서약했고, 이것으로 동우회 회원들은 무죄 판결을 받았다. 그의 순교자적 영웅심이 낳은 결과였다."[34]

이광수의 '순교자적 영웅심'

이광수의 '순교자적 영웅심'의 이면엔 그럴 만한 사연이 숨어 있다.

춘원 이광수. 수양동우회 사건으로 인해 평생의 스승으로 여겼던 도산이 사망하자 이광수는 모든 책임을 자신이 짊어져야 한다는 생각 끝에 수양동우회 전원의 무죄 석방을 위해 '전향'의 길을 선택했다.

김동인은 훗날(1948년~1949년) "20년간을 민족주의적 지도자로서 자타가 허락하던 이광수가 전향한 것"은 "동우회 40여 명의 생명"을 구하기 위한 것이었다며, "동우회 회원들의 운명은 이광수가 당국에 대하여 전향을 표명하면 혹은 용서될 수도 있겠거니와, 이광수가 버티면 동우회 40명~50명의 생명은 형무소에서 결말을 지을 수밖에는 없었다"고 했다.

김동인은 당시 수양동우회 평남지부 책임자로 사건에 연루되었던 친형 김동원(1882~1951)의 부탁으로 이광수의 집을 찾아가 "동우회 40여 명의 생명을 구해달라는 뜻"을 전달했다는 것이다. 말을 문학적으로 해서 그렇지, 실은 자신이 춘원에게 권한 것은 '전향'이 아니라

'자살'이었다고 했다. 차마 노골적으로 "자살하라"고 할 수 없어 돌려서 한 말을 춘원은 일신의 희생으로 동지를 구하라는 전향으로 해석했다는 것이다.

김동인은 "이광수는 온 책임을 자기가 뒤집어쓰고 자기는 자기의 잘못을 통절히 느낀다는 성명을 하고 자기가 그렇게 사랑하는 이천만 동포를 진정한 천황의 적자가 되도록 하기에 여생을 바치겠노라는 서약을 하여 5개년간 끌던 '동우회' 사건은 모두 무죄의 판결을 받았다"고 말했다. 김동인은 또 "춘원의 전향의 일부 책임을 면할 수 없는 나는 지금(1949년) '민족반역자 처단법'에 걸려있는 춘원을 보기가 민망하기 짝이 없다"며 "춘원이 나에게 향하여 내가 이렇게 된 것도 모두 너 때문이라고 질책할지라도 나는 변명할 아무 말도 없다"고 했다.³⁵⁾

석방된 동우회 회원들에게 남은 건 '전향'의 실천이었다. 1938년 6월 29일 상하이 임시정부에서 『독립신문』을 만들던 주요한, 「화수분」의 작가 전영택, 작곡가 현제명·홍난파 등 18명이 '전향서' 발표와 함께 친일단체인 대동민우회 가입을 선언하였다.

1938년 11월 3일, 경기도경찰부가 작성한 비밀문건에 따르면, 이광수·주요한 등 보석출소자 28명은 서울 시내 효자동 소재 이광수의 집에 모여 사상전향에 관한 회의를 열고는 충성서약의 표시로 11월 말까지 동우회 입회금 300원을 포함, 총 2,888원을 국방헌금으로 바치기로 결의하였다(당시 쌀 1가마에 17원). 헌금 전달자는 주요한으로 결정되었다. 이제 이들은 본격적인 친일행각에 나서게 된다.³⁶⁾

윤치호 포섭을 위한 흥업구락부 탄압

1938년 2월엔 흥업구락부에 대한 대대적인 탄압이 시작되었다. 1925
년에 조직된 흥업구락부는 이승만(1875~1965)과 연계된 조직으로 신
흥우(1893~1959)가 주도한 실력양성운동단체다. 1924년 5월 미국 북
감리파의 총회 회의에 조선 중앙 YMCA의 총무로서 참석했던 신흥우
가 하와이에서 이승만을 만나 그가 조직했던 '동우회'의 자매단체를
조선 국내에 결성할 것을 합의해 만들어진 것이다.

신흥우는 윤치호, 이상재 등과 상담해서 기독교 민족주의자 50명 정
도를 회원으로 모아 '실업무역'에 의한 실력향상을 목적으로 흥업구
락부를 조직했다. 흥업구락부는 수양동우회의 라이벌로 등장한 단체
인데, 여기엔 지역적 배경이 적잖이 작용했다. 수양동우회는 인적 사
항을 파악할 수 있는 110명 중 평안도 출신이 모두 80명으로 72.7퍼
센트, 황해도·함경도까지 포함할 경우 이북 출신이 82.7퍼센트인 반
면, 이남 출신은 17.3퍼센트에 불과했다. 또 110명 중 34명, 즉 31퍼
센트가 미국 유학을 다녀왔다. 흥업구락부의 경우 출신지역을 확인할
수 있는 35명의 회원 가운데 서울·경기·충청지역 출신이 29명이나
된 반면 평안도 출신은 단 한 명도 없고, 미국 유학 출신은 9명으로
22.5퍼센트였다.[37]

김상태는 "이 두 단체는 각각 미국에 본부를 두고 있는 흥사단과
동지회의 관련 단체였고, 기독교세를 주요 배경으로 하였다"며 "그러
나 두 단체는 이와 같은 공통점에도 불구하고 각각 안창호와 이승만
을 정점으로 하여 서북지역과 기호지역을 지역기반으로 하고 있다는
점 때문에 사회 전 부문에서 치열한 경쟁을 벌였다"고 했다.[38]

그런 지역갈등은 윤치호 일기를 통해서도 입증된다. 윤치호의 1932

윤치호. 신흥우, 이상재 등과
함께 흥업구락부를 창립, 활동
하였으나 일제의 탄압이 시작
되자 간단하게 전향하고 말았
다. 흥업구락부 탄압은 윤치호
포섭을 위한 일제의 계략이었
던 것으로 알려져 있다.

년 7월 15일자 일기에 따르면, "오후에 안창호 씨가 수감되었다. 이광
수 군 요청으로 4시 30분쯤 안 씨를 면회했다. 그건 그렇고, 김활란
(1899~1970) 양이 내가 안 씨 석방을 위해 당국자들과 접촉하고 있다
는 소문에 분개하고 있는 모양이다. 이승만계와 서북파를 이끌고 있는
안창호계 간의 볼썽사나운 다툼이 마침내 서울까지 다다른 것 같다.
신흥우 군, 유억겸 군, 김활란 양 등은 내가 안창호, 이광수 같은 서북
파 지도자들과 진솔한 우정을 나누고 있는 데 대해 기분이 상한 것 같
다. 그러나 사적인 우정과 정치적 당파성은 엄연히 별개의 문제다."[39]
가슴 아픈 이야기가 아닐 수 없다.

흥업구락부 탄압의 발단은 연희전문학교 내의 좌익 교수를 중심으
로 한 경제연구회 사건이었다. 일부 관계자가 조사를 받던 중 우연하

게도 이승만과의 연락문서가 입수되어 흥업구락부 회원명부와 이 단체가 이승만과 연락이 있다는 것이 발각된 사건이다. 일제는 5월 20일부터 전 회원 검거에 들어갔다. 그러나 회원 중 상당수가 이미 친일 쪽으로 기울어 있던 터라 검거되자 모두 별 저항 없이 9월 3일 전향성명서를 발표하는 한편 흥업구락부를 해산하고 친일활동에 들어갔다.[40]

신흥우 외 54명은 치안유지법 위반혐의로 기소유예 처분을 받았는데, 이는 처벌보다는 회유를 위한 관대한 처분이었다. 실제로 윤치호, 윤치영(1898~1996), 신흥우 등의 관련자들은 이후 노골적인 친일행각에 나서게 된다.[41]

윤치호는 사위인 연희전문학교 부교장 유억겸이 검거된데다 자신이 흥업구락부의 회계직을 맡고 있었기에 무사하기 어려웠지만, 어차피 모든 게 윤치호를 포섭하기 위한 각본에 따라 진행된 사건이었을 뿐이다. 1938년 9월 5일 미나미 총독은 직접 윤치호에게 3가지 조건을 요구했다. ①조선의 젊은이가 언행일치하도록 지도할 것 ② '동양인의 동양'이 되도록 하는 이상(理想)의 핵심은 '내선일체'에 있는 것을 젊은이들의 마음에 새길 것 ③ '내선일체'의 근본은 일본제국의 충량(忠良)한 신민(臣民)이 되는 것에 있음을 기억시킬 것 등이었다.[42]

신흥우의 적극신앙단

그런데 흥업구락부 사건엔 한 가지 의문이 있다. 흥업구락부는 이미 신흥우가 적극신앙단을 결성한 1932년부터 유명무실해진 상황이었는데 일제는 뒤늦게 왜 탄압에 나선 걸까? 윤치호는 흥업구락부 사건이 적극신앙단 반대자들에 대한 신흥우의 '보복'이라고 판단했다.[43]

사실 여부를 떠나, 적극신앙단은 또 무엇인지 알아보기로 하자. 1930년대 들어서 사회주의 열풍에 맞선 교계 일각의 대응 방안으로 근대주의 신학과 군대식 규율로 무장한 기독교혁신론이 제창되기도 했다. 이런 흐름을 대표한 것이 YMCA 총무 신흥우 주도하에 흥업구락부 개조운동의 일환으로 등장한 적극신앙단이다.[44]

1932년 4월 미국 여행 중에 『히틀러전』을 읽고 감명을 받은 신흥우는 파시즘의 핵심적 이론의 하나인 지도자에 대한 맹신과 복종의 이론을 받아들였다.[45] 당시의 파시즘에 대한 인식은 지금과는 많이 달랐다. 『신동아』 1932년 5월호에 실린 「세계 5대운동 전망」이라는 글은 파시즘을 이렇게 설명했다.

"파시즘은 일면으로 국민주의 본래의 속성인 국가주의이면서 타 일면으로는 반계급주의이다. 우선 파시즘은 '인터내셔널리즘' 과 대립한다. 파시즘의 중심관념은 언제나 '민족국가' '조국' 에 있는 것이오 '세계국가' 에 있는 것이 아니다. 위선적 국제주의에 대하여 파시즘은 모멸을 아끼지 않는다."[46]

파시즘의 중심관념인 '민족국가' 와 '조국' 이 당시의 일부 지식인들을 사로잡았다. 신흥우는 1933년에 적극신앙단을 결성하였는데, 그 배경과 성격에 대해 장규식은 다음과 같이 분석했다.

"신흥우는 흥업구락부의 실패 경험을 귀감 삼아 강력한 지도력과 일사불란한 조직규율을 강조하기에 이르렀는데, 그 과정에서 그의 눈에 들어온 것이 히틀러 청소년단 같은 파쇼 조직이었던 것으로 보인다."[47]

그러나 적극신앙단운동은 1935년경 교계 내부의 싸움에 휘말려 들어 엉망진창이 되고 말았다. 윤치호의 1934년 12월 9일자 일기에 따르면, "나 자신도 서울 YMCA 이사회 이사장으로 일하는 게 꺼림칙

하다. 서울 YMCA를 위해 기도하는 것조차 싫다. 서울 YMCA가 신흥우가 이끄는 적극신앙단의 지휘본부라는 걸 잘 알기 때문이다. 이사장직에서 물러나고 싶은 마음이 굴뚝 같다. 그러나 그건 신흥우와의 노골적인 싸움을 의미하게 될지도 모른다. 무슨 수를 써서라도 그렇게 되는 건 피하고 싶다."[48]

윤치호는 신흥우를 히틀러에, 적극신앙단을 파시스트단체에 견주면서 격렬히 비판했다.[49] 바로 이런 내분에 대한 보복으로 이미 다 끝난 흥업구락부 건을 신흥우가 써먹은 게 아니냐는 게 윤치호가 제기한 의혹의 정체다.

당시의 교계 내분의 조사에 나선 YMCA 국제위원회는 "한국은 극동의 아일랜드다. 한국인은 언제나 싸우고 있다. 이북파가 있고 이남파가 있다. 그러나 그들이 싸우지 않을 때는 종교적으로 정치적으로 굉장한 힘을 발휘한다"며 "제3세력은 YMCA의 적극신앙단운동을 파시스트로 공격하여 총독부 당국의 주목과 모략을 받게 했다"고 주장했다. 이에 대해 전택부는 "경찰이 친일파를 앞장세워 싸움을 붙였기 때문이다"며 "언제나 총독부의 술법은 친일파와 한국인 스파이를 동원하여 한국인끼리 싸우게 하고 종교운동을 정치운동화시켜 단속을 했던 것이다"고 주장했다.[50]

홍난파 친일논쟁

수양동우회 사건으로 전향한, '울밑에선 봉선화야~'의 작곡가 홍난파에 대해선 오늘날까지도 친일논란이 뜨겁다. 우선 윤치호의 1921년 2월 6일자 일기에 등장하는 홍난파 이야기부터 감상해보자.

홍난파. 〈성불사〉〈봉선화〉 등 일제 시대 수많은 곡을 작곡해 민중의 심금을 울렸던 그도 친일 논란에서 자유롭지 못하다.

"홍영후(작곡가 홍난파)의 편지를 읽고 부아가 치밀어 올랐다. 작년 1월~2월쯤 도쿄에 가서 음악을 공부할 수 있게 도와달라고 그가 간청한 적이 있었다. 그래서 그에게 100원을 주었다. 9월 언제쯤인가 또다시 수표로 100원을 주었다. 나중에 50원을 더 주어서, 유학비용으로 모두 250원을 대주었다. 한 달 전 그가 다시 편지를 보내와 바이올린을 사게 250원을 보내달라고 청했다. 공부하는 중에 250원짜리 바이올린을 사는 건 내 아들이나 동생이라도 절대로 승낙할 수 없는 일이었다. 그래서 부탁을 들어줄 수 없다고 답장을 썼다. 남에게서 돈을 받아 공부하면서 생활비 전액을 대달라고 하는 것이나, 고학생이 250원짜리 바이올린을 갖고 싶어 한다는 건 도저히 말도 안 되는 발상이었다. 그런데 오늘 배달된 편지에서, 그는 구두쇠의 죄악에 대해 내게 일장 연설을 늘어놓았다. 그는 조선의 부자들이 가난한 사람들을 억압하고 있다고 비난하고, 자기 재능을 계발할 만한 아무런 수단이 없는 조선의 천재들과 영웅들의 운명을 비관했다. 그는 볼셰비키들과 공산주의자들이 정당한 약탈자들이라고 강변하고, 부자들이 혼자서 자기 재산을 누릴 수 없는 때가 곧 올 거라고 협박까지 했다. 조선 청년들의 수준과, 은혜에 보답하는 그들의 마음이 어떤지를 적나라하게 보여주는 녀석이었다."[51]

2006년 5월 보수 음악단체와 진보 학술단체가 손을 잡고 작곡가 홍난파를 공동 연구한 자료집 『새로 쓴 난파 홍영후 연보』(비매품 · 180쪽)를 발간했다. 난파 기념사업을 주관하고 있는 한국음악협회 경기도지회(지회장 오현규)와 민간 학술단체인 민족문제연구소(소장 임헌영)가 '난파 연보 공동연구위원회'를 만든 뒤, 6개월 작업한 끝에 얻어진 결과다. 총 150여 편에 이르는 난파의 작품 가운데 친일가요는 〈정의의 개가〉〈공군의 노래〉〈희망의 아침〉 등 3곡인 것으로 확인됐다. 한국음악협회 경기도지회는 난파의 고향인 수원 · 화성지역에서 38년째 홍난파 기념사업을 벌여왔다. 오현규는 "세계적 지휘자인 카라얀이 나치시대에 음악활동을 했다 해서 그를 반민족 음악가로 규정 짓고 그의 음악을 말살하려고 하는 건 상상할 수 없는 일"이라고 말했다.[52]

2008년 3월 29일 민족문제연구소가 공개한, 『친일(親日)인명사전』에 실을 4,776명의 명단에 홍난파가 포함되었다. 이에 대해 『조선일보』는 "일제가 조선을 강점한 1910년부터 1945년까지 36년 세월을 이 땅에서 살아온 조선인 대부분의 삶은 친일과 반일의 이분법으로 나누기에는 너무나 복잡다단하다"며 다음과 같이 주장했다.

"일제시대에 청장년 시절을 보낸 사람들은 홍난파가 작곡한 수백 편의 한국 가곡 '성불사' '봉선화' 등등을 통해 나라 잃은 백성의 슬픔과 비애를 뼈저리게 느끼며 나라를 되찾아야겠다는 마음을 새롭게 했던 세대다. 물론 그는 일본의 강압통치가 최악으로 치달을 때 일제의 강요에 의해 몇 편의 군가(軍歌)를 작곡했다. 독립된 나라 대한민국에서 마음 편한 하루하루를 보내고 있는 우리가 잘난 듯이 뽐내며 홍난파에게 친일파라는 딱지를 붙여도 되는 것일까."[53]

"천황이 높으냐,
하나님이 높으냐?"

'부흥회'적 신앙, 파벌싸움

일제식민지배에 신음하는 조선의 절망은 '부흥회'적 신앙의 융성으로 나타났다. 1935년에 사망한 길선주(1869~1935)는 대표적인 부흥목사였다. 그는 3·1운동으로 투옥되었을 당시 요한 묵시록을 1만 번이상 읽어 암기할 정도였다. 그는 출감 후 요한 묵시록에 기초하여 말세를 이야기하면서 전국 순회의 부흥회를 열었다.

　아예 신비주의로까지 나간 경우는 이용도(1901~1933)가 대표적이다. 1929년부터 시작된 이용도의 부흥회는 1931년~1932년에 절정에 달했다. 이용도 주변엔 이용도보다 더 열광적이며 신비적인 종파가 생겨 극단적인 경우에는 강신극(降神劇), 입신극(入神劇)을 연출했다. 유명화의 접신극 사건, 황국주의 예수자처 사건 등 신비주의적 소종파운동이 활발하게 일어났다. 이러한 소종파운동은 사회주의자들이

이용도. 일제의 식민지배로 인한 조선의 절망은 '부흥회'적 신앙의 융성으로 나타났다. 감리교 목사였던 이용도는 신비주의적 부흥회를 열어 한때 이단으로 몰리기도 했다.

기독교를 비판하는 데 좋은 계기를 제공하기도 했다.[54] 김교신(1901~ 1945)은 이 '부흥회'적 신앙그룹을 '성신 열병 환자'로 규정했다.[55]

『창조』계열 작가인 전영택도 부흥회적 신앙에 대해 비판적 자세를 취했다. 『창조』의 주요한이나 김동인이 기독교적 배경을 가지고 있었음에도 배타적으로 이를 거부하였던 데 반하여, 전영택은 예술과 종교를 창작의 중심 문제로서 지속적으로 탐구해나갔다. 전영택은 1932년 『기독신보』(10월 14일~12월 30일)에 쓴 「현대교회는 조선을 구할 수 있을까」에서 당시 교회의 잘못으로 ①기독교의 사상과 태도가 인간과 인정을 떠나 저 세상에만 치중하고 있다 ②교회가 극단의 타락주의에 빠져 인간 이성의 요구를 무시하고, 덮어놓고 하나님의 '전능'만을 앞세우고 있다 ③교회가 사회개조에 대한 이상과 실행이 없다 등 3가지를 지적하였다.[56]

게다가 기독교계는 파벌로 몸살을 앓고 있었다. 1915년 12월 8일 장로교·감리교의 연합신문으로 창간된 『기독신보』도 그런 경우였다. 윤치호의 1932년 12월 6일자 일기에 따르면, "그들은 내가 『기독신보』 사장에 취임하기를 원하고 있다. ……『기독신보』는 서북과 남부 두 파벌의 격전장이다. 내가 이 파벌들을 제어하는 게 불가능한 이상, 어느 한쪽 분파의 꼭두각시 노릇을 하게 될 게 틀림없다. 세력 간 다툼을 해결하는 건 불가능하다. 난 꼭두각시에 불과하게 될 것이다."[57]

윤치호는 1933년 11월 16일자 일기에서도 "서울만 해도, 조선인사회는 서로 미워하고, 의심하고, 싸움질하는 분파들로 쪼개져 있다. 그들은 그 어떤 공동의 원칙이나 이상으로도 하나로 뭉칠 수 없을 것이다"며 다음과 같이 말했다.

"게다가 장로교와 감리교 간에, 같은 교파 내에서도 서북인들과 남부인들 간에, 심지어는 승동교회와 중앙교회에서 볼 수 있듯이 같은 교회 내부에서도 분열과 다툼이 벌어지고 있다. 이렇게 볼썽사납고 비기독교적인 태도와 감정의 원인은 결국 매우 사소한 것이다. 강력한 의지와 능력을 가진 신흥우 같은 사람조차도 싸움의 원인을 제거하거나 싸움을 진정시키기는커녕, 자기의 사적인 이익을 위해 다분히 의도적으로 자기 세력을 만들고 있는 것 같다. 정말이지 한심하기 그지없는 일이다."[58]

천주교의 신사참배 허용

한국 기독교의 시련은 그 정도에 머물지 않았다. 1930년대 후반 일제의 신사참배(神社參拜) 강요라는 더 큰 시련이 찾아왔다. 일본 왕실의

남산 조선신궁. 3 · 1운동 이후 일제는 사상 선도를 위해 그해 9월 조선신사를 건립하고, 뒤이어 1925년 10월에는 남산에 조선신궁을 만들었다. 현재의 남산 식물원 자리가 조선신궁의 위치였다.

조상신이나 국가 공로자를 기리는 사당을 종교의 대상처럼 참배하라는 것이었으니, 똑같이 따라서 미쳐 달라는 '광란의 강요' 라고나 할까. 미치려면 일본인들만 미칠 것이지, 왜 조선인까지 끌어들인단 말인가?

조선에서 신사참배가 이루어진 건 3 · 1운동 이후 일제가 사상 선도를 위하여 1919년 9월에 조선신사를 건립하면서부터였다.[59] 이어 일제는 1925년 10월 서울 남산에 조선신궁(朝鮮神宮)을 만들었다. 남대문 동쪽 끝에서부터 조선신궁에 이르는 참배로를 조성하기 위해 남대문-남산 꼭대기 구간의 서울 도성을 허물어 석재로 사용했는데, 이 길이 바로 현재의 소월길이다. 조선신궁의 위치는 현재의 남산 식물원 자리이고, 식물원 정면으로 나 있는 계단이 바로 조선신궁으로 오

르는 계단이었다.[60]

일제는 조선신궁 건설 이후 전국 각지에 신사를 건설했다. 1934년 조선 내 신사의 수는 282개에 이르렀다.[61] 일제는 1931년 만주사변을 일으켜 대륙 침략을 재개하면서 이를 뒷받침할 사상 통일을 이루기 위해 각종 행사를 개최하였고, 동시에 신사참배를 본격적으로 강요하기 시작했다.[62]

윤치호의 1935년 12월 11일자 일기에 따르면, "총독부 학무국은 황족의 존엄한 조상, 즉 태양신에 대한 존경이나 숭배의 표시인 신사참배를 거부하는 기독교 학교들은 폐교시키기로 결정했다고 한다. 모든 면, 읍, 군에 신사가 설치될 예정이다. 장로교 선교사들은 크게 당황해서 십계명의 제1계명(나 외에 다른 신을 섬기지 말라)을 위반하지 않는 선에서 자기들이 운영하는 학교를 존속시킬 수 있는 절충안을 짜내려고 고심 중에 있다."[63]

1936년 1월 일제는 신사참배를 거부한 숭실학교 교장 매큔(G. S. McCune, 한국명 윤산온)과 숭의여학교 교장 스눅(V. L. Snook, 한국명 선우리)을 교장직에서 파면했다. 두 학교는 폐교의 운명에 처하게 된다. 일제는 1936년 8월부터는 '1읍면 1신사주의'를 강요했다. 산간벽지에까지 신사를 세우게 하고 참배를 강요한 것이다. 그래서 신사의 수는 1936년 524사, 1939년 530사, 1943년 854사로 늘었다.[64]

로마 교황청은 1932년 9월 일본 천주교회에 "신사참배는 학생들에게 애국심을 고취하기 위한 교육목적으로 실시되는 것이므로 신자들의 신사참배는 정당하다"는 해석을 내렸다. 이 결정을 기초로 교황청은 1936년 5월 18일 천주교 신자들이 신사에 참배하여도 좋다는 훈령을 내렸다.[65] 이 훈령이 나오기 1개월 전인 1936년 4월 한국 천주교회는 기관지 『경향잡지』를 통해 천주교 신자들의 신사참배를 공식 허락하였다. 천주교는 중일전쟁 이후엔 신사참배를 더욱 강조하였고, 1940년 다시 한번 신자들에게 신사참배를 권유하였다.[66]

개신교의 신사참배 결의

개신교쪽에선 감리교가 장로교보다 먼저 순응하였다. 1937년 8월 1일, 신사참배를 거부하여 그때까지 가장 큰 반일세력으로 간주되었던 장로교의 일각에서도 '시국설교 및 기도회'라는 것을 승동교회에서 개최하고 내선일체를 재인식할 것과 일본의 전승을 매일 아침 기도할 것 등을 결의하였다. 이후 급속히 무너지기 시작했다.[67]

1937년 9월 조선총독부가 실시한 각도 파견 시국순회강연에 연사로 기독교인 가운데 신흥우, 유형기, 윤치호, 박희도, 차재명 등이 동원되었다. 이러한 강연회와 함께 신문·잡지 등의 논설을 통한 부일 활동에도 기독교 지도자들이 동원되었다.[68]

1938년 여름부터는 경찰이 개별 교회에 대해서도 "천황이 높으냐, 하나님이 높으냐? 신사참배는 종교의식이냐, 국가의식이냐? 국가 지상(至上)이냐, 종교 지상이냐?"라는 유치한 질문서를 보내 그 답변 여하에 따라 집회를 해산시키겠다고 위협하였다.[69]

1938년 9월 총독부는 제27회 장로회 총회에서 신사참배를 가결시키기 위해 치밀한 계획을 세웠다. 감리회와 성결교회, 구세군, 성공회 등은 이미 신사참배를 결의한 상태였다. 경찰서장들은 장로회 총회에 참석하는 각 노회 대표들에게 신사참배 안에 찬성할 것을 강요했다. 또 총회장에 정사복 경찰을 배치, 불법적으로 신사참배 결의안을 통과시켰다. 각 교단들은 결국 신사참배를 종교의식이 아닌 국가의식으로 규정하고 교리에 위반되지 않다는 점을 성명으로 발표했다.[70]

1938년 10월 서울의 장로교인 3,000여 명이 조선신궁 참배에 동원되었고, 감리교에서는 7,000여 명이 동원되어 총독부를 둘러 신궁에 도보 참배하였다.[71] 장로교는 신사참배를 가결한 이듬해인 1939년 9월 총회에서 '국민정신총동원 조선 예수교 장로회 연맹'을 결성하고, 일제의 이른바 '국책 수행에 협력'할 것을 다짐했다.[72]

파시즘에 동원된 기독교

일본의 요구에 의해, 1940년 가을에 약 400여 명의 미국인들이 한국에서 철수하였는데, 그들 대부분은 선교사였다.[73] 기독교인 윤치호는 1940년 12월 7일자 일기에서 이즈음의 기독교에 대해 혹독한 비난을 퍼붓고 있다.

"지금 기독교계는−이기적인 장로들과 목사들의 사악한 음모 아래서 몸살을 앓고 있는 장로교와 감리교는−사악한 음모와 수치스런 파벌투쟁의 소굴로 전락했다. 정인과(1888~1972)는 장로교계의 최고 음모꾼이고, 신흥우는 적극신앙단의 음모와 모반을 통해서 하나로 통합되었던 조선 감리교를 결판내버렸다. 이 두 명의 타고난 음모꾼들은 경찰의 환심을 사는 데 성공했다. 그들은 교회에 강요할 교활한 음모를 갖고 있다. 신흥우의 이상적인 영웅은 히틀러다. 그는 경찰의 도움을 받아 히틀러처럼 행세하길 원하고 있다."[74]

1943년 장로교회는 '신앙 실천요강'을 발표했다.

"각 신도의 가정마다 신단을 설치하고 황도정신(皇道精神)을 철저히 봉행할 것. 국체본의(國體本義)에 기초하여 충군애국(忠君愛國)의 정신과 경신숭조(敬神崇祖)의 정신을 함양할 것. 아국의 순풍미속을 존중하고 강직한 기풍을 길러 견인지구(堅忍持久)의 공고한 의지를 연성할 것. 신도의 황민연성(皇民鍊成)의 열매를 거두기 위하여 황국 고전 및 국체의 본의에 관한 지도교본을 편찬할 것. 각 지역에 연성회를 개최하고 목사 및 신도의 연성에 노력하며 특히 황국문화의 연구 지도를 도모할 것."

서정민은 이를 '굴절의 극단적 한계'로 규정하면서 "위 실천요강 어디에도 기독교회의 정체성이나 신앙공동체의 목표를 수행하고자 하는 특색 있는 의지를 발견하기는 어렵다. 당시 일제가 몰고가고자 했던 '황도국가'의 지표, 전체주의와 전쟁을 독려하는 파시즘에 동원되어 있는 모습을 발견할 뿐이다"고 말했다.[75]

각 지역에 설치된 연성소(鍊成所)에선 무엇을 했던가? 전주 서문교회 원로장로 김대전(1922년생)의 증언이다.

"목사들은 순번으로 차례차례 입소를 해서 며칠 숙식을 하면서 일본정신강화를 받고 일본을 섬기는 애국시를 부르고 주문을 외웠어요. 우상 섬기는 주문을 외웠다니까요. 어떻게 했느냐면 옷을 다 발가벗고 훈도시만 차고 찬물로 우리말로 번역하면 '깨끗이 맑게 씻어주시옵소서. 정결케 해 주시옵소서' 그것을 외우면서 손을 모아서 벌벌 떨면서 했어요. 그것이 연성훈련과정이었어요. ……기가 막히지요. 그런 사람들이 어떻게 강단에서 하나님 말씀을 설교했을까 몰라요."[76]

1943년께에는 교단의 이름을 일본 기독교 교회로 바꾸기도 했다. 유영대는 "이후 교회를 스스로 떠나는 사람들이 늘어나고 신사참배를 거부하는 사람들이 많았음에도 불구하고 대부분 한국 교회는 광복

될 때까지 신사참배를 실시했다"며 다음과 같이 말했다.

"신사참배를 거부하는 교역자와 성도를 제명하고 추방하기도 했다. 장로회의 경우 1940년까지 300여 명의 목사와 성도를 제명했다. 총독부는 또 교회 재산의 헌납을 강요했다. 일장기를 걸어놓고 일제를 위해 구국기도회를 열거나 승전감사예배를 보기도 했다. 신학과 교회 전통도 훼손됐다. 일본 천조대신(天照大神, 아마테라스)이 여호와보다 더 높다는 고백을 하도록 강요했다. 황국신민서사 제창도 이뤄졌고 전쟁의 성공적인 수행을 위한 기구개편도 일어났다. 성경도 신약성경만을, 일제 말기에는 사복음서만을 인정하기에 이르렀다. 유대 민족의 역사가 담긴 구약성경이 전쟁을 수행 중인 일제에 도움을 주지 않고 일본 천왕의 절대 신성에 위배된다는 이유에서였다. 찬송가 가사도 바뀌거나 삭제됐다. 일본 신의 이름으로 바다와 강에서 침례도 이뤄졌다. 이 의식은 신도계의 계(契)를 받는 행위로 기독교의 세례와 같은 개종의식이었다."[77]

최덕지 · 김교신 · 주기철 · 오정모

그러나 전 기독교계가 신사참배에 굴복한 것만은 아니었다. 신사참배로 거부로 인해 투옥된 이는 대략 2,000여 명에 달하고 200여 교회가 폐쇄되었으며 50여 명이 순교하였다.[78]

한국 최초의 여자 목사로 알려진 최덕지(1901~1956)는 "신사참배는 기독교 정신에 어긋날 뿐만 아니라 전쟁에 찬성하고 식민지지배를 인정하는 것"이라며 조직적인 신사참배 거부운동을 펼쳤다. 그녀는 이 때문에 1940년부터 4차례 구속됐지만 옥중에서도 금식기도와 예배

를 통해 뜻을 굽히지 않았다.[79]

1942년 3월엔 이른바 『성서조선』 사건이 일어나 약 400명이 취조를 받고 김교신, 함석헌(1901~1989), 송두용(1904~1986) 등 13명이 1년간 투옥되었다. 문제가 된 『성서조선』 1942년 3월호 권두문에서 김교신은 조선인을 개구리에, 일본의 조선지배정책을 혹한에 비유하여, 고난을 넘어서서 민족의 부활이 오는 날을 묵시적으로 서술하였다.[80]

주기철(1897~1944) 목사가 재직하던 평양 산정현교회는 조직적인 신사참배 반대운동의 본거지였다. 은사 조만식의 요청으로 1936년 평양 산정현 교회 담임목사로 간 주기철은 1938년 전국 27개 노회 대표가 "신사참배는 종교가 아니라 국가의식"이라며 찬성 결의를 할 때 예비 검속되어 갇혀 있었다. 주기철은 1940년 2월 산정현교회에서 '다섯 종목의 나의 기원'이란 유언설교를 했다. 이 설교 후 다시 검거되어 황실불경죄 및 치안유지법 위반으로 10년 형을 언도받았다.[81]

조연현은 "개신교 교단인 평양노회는 그를 감싸기는커녕 일제의 앞잡이가 되어 주 목사의 목사직을 파면하고 가족들을 엄동설한에 교회 사택에서 내쫓았으며 1940년 마침내 교회를 폐쇄했다. 주 목사의 부인 오정모(1903~1947)는 시어머니와 전처소생 네 아들과 함께 거리로 내쫓겼다"며 다음과 같이 말했다.

"그것은 시련의 시작이었다. 일제는 신사참배 거부자를 굴복시키기 위해 가족을 이용했다. 일본 경찰은 주기철의 아내와 노모, 당시 열 살이던 막내 아들 광조를 지하취조실로 불러들였다. 그들은 주기철의 손을 뒤로 묶어 공중에 매달고선 발길로 차고, 목검으로 내리쳤다. 그러면 주기철은 공중에서 그네처럼 흔들렸다. '그네뛰기 고문'이었다. 고문이 시작되자 노모는 그 자리에서 정신을 잃어버렸다. 오정모는 엎드려 '주님'을 부르며 기도했다. 주기철이 기절하자 경찰은 오정모를 고문하기 시작했다. 이번엔 주기철이 아내가 발길로 차이는 동안 엎드려 '주님'만을 불렀다. 부부는 감당키 어려운 고문을 기도로써 이겨냈다. 어린 광조의 눈엔 굴복하지 않음으로써 더 큰 고문을 불러오곤 하는 어머니가 답답하고 야속하게 느껴지곤 했다. 결국 주기철은 고문 후유증으로 해방을 1년 앞둔 1944년 4월 21일 밤 9시 옥중에서 순교했다. 많은 교회들이 신앙과 민족을 동시에 저버렸던 때에 주기철은 한국 교회의 자존심을 지킨 인물로 부활했다. 그러나 오정모를 기리는 사람은 거의 없다. 하지만 당시 산정현교회 신자들은 부임한 지 얼마 안 돼 투옥된 주기철은 몰라도 교회가 폐쇄된 뒤에도 남편을 대신해 심방을 다니며 교인들을 규합하고 신앙을 지키도록 하면서 주기철이 최후까지 일제에 항거할 수 있는 튼튼한 버팀목이 되어주었던 오정모의 활동은 너무나 잘 알고 있었다."[82]

한국기독교역사연구소는 "일제 말기 전시 체제하에서 기독교의 변질과 기독교인 특히 지도자들의 변절은 처절할 정도"였다고 했다.[83] 최덕지 · 김교신 · 주기철 · 오정모 등은 그런 처절한 상황 속에서도 한국 기독교를 지킨 최후의 보루였던 셈이다.

생각해보면 참으로 묘한 일이었다. 조선보다 근대화를 빨리 이룬 일본은 그렇게 해서 갖게 된 군사력으로 조선을 지배하면서 조선을 야만으로 여겼지만, 일제가 강점기 내내 조선에 강요했던 건 야만의 극치였으니 말이다.

일제가 신사참배의 대상으로 삼은 제신(祭神) 중엔 메이지 천황이란 자가 있었는데, 이 자는 1912년에 죽은 인간이다. 죽은 인간을 8년 만에 신(神)으로 부활시킨 것도 웃기는 짓이지만, 그런 짓을 하려면 자기

들끼리나 할 것이지, 왜 5년 후엔 조선으로까지 끌고 와서 조선인들에게 참배를 하라고 강요한단 말인가. 문명의 탈을 쓴 야만, 그것이 바로 전쟁기계 국가로 태어난 일본의 참모습은 아니었을까? 1940년대 들어 그 전쟁기계 국가의 광란은 극을 치닫게 되며, 그 와중에서 조선인의 신음 소리는 더욱 높아져만 간다.

제1장

1) 하워드 진, 『살아있는 미국역사』, 추수밭, 2008, 190쪽; 이준호, 「아듀 …… 20세기 (55) 대공황 서곡 뉴욕증시 폭락 1929년 10월 24일」, 『조선일보』, 1999년 3월 31일자.

2) 이준호, 「아듀 …… 20세기 (55) 대공황 서곡 뉴욕증시 폭락 1929년 10월 24일」, 『조선일보』, 1999년 3월 31일자.

3) 이준호, 「아듀 …… 20세기 (55) 대공황 서곡 뉴욕증시 폭락 1929년 10월 24일」, 『조선일보』, 1999년 3월 31일자.

4) 이선민, 「아듀…… 20세기 (56) 1930년대 개관」, 『조선일보』, 1999년 4월 1일자; 마이클 하워드 · 로저 루이스, 차하순 외 옮김, 『20세기의 역사』, 가지않은길, 2000, 104쪽; 박한용, 「'공황기' 국내 민족해방운동의 고양과 민족통일전선운동의 굴절」, 강만길 외, 『통일지향 우리민족해방운동사』, 역사비평사, 2000, 163쪽.

5) 제레미 리프킨, 이희재 옮김, 『소유의 종말(The Age of Access)』, 민음사, 2001, 207쪽; 장보드리야르, 이상률 옮김, 『소비의 사회: 그 신화와 구조』, 문예출판사, 1991, 91쪽; 양건열, 『비판적 대중문화론』, 현대미학사, 1997, 127쪽; Daniel J. Boorstin, 『The Image: A Guide to Pseudo-Events in America』(New York: Atheneum, 1964), p.59.

6) 배경식, 「보릿고개를 넘어서」, 한국역사연구회, 『우리는 지난 100년 동안 어떻게 살았을까 3』, 한국역사연구회, 1999, 223~224쪽.

7) 김광렬, 「1920~30년대 조선에서 실시된 일본의 '궁민구제' 토목사업: 구직도일(求職渡日) 현상의 개연적 요인으로서」, 강덕상 · 정진성 외, 『근 · 현대 한일관계와 재일동포』, 서울대학교출판부, 1999, 100쪽.

8) 배경식, 「보릿고개를 넘어서」, 한국역사연구회, 『우리는 지난 100년 동안 어떻게 살았을까 3』, 한국역사연구회, 1999, 223~224쪽.

9) 노형석, 『모던의 유혹, 모던의 눈물』, 생각의 나무, 2004, 316쪽에서 재인용.

10) 김태수, 『꽃가치 피어 매혹케 하라: 신문광고로 본 근대의 풍경』, 황소자리, 2005, 85쪽.

11) 천정환, 『근대의 책읽기: 독자의 탄생과 한국 근대문학』, 푸른역사, 2003, 520쪽.

12) 박노자, 『박노자의 만감일기: 나, 너, 우리, 그리고 경계를 넘어』, 인물과사상사, 2008, 132-133쪽.

13) 전봉관, 「30년대 조선을 거닐다: (마지막회) 궁민(窮民)구제 토목사업」, 『조선일보』, 2006년 2월 25일자.

14) 김윤식 외, 『우리 문학 100년』, 현암사, 2001, 69~70쪽에서 재인용.

15) 전봉관, 「30년대 조선을 거닐다: (마지막회) 궁민(窮民)구제 토목사업」, 『조선일보』, 2006년 2월 25일자.

16) 전봉관, 「30년대 조선을 거닐다: (마지막회) 궁민(窮民)구제 토목사업」, 『조선일보』, 2006년 2월 25일자.

17) 윤치호, 김상태 편역, 『윤치호 일기 1916~1943: 한 지식인의 내면세계를 통해 본 식민지시기』, 역사비평사, 2001, 537쪽.

18) 윤치호, 김상태 편역, 『윤치호 일기 1916~1943: 한 지식인의 내면세계를 통해 본 식민지시기』, 역사비평사, 2001, 268쪽.

19) 김경일, 『한국 근대 노동사와 노동운동』, 문학과지성사, 2004, 21쪽.

20) 박은숙, 「도시화의 뒤안길, 달동네 사람들」, 한국역사연구회, 『우리는 지난 100년 동안 어떻게 살았을까 2』, 역사비평사, 1998, 158~159쪽.

21) 박은숙, 「도시화의 뒤안길, 달동네 사람들」, 한국역사연구회, 『우리는 지난 100년 동안 어떻게 살았을까 2』, 역사비평사, 1998, 158쪽.

22) 전봉관, 『황금광시대: 식민지시대 한반도를 뒤흔든 투기와 욕망의 인간사』, 살림, 2005, 45쪽.

23) 하시야 히로시, 김제정 옮김, 『일본 제국주의, 식민지 도시를 건설하다』, 모티브, 2005, 63쪽.

24) 윤치호, 김상태 편역, 『윤치호 일기 1916~1943: 한 지식인의 내면세계를 통해 본 식민지시기』, 역사비평사, 2001, 440~441쪽.

25) 윤치호, 김상태 편역, 『윤치호 일기 1916~1943: 한 지식인의 내면세계를 통해 본 식민지시기』, 역사비평사, 2001, 449~450쪽.

26) 윤치호, 김상태 편역, 『윤치호 일기 1916~1943: 한 지식인의 내면세계를 통해 본 식민지시기』, 역사비평사, 2001, 297쪽.

27) 윤정란, 『한국기독교 여성운동의 역사: 1910년~1945년』, 국학자료원, 2003, 172~173쪽.

28) 신용하, 『일제강점기 한국민족사(중)』, 서울대학교출판부, 2002, 397쪽.

29) 신용하, 『일제강점기 한국민족사(중)』, 서울대학교출판부, 2002, 394, 397쪽.

30) 서중석, 『한국현대민족운동연구: 해방후 민족국가 건설운동과 통일전선』, 역사비평사, 1991, 119 · 121쪽.

31) 서중석, 『한국현대민족운동연구: 해방후 민족국가 건설운동과 통일전선』, 역사비평사, 1991, 126~128쪽.

32) 김무용, 「한국 근현대 사회주의운동, 이상과 현실의 갈등」, 역사문제연구소, 『역사문제연구 7』, 역사비평사, 2001, 198쪽.

33) 서중석, 『한국현대민족운동연구: 해방후 민족국가 건설운동과 통일전선』, 역사비평사, 1991, 135쪽.

34) 김정형, 「역사속의 오늘: 최대 규모의 민족운동단체 '신간회' 해산」, 『조선일보』, 2003년 5월 16일자.

35) 김정형, 「역사속의 오늘: 최대 규모의 민족운동단체 '신간회' 해산」, 『조선일보』, 2003년 5월 16일자.

36) 「사설: 지금 더욱 그리운 80년 전 신간회 정신」, 『조선일보』, 2007년 2월 15일, A31면.

37) 신용하, 『일제강점기 한국민족사(중)』, 서울대학교출판부, 2002, 455~456쪽.

38) 서중석, 『한국현대민족운동연구: 해방 후 민족국가건설운동과 통일전선』, 역사비평사, 1991, 136쪽.

39) 신용하, 『일제강점기 한국민족사(중)』, 서울대학교출판부, 2002, 455쪽.

40) 권희영, 『한인 사회주의운동 연구』, 국학자료원, 1999, 542~544쪽.

41) 권희영, 『한인 사회주의운동 연구』, 국학자료원, 1999, 544~545쪽.

42) 권희영, 『한인 사회주의운동 연구』, 국학자료원, 1999, 555쪽.

43) 신춘식, 「조선공산당을 위한 변명」, 『진보평론』, 제3호(2000년 봄), 303~305쪽.

44) 김경일, 『한국 근대 노동사와 노동운동』, 문학과지성사, 2004, 389~390쪽.

45) 김진현, 「'21세기 신간회'를 만들자」, 『조선일보』, 2006년 2월 15일자.

46) 고명섭, 「신간회 창립 80돌 행사 내달 15일」, 『한겨레』, 2007년 1월 11일, 27면.

47) 「사설: 지금 더욱 그리운 80년 전 신간회 정신」, 『조선일보』, 2007년 2월 15일, A31면.

48) 한홍구, 「역사이야기: 호떡집에 불지른 수치의 역사」, 『한겨레21』, 2001년 3월 22일자.

49) 이지원, 「만주동포의 국적문제와 정체성」, 『논쟁으로 본 한국사회 100년』, 역사비평사, 2000, 130쪽.

50) 최준, 『한국신문사』, 일조각, 1987, 304쪽.

51) 한홍구, 「역사이야기: 호떡집에 불지른 수치의 역사」, 『한겨레21』, 2001년 3월 22일자.

52) 최준, 『한국신문사』, 일조각, 1987, 282~283쪽; 한홍구, 「역사이야기: 호떡집에 불지른 수치의 역사」, 『한겨레21』, 2001년 3월 22일자.

53) 한홍구, 「역사이야기: 호떡집에 불지른 수치의 역사」, 『한겨레21』, 2001년 3월 22일자.

54) 한홍구, 「역사이야기: 호떡집에 불지른 수치의 역사」, 『한겨레21』, 2001년 3월 22일자.

55) 한홍구, 「역사이야기: 호떡집에 불 지른 수치의 역사」, 『한겨레21』, 2001년 3월 22일자.

56) 한복진, 『우리 생활 100년 · 음식』, 현암사, 2001, 322~323쪽.

57) 최준, 『한국신문사』, 일조각, 1987, 282~283쪽.

58) 두만강 편집위원회, 『두만강』, 심양: 료녕민족판사, 1996, 290~297쪽.

59) 김상태 편역, 『윤치호 일기 1916~1943: 한 지식인의 내면세계를 통해 본 식민지시기』, 역사비평사, 2001, 277~278쪽.

60) 한홍구, 「역사이야기: 호떡집에 불지른 수치의 역사」, 『한겨레21』, 2001년 3월 22일자.

61) 동아일보사, 『민족과 더불어 80년: 『동아일보』 1920~2000』, 동아일보사, 2000, 230~231쪽.

62) 동아일보사, 『민족과 더불어 80년: 『동아일보』 1920~2000』, 동아일보사, 2000, 232쪽; 하종문, 「군국주의 일본의 전시동원」, 『역사비평』, 통권 62호(2003년 봄), 141쪽.

63) 조동걸, 『한국 근현대사의 이상과 형상』, 푸른역사, 2001, 367쪽.

64) 구대열, 『한국 국제관계사 연구 1: 일제시기 한반도의 국제관계』, 역사비평사, 1995, 360~361쪽.

65) 구대열, 『한국 국제관계사 연구 1: 일제시기 한반도의 국제관계』, 역사비평사, 1995, 360~361쪽.

66) 송건호, 『직필과 곡필: 송건호 전집 10』, 한길사, 2002, 40~41쪽.

67) 김진기, 「제5장 모택동의 혁명전략과 전술」, 서진영 외, 『모택동과 중국혁명: 중국혁명의 전개와 사상적 노선』, 태암, 1989, 297쪽.

68) 남종호, 「모택동 자서전의 시대배경」, 해방군문예출판사 편, 남종호 역, 『모택동 자서전』, 다락원, 2002, 191~192쪽.

69) 이상민 · 이주천, 「제7장 1920년대의 외교(1920~1930)」, 차상철 외, 『미국 외교사: 워싱턴 시대부터 루즈벨트 시대까지(1774~1939)』, 비봉출판사, 1999, 307~308쪽.

70) 동아일보사, 『민족과 더불어 80년: 『동아일보』 1920~2000』, 동아일보사, 2000, 233쪽.

71) 최준, 『한국신문사』, 일조각, 1987, 277~278쪽.

72) 이선민, 「아듀 …… 20세기 (56) 1930년대 개관」, 『조선일보』, 1999년 4월 1일자; 데니스 웨프먼, 김기연 옮김, 『인물로 읽는 세계사: 히틀러』, 대현출판사, 1993, 109쪽.

73) 한홍구, 『대한민국사: 단군에서 김두한까지』, 한겨레신문사, 2003, 93쪽.

74) 안수찬, 「한 · 중 · 일 함께 쓰는 역사 함께 여는 미래 (3) 만주국」, 『한겨레』, 2005년 3월 9일, 6면.

75) 안수찬, 「한 · 중 · 일 함께 쓰는 역사 함께 여는 미래 (3) 만주국」, 『한겨레』, 2005년 3월 9일, 6면.

76) 이선민, 「철도를 지배하는 자가 대륙을 차지한다: 만주를 운영했던 일제의 '두뇌' 滿鐵 40년」, 『조선일보』, 2004년 3월 27일자.

77) 고바야시 히데오, 임성모 옮김, 『만철: 일본제국의 싱크탱크』, 산처럼, 2004, 15쪽.

78) 김용석, 「다시 쓰는 한반도 100년 (22) 滿鮮日報 를 통해본 동포들의 삶」, 『경향신문』, 2002년 1월 12일, 7면.

79) 이은숙, 「제7장 이민문학을 통해서 본 1930년대 북간도 조선이민의 공간인지: 박계주의 작품을 중심으로」, 『우리 국토에 새겨진 문화와 역사』, 논형, 2003, 214쪽.

80) 윤휘탁, 「만주국 우리에게 어떤 곳?」, 『한겨레』, 2005년 3월 9일, 6면.

81) 김용석, 「다시 쓰는 한반도 100년 (22) 滿鮮日報 를 통해 본 동포들의 삶」, 『경향신문』, 2002년 1월 12일, 7면.

82) 한석정, 『만주국 건국의 재해석: 괴뢰국의 국가효과, 1932~1936』, 동아대학교출판부, 1999,

166쪽.

83) 윤휘탁, 「만주국, 우리에게 어떤 곳?」, 『한겨레』, 2005년 3월 9일, 6면.

84) 조갑제, 『내 무덤에 침을 뱉어라 2: 전쟁과 사랑』, 조선일보사, 1998, 100쪽.

85) 한홍구, 『대한민국사 02: 아리랑 김산에서 월남 김상사까지』, 한겨레신문사, 2003, 66~68쪽.

86) 이병주, 『대통령들의 초상: 우리의 역사를 위한 변명』, 서당, 1991, 87쪽.

87) 그레고리 헨더슨, 박행웅·이종삼 옮김, 『소용돌이의 한국정치』, 한울아카데미, 2000, 180쪽.

88) 조갑제, 『내 무덤에 침을 뱉어라 2: 전쟁과 사랑』, 조선일보사, 1998, 181쪽.

89) 박명림, 「박정희와 김일성: 한국적 근대화의 두 가지 길」, 『역사비평』, 통권 82호(2008년 봄), 133쪽.

90) 이경훈, 「하르빈의 푸른 하늘: '벽공무한'과 대동아공영」, 김철·신형기 외, 『문학 속의 파시즘』, 삼인, 2001, 197쪽.

제2장

1) 김희곤, 「실록 대한민국림시정부: 제1부 (7) 臨政되살린 이봉창·윤봉길 의거」, 『조선일보』, 2005년 2월 23일자.

2) 홍인근, 『이봉창 평전: 항일애국투쟁의 불꽃, 그리고 투혼』, 나남출판, 2002, 89쪽.

3) 조동걸, 『한국근현대사의 탐구』, 경인문화사, 2003, 145쪽.

4) 한시준·정운현, 「의열 독립투쟁 (15) 이봉창 의사」, 『서울신문』, 1999년 12월 10일, 6면.

5) 「언론권력: 제2부 추악한 과거 (1) 『조선일보』의 친일 곡필」, 『한겨레』, 2001년 3월 28일, 1면.

6) 조동걸, 『한국근현대사의 탐구』, 경인문화사, 2003, 143~144쪽.

7) 한시준, 「의열 독립투쟁 (15) 이봉창 의사」, 『서울신문』, 1999년 12월 10일, 6면.

8) 홍인근, 『이봉창 평전: 항일애국투쟁의 불꽃, 그리고 투혼』(나남출판, 2002), 156쪽.

9) 김희곤, 「현대사 다시쓴다: 독립운동사의 쾌거, 이봉창·윤봉길 의거」, 『한국일보』, 1999년 4월 6일, 16면.

10) 신용하, 「다시 보는 한국역사 (10·끝) 카이로선언과 김구」, 『동아일보』, 2007년 6월 10일자; 김희곤, 「실록 대한민국림시정부: 제1부 (7)臨政되살린 이봉창·윤봉길 의거」, 『조선일보』, 2005년 2월 23일자.

11) 연합뉴스, 「윤봉길 의사 '상하이 의거' 친필 출사표 사진 첫 공개」, 『한겨레』, 2007년 4월 28일, 22면.

12) 김희곤, 「현대사 다시쓴다: 독립운동사의 쾌거, 이봉창·윤봉길 의거」, 『한국일보』, 1999년 4월 6일, 16면; 정운현·조동걸, 「義烈 독립투쟁 (6) 윤봉길 의사」, 『서울신문』, 1999년 9월 17일, 6면.

13) 김희곤, 「현대사 다시쓴다: 독립운동사의 쾌거, 이봉창·윤봉길 의거」, 『한국일보』, 1999년 4월 6일, 16면.

14) 신용하, 「다시 보는 한국역사 (10·끝) 카이로선언과 김구」, 『동아일보』, 2007년 6월 10일자.

15) 정용욱, 『미군정 자료연구』, 선인, 2003, 236~237쪽에서 재인용.

16) 오동룡, 「"도산 안창호는 상해 임시정부의 '호주머니' 였다": 도산 안창호의 비서실장 구익균」, 『월간조선』, 2008년 6월, 451쪽.

17) 김희곤, 「현대사 다시쓴다: 독립운동사의 쾌거, 이봉창·윤봉길 의거」, 『한국일보』, 1999년 4월 6일, 16면.

18) 김희곤, 「실록 대한민국임시정부: '윤봉길 거사' 직후 7곳 옮겨 다녀: 제2부 (1) 새로운 근거지를 찾아서」, 『조선일보』, 2005년 3월 9일자.

19) 정재정·염인호·장규식, 『서울 근현대 역사기행』, 혜안, 1998, 293~294쪽.

20) 금동근, 「온겨레 뜻 모아 애국혼 기린다 …… 윤봉길 의사 탄생 100주년」, 『동아일보』, 2008년 6월 3일자.

21) 김원철, 「윤봉길 의사가 던진 건 '물통 폭탄' …… 알려진 도시락 폭탄은 자결용 미처 못 터뜨려」, 『국민일보』, 2007년 12월 19일자.

22) 박노자, 「'정당한 폭력' 은 정당한가」, 『한겨레 21』, 2007년 4월 17일, 96~97면.

23) 신용하, 「"백범이 테러리스트"라니?」, 『조선일보』, 2007년 8월 4일자.

24) 김용석, 「다시 쓰는 한반도 100년 (22) 滿鮮日報 를 통해본 동포들의 삶」, 『경향신문』, 2002년 1월 12일, 7면.

25) 조운찬, 「항일운동. '선구자' 무대 一松亭 소나무 일제가 후추 넣고 대못박아 枯死」, 『경향신문』, 2004년 3월 11일, 12면.

26) 류연산, 『일송정 푸른 솔에 선구자는 없었다: 재만 조선인 친일행적 보고서』, 아이필드, 2004, 43쪽.

27) 장현주, 「[마산] 친일 감추기 VS 진실 거버넌스」, 『시민의신문』, 2004년 7월 26일자.

28) 김성호, 「민생단 사건과 만주 조선인 빨치산들」, 『역사비평』, 통권 51호(2000년 여름), 109쪽.

29) 신용하, 『한국 항일독립운동사연구』, 경인문화사, 2006, 422~423쪽.

30) 신용하, 『한국 항일독립운동사연구』, 경인문화사, 2006, 423~425쪽.

31) 신용하, 『한국 항일독립운동사연구』, 경인문화사, 2006, 425~430쪽.

32) 한홍구, 『대한민국사 03: 야스쿠니의 악몽에서 간첩의 추억까지』, 한겨레신문사, 2005, 240쪽.

33) 신용하, 『한국 항일독립운동사연구』, 경인문화사, 2006, 425~430쪽.

34) 신용하, 『한국 항일독립운동사연구』, 경인문화사, 2006, 437~444쪽.

35) 김성호, 「민생단 사건과 만주 조선인 빨치산들」, 『역사비평』, 통권 51호(2000년 여름), 135~137쪽.

36) 윤치호, 김상태 편역, 『윤치호 일기 1916~1943: 한 지식인의 내면세계를 통해 본 식민지시기』, 역사비평사, 2001, 294~295쪽.

37) 전봉관, 「[토요 연재] 30년대 조선을 거닐다 (6) '낙토(樂土) 만주' 이민 열풍」, 『조선일보』, 2005년 11월 12일자.

38) 윤해동, 『식민지의 회색지대: 한국의 근대성과 식민주의 비판』, 역사비평사, 2003,

236~237쪽.

39) 박헌호, 『이태준과 한국 근대소설의 성격』, 소명출판, 1999, 99쪽.

40) 박헌호, 『이태준과 한국 근대소설의 성격』, 소명출판, 1999, 99쪽.

41) 윤해동, 『식민지의 회색지대: 한국의 근대성과 식민주의 비판』, 역사비평사, 2003, 237쪽.

42) 윤해동, 『식민지의 회색지대: 한국의 근대성과 식민주의 비판』, 역사비평사, 2003, 238쪽.

43) 유석재, 「식민지 조선에 불어닥친 주식·부동산 광풍」, 『조선일보』, 2007년 7월 21일자; 김성희, 「"1932년 나진 땅 투기 땐 한 달 새 1000배 올라": 『럭키 경성』 낸 전봉관 교수」, 『중앙일보』, 2007년 7월 21일자.

44) 유석재, 「식민지 조선에 불어닥친 주식·부동산광풍」, 『조선일보』, 2007년 7월 21일자; 허엽, 「일확천금에 삶을 걸다 …… '럭키경성'」, 『동아일보』, 2007년 7월 21일자.

45) 이동순, 「李東洵 교수의 歌謠 이야기 (6) 한국의 漫謠」, 『월간조선』, 2001년 6월호.

46) 한수영, 「하바꾼에서 황금광까지: 채만식의 소설에 나타난 식민지 사회의 투기 열풍」, 박지향 외 엮음, 『해방 전후사의 재인식 1』, 책세상, 2006, 87쪽.

47) 전봉관, 『황금광시대: 식민지시대 한반도를 뒤흔든 투기와 욕망의 인간사』, 살림, 2005, 4쪽.

48) 전봉관, 『황금광시대: 식민지시대 한반도를 뒤흔든 투기와 욕망의 인간사』, 살림, 2005, 41쪽.

49) 전봉관, 『황금광시대: 식민지시대 한반도를 뒤흔든 투기와 욕망의 인간사』, 살림, 2005, 39~40쪽.

50) 전봉관, 『황금광시대: 식민지시대 한반도를 뒤흔든 투기와 욕망의 인간사』, 살림, 2005, 20쪽.

51) 윤치호, 김상태 편역, 『윤치호 일기 1916~1943: 한 지식인의 내면세계를 통해 본 식민지시기』, 역사비평사, 2001, 608쪽.

52) 전봉관, 『황금광시대: 식민지시대 한반도를 뒤흔든 투기와 욕망의 인간사』, 살림, 2005, 16쪽.

53) 전봉관, 『황금광시대: 식민지시대 한반도를 뒤흔든 투기와 욕망의 인간사』, 살림, 2005, 44쪽.

54) 전봉관, 『황금광시대: 식민지시대 한반도를 뒤흔든 투기와 욕망의 인간사』, 살림, 2005, 288~289쪽.

55) 한윤정, 「책마을: '황금광시대' −전봉관(살림)」, 『경향신문』, 2005년 1월 29일, M1면.

56) 허엽, 「일확천금에 삶을 걸다 …… '럭키경성'」, 『동아일보』, 2007년 7월 21일자.

57) 전봉관, 「[토요 연재] 30년대 조선을 거닐다 (2) 식민지 주식시장엔 '일확천금 꿈'」, 『조선일보』, 2005년 10월 15일자.

58) 전봉관, 「[토요 연재] 30년대 조선을 거닐다 (2) 식민지 주식시장엔 '일확천금 꿈'」, 『조선일보』, 2005년 10월 15일자.

59) 전봉관, 『럭키경성: 근대조선을 들썩인 투기열풍과 노블레스 오블리주』, 살림, 2007, 332~333쪽.

60) 지수걸, 『일제하 농민조합운동연구: 1930년대 혁명적 농민조합운동』, 역사비평사, 1993, 63쪽.

61) 차윤경, 「화제의 책: 우리는 파업으로 싸웠다–안재성의 '경성 트로이카'」, 『세계일보』, 2004년 8월 14일, 29면.

62) 이본영, 「광복60돌 사회주의 독립운동가 열전: (8) '경성 트로이카' 이끈 이재유(1905~ 1944)」, 『한겨레』, 2005년 9월 9일, 13면.

63) 이본영, 「광복60돌 사회주의 독립운동가 열전: (8) '경성 트로이카' 이끈 이재유(1905~ 1944)」, 『한겨레』, 2005년 9월 9일, 13면.

64) 안재성, 『경성트로이카』, 사회평론, 2004, 234쪽.

65) 이본영, 「광복60돌 사회주의 독립운동가 열전: (8) '경성트로이카' 이끈 이재유(1905~ 1944)」, 『한겨레』, 2005년 9월 9일, 13면; 고명섭, 「책–경성트로이카, 안재성 지음」, 『한겨레』, 2004년 8월 14일, 18면.

66) 서중석, 『한국현대민족운동연구: 해방 후 민족국가건설운동과 통일전선』, 역사비평사, 1991, 146~147쪽.

67) 이준식, 「조선공산당 재건운동」, 『진보평론』, 제4호(2000년 여름), 310쪽; 고명섭, 「책–경성트로이카, 안재성 지음」, 『한겨레』, 2004년 8월 14일, 18면.

68) 안재성, 『경성트로이카』, 사회평론, 2004, 238~239쪽; 한홍구, 『대한민국사 02: 아리랑 김산에서 월남 김상사까지』, 한겨레신문사, 2003, 149쪽.

69) 이철, 「박진홍과 이재유, 그리고 김태준: 일제하 운동사상 가장 낭만적인 로맨스」, 『경성을 뒤흔든 11가지 연애사건』, 다산초당, 2008, 300~332쪽.

70) 김학철, 『최후의 분대장: 김학철 자서전』, 문학과지성사, 1995, 90쪽.

71) 이본영, 「광복60돌 사회주의 독립운동가 열전: (8) '경성 트로이카' 이끈 이재유(1905~ 1944)」, 『한겨레』, 2005년 9월 9일, 13면.

72) 정재정·염인호·장규식, 『서울 근현대 역사기행』, 혜안, 1998, 197~198쪽.

73) 이본영, 「광복60돌 사회주의 독립운동가 열전: (8) '경성 트로이카' 이끈 이재유(1905~ 1944)」, 『한겨레』, 2005년 9월 9일, 13면; 변은진, 「전시파시즘하 국내 민족해방운동의 변화」, 강만길 외, 『통일지향 우리민족해방운동사』, 역사비평사, 2000, 233쪽.

74) 이본영, 「광복60돌 사회주의 독립운동가 열전: (8) '경성 트로이카' 이끈 이재유(1905~ 1944)」, 『한겨레』, 2005년 9월 9일, 13면.

제3장

1) 이정식, 『몽양 여운형: 시대와 사상을 초월한 융화주의자』, 서울대학교출판부, 2008, 410~411쪽.

2) 박용규, 「여운형의 언론활동에 관한 연구: 일제하 『조선중앙일보』 사장 시기를 중심으로」, 『한국언론학보』, 제42-2호(1997년 겨울), 168~200쪽; 이정식, 『몽양 여운형: 시대와 사상을

초월한 융화주의자』, 서울대학교출판부, 2008, 421~424쪽.

3) 정진석, 『역사와 언론인』, 커뮤니케이션북스, 2001, 263쪽.

4) 김영희, 「일제시기 라디오의 출현과 청취자」, 『한국언론학보』, 제46-2호(2002년 봄), 163쪽.

5) 이동욱, 『민족계몽의 초석 방응모』, 지구촌, 1998, 82~93쪽.

6) 최준, 『한국신문사논고』, 일조각, 1995, 345쪽.

7) 이동욱, 『민족계몽의 초석 방응모』, 지구촌, 1998, 110~112쪽.

8) 이동욱, 『민족계몽의 초석 방응모』, 지구촌, 1998, 107, 191쪽.

9) 정진석, 『인물 한국언론사: 한국언론을 움직인 사람들』, 나남, 1995, 206~207쪽.

10) 주동황 · 김해식 · 박용규, 『한국언론사의 이해』, 전국언론노동조합연맹, 1997, 28쪽.

11) 정진석, 『한국언론흥망사』, 『업서버』, 1992년 12월, 578~579쪽.

12) 김상태 편역, 『윤치호 일기 1916~1943: 한 지식인의 내면세계를 통해 본 식민지시기』, 역사비평사, 2001, 624쪽.

13) 이동욱, 『민족계몽의 초석 방응모』, 지구촌, 1998, 141쪽.

14) 조선일보사 사료연구실, 『조선일보 사람들: 일제시대편』, 랜덤하우스중앙, 2004, 311쪽.

15) 김상태 편역, 『윤치호 일기 1916~1943: 한 지식인의 내면세계를 통해 본 식민지시기』, 역사비평사, 2001, 624쪽.

16) 조맹기, 『한국언론인물사상사』, 나남출판, 2006, 143쪽.

17) 김상태 편역, 『윤치호 일기 1916~1943: 한 지식인의 내면세계를 통해 본 식민지시기』, 역사비평사, 2001, 623~624쪽.

18) 조선일보사 사료연구실, 『조선일보 사람들: 일제시대편』, 랜덤하우스중앙, 2004, 311쪽.

19) 김윤식, 『이광수와 그의 시대 2』, 솔, 1999, 183쪽.

20) 김윤식, 『이광수와 그의 시대 2』, 솔, 1999, 59쪽.

21) 박철하, 「민족해방운동의 활성화와 신간회운동」, 강만길 외, 『통일지향 우리민족해방운동사』, 역사비평사, 2000, 134쪽.

22) 김윤식, 『이광수와 그의 시대 2』, 솔, 1999, 215~216쪽.

23) 김윤식, 『이광수와 그의 시대 2』, 솔, 1999, 160~161쪽.

24) 김윤식, 『이광수와 그의 시대 2』, 솔, 1999, 162쪽.

25) 조선일보사 사료연구실, 『조선일보 사람들: 일제시대편』, 랜덤하우스중앙, 2004, 313쪽.

26) 조선일보사 사료연구실, 『조선일보 사람들: 일제시대편』, 랜덤하우스중앙, 2004, 311~313쪽; 조맹기, 『한국언론인물사상사』, 나남출판, 2006, 147~148쪽.

27) 조선일보사 사료연구실, 『조선일보 사람들: 일제시대편』, 랜덤하우스중앙, 2004, 314쪽.

28) 최준, 『한국신문사』, 일조각, 1987, 307쪽.

29) 정진석, 『한국언론사』, 나남, 1990, 530쪽.

30) 최민지, 「한말-일제하 민족과 언론」, 송건호 외, 『한국언론 바로보기』, 다섯수레, 2000, 76쪽.

31) 조선일보사 사료연구실, 『조선일보 사람들: 일제시대편』, 랜덤하우스중앙, 2004, 309쪽.

32) 이동욱, 『민족계몽의 초석 방응모』, 지구촌, 1998, 162~163쪽.

33) 김상태 편역, 『윤치호 일기 1916~1943: 한 지식인의 내면세계를 통해 본 식민지시기』, 역사비평사, 2001, 612쪽.

34) 이동욱, 『민족계몽의 초석 방응모』, 지구촌, 1998, 144~145쪽.

35) 정진석, 『역사와 언론인』, 커뮤니케이션북스, 2001, 260쪽; 『미디어오늘』, 1995년 6월 21일, 9면.

36) 김동민, 「역사가 말하는 『조선일보』의 진실」, 『조선일보를 아십니까?』, 개마고원, 1999, 76쪽에서 재인용.

37) 김민환, 『한국언론사』, 사회비평사, 1996, 283쪽.

38) 김민환, 『한국언론사』, 사회비평사, 1996, 285쪽.

39) 이동욱, 『민족계몽의 초석 방응모』, 지구촌, 1998, 194쪽.

40) 최인진, 『한국사진사 1631~1945』, 눈빛, 1999, 310,313쪽.

41) 유선영, 「한국 대중문화의 근대적 구성과정에 대한 연구: 조선 후기에서 일제시대까지를 중심으로」, 고려대학교 대학원 신문방송학과 박사학위 논문, 1992년 12월, 301~302쪽; 강심호, 『대중적 감수성의 탄생: 도박, 백화점, 유행』, 살림, 2005, 36쪽.

42) 조선일보사 사료연구실, 『조선일보 사람들: 일제시대편』, 랜덤하우스중앙, 2004, 380쪽.

43) 유선영, 「객관주의 100년의 형식화 과정」, 『언론과 사회』, 제10호(1995년 겨울), 104쪽에서 재인용.

44) 정운현, 「한국 신문호외의 기원과 발달에 관한 연구」, 고려대학교 언론대학원 석사학위논문, 2000년 6월, 44~45쪽.

45) 김한수, 「[창간특집] 명기사 명사설 (6) 생생한 르포기사들」, 『조선일보』, 2001년 3월 15일자.

46) 진성호, 「[창간특집] 『조선일보』 사장 열전 ⑤ 9대 방응모 선생」, 『조선일보』, 2001년 3월 7일자; 호현찬, 『한국영화 100년』, 문학사상사, 2000, 66쪽.

47) 유민영, 『한국 근대극장 변천사』, 태학사, 1998, 274~275쪽.

48) 이동욱, 『민족계몽의 초석 방응모』, 지구촌, 1998, 203쪽.

49) 최준, 『한국신문사』, 일조각, 1987, 251~253쪽.

50) 동아일보사, 『민족과 더불어 80년: 동아일보 1920~2000』, 동아일보사, 2000, 249~250쪽.

51) 동아일보사, 『민족과 더불어 80년: 동아일보 1920~2000』, 동아일보사, 2000, 248~249쪽.

52) 김진송, 『서울에 딴스홀을 허(許)하라: 현대성의 형성』, 현실문화연구, 1999, 129~131쪽.

53) 천정환, 『근대의 책읽기: 독자의 탄생과 한국 근대문학』, 푸른역사, 2003, 522쪽.

54) 유선영, 「한국 대중문화의 근대적 구성과정에 대한 연구: 조선 후기에서 일제시대까지를 중심으로」, 고려대학교 대학원 신문방송학과 박사학위 논문, 1992년 12월, 302쪽.

55) 조영복, 「1930년대 신문 학예면과 문학 담론 형성의 의미: 『조선일보』를 중심으로」, 방일영문화재단, 『한국언론학술논총 2003』, 커뮤니케이션북스, 2003, 163쪽.

56) 천정환, 『근대의 책읽기: 독자의 탄생과 한국 근대문학』, 푸른역사, 2003, 329~330쪽.

57) 조영복, 「1930년대 신문 학예면과 문학 담론 형성의 의미: 『조선일보』를 중심으로」, 방일영문화재단, 『한국언론학술논총 2003』, 커뮤니케이션북스, 2003, 169, 180~181쪽.

58) 조선일보사 사료연구실, 『조선일보 사람들: 일제시대편』, 랜덤하우스중앙, 2004, 318쪽.

59) 김상태, 『박태원: 기교와 이데올로기』, 건국대학교출판부, 1996, 23쪽; 조선일보사 사료연구실, 『조선일보 사람들: 일제시대편』, 랜덤하우스중앙, 2004, 318쪽.

60) 조영복, 『문인기자 김기림과 1930년대 '활자─도서관' 의 꿈: 학예면과 신문문예 장르의 세계』, 살림, 2007, 92쪽.

61) 동아일보사, 『민족과 더불어 80년: 동아일보 1920~2000』, 동아일보사, 2000, 254~255쪽에서 재인용.

62) 동아일보사, 『민족과 더불어 80년: 동아일보 1920~2000』, 동아일보사, 2000, 256쪽에서 재인용.

63) 이임자, 『한국 출판과 베스트셀러 1883~1996』, 경인문화사, 1998, 162쪽.

64) 이임자, 『한국 출판과 베스트셀러 1883~1996』, 경인문화사, 1998, 163쪽.

65) 이중한 외, 『우리 출판 100년』, 현암사, 2001, 76~82쪽.

66) 이동욱, 『민족계몽의 초석 방응모』, 지구촌, 1998, 184쪽.

67) 조맹기, 『한국언론인물사상사』, 나남출판, 2006, 170쪽.

68) 강영주, 「벽초 홍명희 3: 신간회 활동과 『임꺽정』 기필」, 『역사비평』, 계간 25호(1994년 여름), 158쪽.

69) 김광일, 「[창간특집] 명기사 명사설 (끝) 근ㆍ현대 문학」, 『조선일보』, 2001년 3월 19일자.

70) 이주형, 「한국 역사소설의 성취와 한계」, 유종호 외, 『현대 한국문학 100년: 20세기 한국문학 어떻게 볼 것인가』, 민음사, 1999, 159쪽.

71) 김윤식ㆍ정호웅, 『한국소설사』, 문학동네, 2000, 217~218쪽.

72) 이상진, 『한국근대작가 12인의 초상』, 옛오늘, 2004, 67쪽.

73) 김우창ㆍ도정일, 「문학대담: 우리는 지금 어디로 가고 있는가?: 21C 인문학의 새로운 패러다임을 위하여」, 『문예중앙』, 1999년 가을, 22쪽.

74) 김명인, 「수렁에 빠진 문학 살리기」, 『동아일보』, 2000년 6월 8일, A6면.

75) 황석영, 「동인문학상 심사 대상을 거부한다」, 『한겨레』, 2000년 7월 20일, 12면.

76) 김병익, 『한국문단사 1908~1970』, 문학과지성사, 2001, 185~186쪽.

77) 이상옥, 『이효석: 참여에서 순수로』, 건국대학교출판부, 1997, 28쪽.

78) 이상옥, 『이효석: 참여에서 순수로』, 건국대학교출판부, 1997, 29쪽.

79) 김재용, 「염상섭과 한설야: 식민지와 분단을 거부한 남북의 문학적 상상력」, 『역사비평』, 통권 82호(2008년 봄), 70~72쪽.

80) 오장환, 『한국 아나키즘운동사 연구』, 국학자료원, 1998, 84~85쪽.

81) 오광수ㆍ서성록, 『우리 미술 100년』, 현암사, 2001, 104~108쪽.

82) 오명근, 『그 이상은 없다: 패션으로 읽는 1930년대 문화예술인의 초상』, 동양문고ㆍ상상공방, 2006, 47쪽.

83) 윤병로, 『한국근ㆍ현대문학사』, 명문당, 1991, 218쪽.

84) 김성호, 『한국방송인물지리지』, 나남, 1997, 24쪽; 윤병로, 『한국 근ㆍ현대 문학사』, 명문당,

1991, 216쪽.

85) 김병익, 『한국문단사 1908~1970』, 문학과지성사, 2001, 187~188쪽.

86) 윤병로, 『한국근 · 현대문학사』, 명문당, 1991, 246쪽.

87) 김병익, 『한국문단사 1908~1970』, 문학과지성사, 2001, 184~185쪽.

88) 천정환, 『근대의 책읽기: 독자의 탄생과 한국 근대문학』, 푸른역사, 2003, 465~466쪽.

89) 이상경, 『강경애: 문학에서의 성과 계급』, 건국대학교출판부, 1997, 141쪽.

90) 문학과사상연구회, 『20세기 한국문학의 반성과 쟁점』, 소명출판, 1999, 208~209쪽.

91) 김경애 · 김채현 · 이종호, 『우리 무용 100년』, 현암사, 2001, 66~67쪽.

92) 정운현, 「정직한 역사 되찾기: 親日의 군상 (8) 월북무용가 崔承喜」, 『서울신문』, 1998년 9월 28일, 6면.

93) 윤치호, 김상태 편역, 『윤치호 일기 1916~1943: 한 지식인의 내면세계를 통해 본 식민지시기』, 역사비평사, 2001, 603~604쪽.

94) 정운현, 「정직한 역사 되찾기: 親日의 군상 (8) 월북무용가 崔承喜」, 『서울신문』, 1998년 9월 28일, 6면; 김경애 · 김채현 · 이종호, 『우리 무용 100년』, 현암사, 2001, 71~75쪽.

95) 김채현, 「최초의 근대무용가 최승희: 근대무용의 민족적 표현」, 『역사비평』, 계간 17호 (1992년 여름), 239~244쪽; 정운현, 「정직한 역사 되찾기: 親日의 군상 (8) 월북무용가 崔承喜」, 『서울신문』, 1998년 9월 28일, 6면.

96) 정운현, 「정직한 역사 되찾기: 親日의 군상 (8) 월북무용가 崔承喜」, 『서울신문』, 1998년 9월 28일, 6면.

97) 김형찬, 「1969년 8월 8일 …… 월북 무용가 최승희 사망일자 처음 확인」, 『동아일보』, 2003년 2월 12일, 19면; 이용욱, 「'반도의 무희' 월북 무용가 최승희, 北 TV '69년 8월 작고' 확인」, 『경향신문』, 2003년 2월 12일, 15면.

제4장

1) 윤병로, 『한국근 · 현대문학사』, 명문당, 1991, 237쪽; 정현기, 『이태준: 정치로 죽기와 작가로 서기』, 건국대학교출판부, 1994, 19쪽.

2) 윤병로, 『한국근 · 현대문학사』, 명문당, 1991, 254~255쪽.

3) 이승훈, 『이상: 식민지시대의 모더니스트』, 건국대학교출판부, 1997, 45~46쪽.

4) 이승훈, 『이상: 식민지시대의 모더니스트』, 건국대학교출판부, 1997, 80쪽.

5) 정과리, 「'오감도' 영원한 미완의 시 …… 무한히 열린 해석의 가능성: 한국 현대시 10대 시인 (8)이상」, 『한국일보』, 2007년 10월 24일자.

6) 김민수, 『멀티미디어 인간 이상은 이렇게 말했다』, 생각의나무, 1999, 237쪽.

7) 박헌호, 『이태준과 한국 근대소설의 성격』, 소명출판, 1999, 82쪽.

8) 전상국, 『김유정: 시대를 초월한 문학성』, 건국대학교출판부, 1995, 98쪽.

9) 전상국, 『김유정: 시대를 초월한 문학성』, 건국대학교출판부, 1995, 26쪽.

10) 윤정란, 『한국기독교 여성운동의 역사: 1910년~1945년』, 국학자료원, 2003, 179~180쪽.

11) 신동원, 「세균설과 식민지 근대성 비판」, 『역사비평』, 통권 58호(2002년 봄), 356쪽.

12) 이승훈, 『이상: 식민지시대의 모더니스트』, 건국대학교출판부, 1997, 87~88쪽.

13) 이승훈, 『이상: 식민지시대의 모더니스트』, 건국대학교출판부, 1997, 88쪽.

14) 이대근, 「이명박 미스터리」, 『경향신문』, 2007년 7월 19일자.

15) 김경진, 「2008총선: 요동치는 정치권」, 『중앙일보』, 2008년 1월 8일자.

16) 김상태, 『박태원: 기교와 이데올로기』, 건국대학교출판부, 1996, 24쪽.

17) 김윤식·정호웅, 『한국소설사』, 문학동네, 2000, 264쪽.

18) 김상태, 『박태원: 기교와 이데올로기』, 건국대학교출판부, 1996, 54쪽; 권보드래, 「새로운 맹목을 찾아서」, 장석만 외, 『한국 근대성 연구의 길을 묻다』, 돌베개, 2006, 43쪽.

19) 손종업, 『극장과 숲: 한국 근대문학과 식민지 근대성』, 월인, 2000, 34~35쪽.

20) 김윤식·정호웅, 『한국소설사』, 문학동네, 2000, 264쪽.

21) 김주리, 『모던 걸, 여우 목도리를 버려라: 근대적 패션의 풍경』, 살림, 2005, 86~87쪽.

22) 박태원, 천정환 책임편집, 『소설가 구보 씨의 일일: 박태원 단편선』, 문학과지성사, 2005, 153쪽.

23) 박태원, 천정환 책임편집, 『소설가 구보 씨의 일일: 박태원 단편선』, 문학과지성사, 2005, 156~158쪽.

24) 김주리, 『모던 걸, 여우 목도리를 버려라: 근대적 패션의 풍경』, 살림, 2005, 86~87쪽.

25) 손민호, 「삼국지, 한국문학 그리고 박태원」, 『중앙일보』, 2008년 5월 2일자.

26) 정선태, 「정선태의 번역으로 만난 근대: 시내암의 『수호지』」, 『한겨레 21』, 2003년 12월 11일자.

27) 손민호, 「삼국지, 한국문학 그리고 박태원」, 『중앙일보』, 2008년 5월 2일자.

28) 길윤형 외, 「"재협상할 때까지" …… 도심 '촛불의 바다'로」, 『한겨레』, 2008년6월 11일자.

29) 오성철, 「1930년대 초등교육 확대와 조선인의 교육요구」, 우용제·류방란·한우희·오성철, 『근대한국초등교육연구: 동몽교육에서 초등교육으로』, 교육과학사, 1998, 127~129쪽.

30) 이만규, 『조선교육사 II』, 거름, 1991, 193~194쪽.

31) 오성철, 「1930년대 초등교육 확대와 조선인의 교육요구」, 우용제·류방란·한우희·오성철, 『근대한국초등교육연구: 동몽교육에서 초등교육으로』, 교육과학사, 1998, 131쪽.

32) 오성철, 「1930년대 초등교육 확대와 조선인의 교육요구」, 우용제·류방란·한우희·오성철, 『근대한국초등교육연구: 동몽교육에서 초등교육으로』, 교육과학사, 1998, 136~137쪽.

33) 오성철, 「1930년대 초등교육 확대와 조선인의 교육요구」, 우용제·류방란·한우희·오성철, 『근대한국초등교육연구: 동몽교육에서 초등교육으로』, 교육과학사, 1998, 140쪽.

34) 오성철, 「1930년대 초등교육 확대와 조선인의 교육요구」, 우용제·류방란·한우희·오성철, 『근대한국초등교육연구: 동몽교육에서 초등교육으로』, 교육과학사, 1998, 151~152쪽.

35) 오성철, 「1930년대 초등교육 확대와 조선인의 교육요구」, 우용제·류방란·한우희·오성철, 『근대한국초등교육연구: 동몽교육에서 초등교육으로』, 교육과학사, 1998, 144쪽.

36) 오성철, 「1930년대 초등교육 확대와 조선인의 교육요구」, 우용제·류방란·한우희·오성철, 『근대한국초등교육연구: 동몽교육에서 초등교육으로』, 교육과학사, 1998, 148~149쪽.

37) 이만규, 『조선교육사 II』, 거름, 1991, 206쪽.

38) 오성철, 「1930년대 초등교육 확대와 조선인의 교육요구」, 우용제·류방란·한우희·오성철, 『근대한국초등교육연구: 동몽교육에서 초등교육으로』, 교육과학사, 1998, 131쪽.

39) 김태호, 「조선지식인의 과학기술 읽기」, 국사편찬위원회 편, 『근현대과학기술과 삶의 변화』, 두산동아, 2005, 83~84쪽.

40) 김예림, 「전시기 오락정책과 '문화' 로서의 우생학」, 『역사비평』, 통권 73호(2005년 겨울), 333쪽.

41) 제레미 리프킨, 전영택·전병기 옮김, 『바이오테크 시대』, 민음사, 1999, 223쪽.

42) 제레미 리프킨, 전영택·전병기 옮김, 『바이오테크 시대』, 민음사, 1999, 233쪽.

43) 제레미 리프킨, 전영택·전병기 옮김, 『바이오테크 시대』, 민음사, 1999, 234쪽.

44) 제레미 리프킨, 전영택·전병기 옮김, 『바이오테크 시대』, 민음사, 1999, 235쪽.

45) 이종민, 「식민지시기 형사처벌의 근대화에 관한 연구: 근대 감옥의 이식·확장을 중심으로」, 한국사회사학회, 『사회와 역사』, 통권 제55집(1999), 26쪽.

46) 김예림, 「전시기 오락정책과 '문화' 로서의 우생학」, 『역사비평』, 통권 73호(2005년 겨울), 333쪽.

47) 조형근, 「식민지체제와 의료적 규율화」, 김진균·정근식 편저, 『근대주체와 식민지 규율권력』, 문화과학사, 1997, 213쪽.

48) 김혜경, 『식민지하 근대가족의 형성과 젠더』, 창비, 2006, 144, 190쪽.

49) 김혜경, 『식민지하 근대가족의 형성과 젠더』, 창비, 2006, 146쪽.

50) 이선민, 「[창간특집] 명기사 명사설 (5) 조선학 관련」, 『조선일보』, 2001년 3월 14일자.

51) 정진석, 『한국언론사』, 나남, 1990, 523~524쪽.

52) 최상천, 『알몸 박정희』, 사람나라, 2001, 53쪽.

53) 최상천, 『알몸 박정희』, 사람나라, 2001, 72~75쪽.

54) 박찬승, 『민족주의의 시대: 일제하의 한국 민족주의』, 경인문화사, 2007, 97~97쪽.

55) 박찬승, 『민족주의의 시대: 일제하의 한국 민족주의』, 경인문화사, 2007, 97쪽.

56) 김진균·정근식, 「식민지체제와 근대적 규율」, 김진균·정근식 편저, 『근대주체와 식민지 규율권력』, 문화과학사, 1997, 24쪽.

57) 권명아, 「생활양식과 파시즘의 문제: 식민지와 그 이후」, 방기중 편, 『식민지 파시즘의 유산과 극복의 과제』, 혜안, 2006, 209쪽.

58) 박재범, 「황성신문 창간 …… 독립협회 활동 도와: 이달의 독립운동가 남궁억선생」, 『서울신문』, 1994년 12월 13일, 21면; 유우근, 「그해 오늘은: '무궁화 선생'」, 『세계일보』, 2001년 4월 5일, 7면.

59) 이명화, 「제5장 문화운동」, 한국근현대사학회 엮음, 『한국독립운동사강의』, 한울아카데미, 1998, 164쪽.

60) 이기백, 『한국사상(韓國史像)의 재구성』, 일조각, 1991, 154쪽.

61) 이선민, 「[창간특집] 명기사 명사설 (5) 조선학 관련」, 『조선일보』, 2001년 3월 14일자.

62) 김인식, 『중도의 길을 걸은 신민족주의자 안재홍의 생각과 삶』, 역사공간, 2006, 145쪽.

63) 박명규, 「지식운동의 근대성과 식민성: 1920~30년대를 중심으로」, 한국사회사학회 엮음, 『지식변동의 사회사』, 문학과지성사, 2003, 142~143쪽.

64) 한영우, 『한국민족주의역사학』, 일조각, 1994, 210쪽.

65) 한영우, 『한국민족주의역사학』, 일조각, 1994, 204쪽.

66) 한영우, 『한국민족주의역사학』, 일조각, 1994, 211쪽.

67) 박한용, 「안재홍의 민족주의론: 근대를 넘어선 근대?」, 정윤재 외, 『민족에서 세계로: 민세 안재홍의 신민족주의론』, 봉명, 2002, 205쪽.

68) 박찬승, 『민족주의의 시대: 일제하의 한국 민족주의』, 경인문화사, 2007, 262~263쪽.

69) 피터 버크, 조한욱 옮김, 『문화사란 무엇인가』, 길, 2005, 51쪽에서 재인용.

70) 이승철, 「안재홍과 개마고원 감자꽃」, 『경향신문』, 2007년 4월 10일, 30면.

71) 박명규, 「지식운동의 근대성과 식민성: 1920~30년대를 중심으로」, 한국사회사학회 엮음, 『지식변동의 사회사』, 문학과지성사, 2003, 144쪽.

72) 서중석, 『한국현대민족운동연구: 해방후 민족국가 건설운동과 통일전선』, 역사비평사, 1991, 145쪽.

73) 박찬승, 『민족주의의 시대: 일제하의 한국 민족주의』, 경인문화사, 2007, 259쪽.

74) 서중석, 『한국현대민족운동연구: 해방후 민족국가 건설운동과 통일전선』, 역사비평사, 1991, 146쪽.

75) 조동걸, 『현대 한국사학사』, 나남출판, 1998, 42~43쪽.

76) 이기백, 『한국사상(韓國史像)의 재구성』, 일조각, 1991, 178쪽.

77) 이세영, 『한국사연구와 과학성』, 청년사, 1997, 22~23쪽.

78) 이기백, 『한국사상(韓國史像)의 재구성』, 일조각, 1991, 179쪽.

79) 이기백, 『한국사상(韓國史像)의 재구성』, 일조각, 1991, 179쪽.

80) 이기백, 『한국사상(韓國史像)의 재구성』, 일조각, 1991, 179쪽.

81) 박헌호, 『이태준과 한국 근대소설의 성격』, 소명출판, 1999, 108쪽.

82) 박헌호, 『이태준과 한국 근대소설의 성격』, 소명출판, 1999, 108~109쪽.

83) 이권효, 「"일제강점기 '인문학 지킴이'는 신문"」, 『동아일보』, 2006년 12월 20일, A12면.

84) 윤치호, 김상태 편역, 『윤치호 일기 1916~1943: 한 지식인의 내면세계를 통해 본 식민지시기』, 역사비평사, 2001, 613쪽.

85) 윤학준, 『양반 동네 소동기』, 효리, 2000, 73쪽; 서지문, 「역사의 사실과 문학의 진실」, 『한국사 시민강좌 41』, 일조각, 2007, 251쪽.

86) 신용하, 『일제강점기 한국민족사(중)』, 서울대학교출판부, 2002, 150쪽.

87) 하우봉, 「새로운 시각에서 쓴 한국유교사: 옮긴이의 말」, 강재언, 하우봉 옮김, 『선비의 나라 한국유학 2천년』, 한길사, 2003, 501~502쪽.

88) 한영우, 『역사학의 역사』, 지식산업사, 2002, 255쪽; 이광표, 「새로 쓰는 선비론: (23 · 끝) 단재 신채호(1880~1936)」, 『동아일보』, 1998년 3월 27일, 26면.

89) 김삼웅, 『단재 신채호평전』, 시대의창, 2005, 356~357쪽.

90) 김삼웅, 『단재 신채호평전』, 시대의창, 2005, 358쪽.

91) 박홍규, 『아나키즘 이야기: 자유 · 자치 · 자연』, 이학사, 2004, 146쪽.

92) 김삼웅, 『단재 신채호평전』, 시대의창, 2005, 360~361쪽.

93) 이선민, 「[창간특집] 명기사 명사설 (5) 조선학 관련」, 『조선일보』, 2001년 3월 14일자.

94) 임중빈, 『단재 신채호 일대기』, 범우사, 2003, 186쪽.

95) 조선일보사 사료연구실, 『조선일보 사람들: 일제시대편』, 랜덤하우스중앙, 2004, 374쪽.

96) 김세환, 『끝나지 않는 식민지 학문 100년』, 박이정, 2004, 155~157쪽.

97) 한영우, 『우리 역사와의 대화』, 을유문화사, 1991, 239쪽.

제5장

1) 윤해동, 『식민지의 회색지대: 한국의 근대성과 식민주의 비판』, 역사비평사, 2003, 242~243쪽.

2) 김진균 외, 「일제하 보통학교와 규율」, 김진균 · 정근식 편저, 『근대주체와 식민지 규율권력』, 문화과학사, 1997, 82쪽; 이기훈, 「독서의 근대, 근대의 독서: 1920년대의 책읽기」, 역사문제연구소, 『역사문제연구 7』, 역사비평사, 2001, 19쪽.

3) 손정목, 『일제강점기 도시사회상연구』, 일지사, 1996, 133쪽.

4) 이기훈, 「독서의 근대, 근대의 독서: 1920년대의 책읽기」, 역사문제연구소, 『역사문제연구 7』, 역사비평사, 2001, 24~25쪽.

5) 천정환, 『근대의 책읽기: 독자의 탄생과 한국 근대문학』, 푸른역사, 2003, 113쪽.

6) 이기훈, 「독서의 근대, 근대의 독서: 1920년대의 책읽기」, 역사문제연구소, 『역사문제연구 7』, 역사비평사, 2001, 22~25쪽.

7) 김중순, 유석춘 역, 『문화민족주의자 김성수』, 일조각, 1998, 150쪽.

8) 손인수, 『한국교육사』, 문음사, 1998, 664~665쪽.

9) 정진석, 『한국언론사』, 나남, 1990, 520~521쪽.

10) 손인수, 『한국교육사』, 문음사, 1998, 667쪽.

11) 정진석, 『한국언론사』, 나남, 1990, 524쪽.

12) 김동민, 「일제하 신문기업에 관한 고찰」, 김왕석 · 임동욱 외, 『한국언론의 정치경제학』, 아침, 1990, 150쪽.

13) 김동민, 「일제하 신문기업에 관한 고찰」, 김왕석 · 임동욱 외, 『한국언론의 정치경제학』, 아침, 1990, 151쪽.

14) 윤해동, 『식민지의 회색지대: 한국의 근대성과 식민주의 비판』, 역사비평사, 2003, 244~246쪽.

15) 정진석, 『한국언론사』, 나남, 1990, 523~524쪽.

16) 김윤식, 『이광수와 그의 시대 2』, 솔, 1999, 183쪽.

17) 지수걸, 「식민지 농촌현실에 대한 상반된 문학적 형상화: 이광수의 『흙』과 이기영의 『고향』을 중심으로」, 『역사비평』, 계간 20호(1993년 봄), 196~197쪽.

18) 하종오, 「오늘의 책: 고향─"세상은 점점 개명한다는데 살기는 왜 더 곤란해지나?"」, 『한국일보』, 2008년 5월 20일자; 손종업, 『극장과 숲: 한국 근대문학과 식민지 근대성』, 월인, 2000, 129~133쪽.

19) 김윤식, 『이광수와 그의 시대 2』, 솔, 1999, 199쪽; 조선일보사 사료연구실, 『조선일보 사람들: 일제시대편』, 랜덤하우스중앙, 2004, 221~222쪽.

20) 손종업, 『극장과 숲: 한국 근대문학과 식민지 근대성』, 월인, 2000, 143~145쪽.

21) 염희진, 「그 상록수, 여기서 늠름하게 컸구나」, 『동아일보』, 2008년 5월 4일자; 손인수, 『한국교육사』, 문음사, 1998, 668쪽.

22) 지수걸, 『일제하 농민조합운동연구: 1930년대 혁명적 농민조합운동』, 역사비평사, 1993, 53쪽.

23) 강재언, 『한국근대사』, 한울, 1990, 199~204쪽.

24) 신용하, 『일제 식민지 근대화론 비판』, 문학과지성사, 1998, 40쪽.

25) 전상국, 『김유정: 시대를 초월한 문학성』, 건국대학교출판부, 1995, 36쪽.

26) 하일식, 『연표와 사진으로 보는 한국사』, 일빛, 1998, 307쪽; 박한용, 「'공황기' 국내 민족해방운동의 고양과 민족통일전선운동의 굴절」, 강만길 외, 『통일지향 우리민족해방운동사』, 역사비평사, 2000, 165~166쪽.

27) 윤치호, 김상태 편역, 『윤치호 일기 1916~1943: 한 지식인의 내면세계를 통해 본 식민지시기』, 역사비평사, 2001, 350쪽.

28) 전상국, 『김유정: 시대를 초월한 문학성』, 건국대학교출판부, 1995, 39~40쪽.

29) 박한용, 「'공황기' 국내 민족해방운동의 고양과 민족통일전선운동의 굴절」, 강만길 외, 『통일지향 우리민족해방운동사』, 역사비평사, 2000, 166~167쪽.

30) 강재언, 『한국근대사』, 한울, 1990, 210쪽.

31) 지수걸, 「브나로드운동, 누가 왜 하였나」, 역사문제연구소 편, 『바로 잡아야 할 우리 역사 37장면 1』, 역사비평사, 1993, 68~69쪽.

32) 김영희, 『일제시대 농촌통제정책 연구』, 경인문화사, 2003, 524쪽.

33) 김영희, 『일제시대 농촌통제정책 연구』, 경인문화사, 2003, 523쪽.

34) 최재성, 『식민지 조선의 사회 경제와 금융조합』, 경인문화사, 2006, 219~220쪽.

35) 최재성, 『식민지 조선의 사회 경제와 금융조합』, 경인문화사, 2006, 230~231쪽.

36) 최재성, 『식민지 조선의 사회 경제와 금융조합』, 경인문화사, 2006, 218쪽.

37) 최재성, 『식민지 조선의 사회 경제와 금융조합』, 경인문화사, 2006, 203~204, 223~224쪽.

38) 최재성, 『식민지 조선의 사회 경제와 금융조합』, 경인문화사, 2006, 174쪽.

39) 조준상, 「'일제하 파시즘……' 학술회의, "30년대 농촌지배 방식은 식민조합주의"」, 『한겨레』, 2003년 5월 17일, 27면; 신기욱, 「1930년대 농촌진흥운동과 농촌사회 변화: 식민조합

주의를 중심으로」, 방기중 편, 『일제 파시즘 지배정책과 민중생활』, 혜안, 2004, 323~362 쪽; 신기욱·한도현, 「식민지 조합주의: 1932~1940년의 농촌진흥운동」, 신기욱·마이클 로빈슨 엮음, 도면회 옮김, 『한국의 식민지 근대성: 내재적 발전론과 식민지 근대화론을 넘어서』, 삼인, 2006, 129~160쪽.

40) 윤해동, 『식민지의 회색지대: 한국의 근대성과 식민주의 비판』, 역사비평사, 2003, 241~ 242쪽.

41) 임혜봉, 『한 권으로 보는 불교사 100장면』, 가람기획, 1994, 347쪽.

42) 윤치호, 김상태 편역, 『윤치호 일기 1916~1943: 한 지식인의 내면세계를 통해 본 식민지시기』, 역사비평사, 2001, 268쪽.

43) 윤치호, 김상태 편역, 『윤치호 일기 1916~1943: 한 지식인의 내면세계를 통해 본 식민지시기』, 역사비평사, 2001, 355쪽.

44) 신기욱·한도현, 「식민지 조합주의: 1932~1940년의 농촌진흥운동」, 신기욱·마이클 로빈슨 엮음, 도면회 옮김, 『한국의 식민지 근대성: 내재적 발전론과 식민지 근대화론을 넘어서』, 삼인, 2006, 134~135쪽.

45) 신기욱·한도현, 「식민지 조합주의: 1932~1940년의 농촌진흥운동」, 신기욱·마이클 로빈슨 엮음, 도면회 옮김, 『한국의 식민지 근대성: 내재적 발전론과 식민지 근대화론을 넘어서』, 삼인, 2006, 135~136쪽.

46) 그레고리 헨더슨, 박행웅·이종삼 옮김, 『소용돌이의 한국정치』, 한울아카데미, 2000, 185~186쪽.

47) 김달중, 「해제: 소용돌이의 한국정치」, 그레고리 헨더슨, 박행웅·이종삼 옮김, 『소용돌이의 한국정치』, 한울아카데미, 2000, 6~7쪽.

48) 그레고리 헨더슨, 박행웅·이종삼 옮김, 『소용돌이의 한국정치』, 한울아카데미, 2000, 346쪽.

49) 그레고리 헨더슨, 박행웅·이종삼 옮김, 『소용돌이의 한국정치』, 한울아카데미, 2000, 514~519쪽.

50) 그레고리 헨더슨, 박행웅·이종삼 옮김, 『소용돌이의 한국정치』, 한울아카데미, 2000, 51쪽.

51) 김인영, 「당파적 사회의 협의제와 조합주의」, 김재한 편, 『분열의 민주주의』, 소화, 2001, 209쪽.

52) 이동욱, 『민족계몽의 초석 방응모』, 지구촌, 1998, 178쪽.

53) 최유리, 『일제 말기 식민지 지배정책연구』, 국학자료원, 1997, 40쪽.

54) 최현철, 「일제하 지하신문연구: 1920년대를 중심으로」, 『언론과 사회』, 제5호(1994년 가을), 57~58쪽에서 재인용.

55) 김화성, 「1936년 8월 10일 새벽 『동아일보』 앞 뜨거웠던 함성」, 『동아일보』, 2006년 4월 1일자; 천정환, 『끝나지 않는 신드롬: 친일과 반일을 넘어선 식민지시대 다시 읽기』, 푸른역사, 2005, 23쪽.

56) 김화성, 「1936년 8월 10일 새벽 『동아일보』 앞 뜨거웠던 함성」, 『동아일보』, 2006년 4월 1일자.

57) 김창희, 「'베를린 영웅' 손기정 옹 다시 찾은 그날 그 자리」, 『동아일보』, 1996년 8월 9일, 5면.

58) 기영노, 『스포츠, 그 불멸의 기록』, 문학사상사, 2006, 89~93쪽.

59) 천정환, 『끝나지 않는 신드롬: 친일과 반일을 넘어선 식민지시대 다시 읽기』, 푸른역사, 2005, 55~56, 74쪽.

60) 정진석, 『역사와 언론인』, 커뮤니케이션북스, 2001, 305~306쪽.

61) 정운현, 「한국 신문호외의 기원과 발달에 관한 연구」, 고려대학교 언론대학원 석사학위논문, 2000년 6월, 46쪽.

62) 양종구, 「32년 LA올림픽 마라톤 보도도 일장기 지워」, 『동아일보』, 2007년 4월 2일, A17면.

63) 한홍구, 「한홍구의 역사이야기: 조선은 죽어라 달린다」, 『한겨레21』, 2002년 11월 28일자.

64) 천정환, 『끝나지 않는 신드롬: 친일과 반일을 넘어선 식민지시대 다시 읽기』, 푸른역사, 2005, 76쪽.

65) 천정환, 『끝나지 않는 신드롬: 친일과 반일을 넘어선 식민지시대 다시 읽기』, 푸른역사, 2005, 77쪽.

66) 한홍구, 「한홍구의 역사이야기: 조선은 죽어라 달린다」, 『한겨레21』, 2002년 11월 28일자.

67) 한홍구, 「한홍구의 역사이야기: 조선은 죽어라 달린다」, 『한겨레21』, 2002년 11월 28일자.

68) 한홍구, 「한홍구의 역사이야기: 조선은 죽어라 달린다」, 『한겨레21』, 2002년 11월 28일자; 김화성, 「『동아일보』 일장기 말소 사건 …… 귀국길 손선수 "심경 대변 감사"」, 『동아일보』, 2002년 11월 16일, 30면.

69) 『미디어오늘』, 1995년 7월 12일, 10면.

70) 김광희, 「일장기 말소 사건 재조명 할 때」, 『동아일보』, 1999년 9월 9일, 7면.

71) 손석춘, 「매체 비평: '일장기 말소 사건' 또 자사 홍보」, 『한겨레』, 1996년 8월 14일, 16면.

72) 김광희, 「일장기 말소사건 재조명 할 때」, 『동아일보』, 1999년 9월 9일, 7면.

73) 김화성, 「『동아일보』 일장기 말소 사건 …… 귀국길 손선수 "심경 대변 감사"」, 『동아일보』, 2002년 11월 16일, 30면.

74) 전승훈, 「'손기정 선수 일장기 말소 사건' 주역 이길용기자 회고록 발견」, 『동아일보』, 2005년 12월 26일, 2면.

75) 양종구, 「"손기정 선생님, 뵐 낯이 없습니다"」, 『동아일보』, 2006년 9월 7일, A34면.

76) 이정식, 『몽양 여운형: 시대와 사상을 초월한 융화주의자』, 서울대학교출판부, 2008, 425쪽.

77) 이정식, 『몽양 여운형: 시대와 사상을 초월한 융화주의자』, 서울대학교출판부, 2008, 437~439쪽.

78) 정진석, 『역사와 언론인』, 커뮤니케이션북스, 2001, 314~315쪽; 전봉관, 「중앙보육학교 박희도 교장의 '여 제자 정조 유린' 사건: 파렴치한 성추행인가, 악의적 무고인가? 불꽃 튀는 진실게임」, 『경성기담: 근대 조선을 뒤흔든 살인사건과 스캔들』, 살림, 2006, 139~182쪽.

79) 전봉관, 「전봉관의 '옛날 잡지를 보러가다' ③ 중앙보육학교 박희도 교장의 '여제자 정조유린' 사건: 파렴치한 성추행 vs 악의적 무고 불꽃 튀는 진실게임」, 『신동아』, 2005년 9월호.

80) 전봉관, 「전봉관의 '옛날 잡지를 보러가다' ③ 중앙보육학교 박희도 교장의 '여제자 정조유린' 사건: 파렴치한 성추행 vs 악의적 무고 불꽃 튀는 진실게임」, 『신동아』, 2005년 9월호.

81) 박용규, 「일제하 시대, 중외·중앙·조선중앙일보에 관한 연구: 창간배경과 과정, 자본과 운영, 편집진의 구성과 특성을 중심으로」, 『언론과 정보』, 부산대학교 언론정보연구소, 제2호 (1996년), 110쪽.

82) 최민지·김민주, 『일제하 민족언론사론』, 일월서각, 1978, 162쪽.

83) 「언론권력: 제2부 추악한 과거 (1) 『조선일보』의 친일 곡필」, 『한겨레』, 2001년 3월 28일, 1면.

84) 최준, 『한국신문사』, 일조각, 1987, 323~324, 334~335쪽.

85) 최준, 『한국신문사』, 일조각, 1987, 324쪽.

86) 한국민족문제연구소, 『청산하지 못한 역사 2: 한국현대사를 움직인 친일파 60』, 청년사, 1994, 257~258쪽.

87) 정운현, 「언론계의 친일인맥」, 정운현·김삼웅 편, 『친일파 III: 일제하 기득권자들의 좌절과 변절』, 학민사, 1993, 19쪽.

88) 최유리, 『일제 말기 식민지 지배정책연구』, 국학자료원, 1997, 43~44쪽.

89) 한국민족문제연구소, 『청산하지 못한 역사 2: 한국현대사를 움직인 친일파 60』, 청년사, 1994, 258~260쪽.

90) 송건호, 『직필과 곡필: 송건호 전집 10』, 한길사, 2002, 120쪽.

제6장

1) 서중석, 「韓國史 속의 만주 (10) 일제하 만주이주와 독립운동」, 『경향신문』, 2004년 3월 11일, 12면.

2) 김한종, 『역사왜곡과 우리의 역사교육』, 책세상, 2001, 167쪽.

3) 윤영아, 「김일성 항일투쟁 '보천보 전투', 교과서 수록 파문」, 『세계일보』, 2002년 8월 7일, 22면.

4) 한홍구, 『대한민국사 02: 아리랑 김산에서 월남 김상사까지』, 한겨레신문사, 2003, 151~152쪽.

5) 한홍구, 『대한민국사 02: 아리랑 김산에서 월남 김상사까지』, 한겨레신문사, 2003, 151~152쪽.

6) 신용하, 『한국 항일독립운동사연구』, 경인문화사, 2006, 457~458쪽.

7) 김지영, 「여적: 보천보 전투」, 『경향신문』, 2002년 8월 8일, 6면.

8) 「사설: '보천보 전투'가 교과서에」, 『조선일보』, 2002년 8월 8일자.

9) 곽대중, 「'똑똑한 바보' 도올 김용옥 선생 정신 좀 차리시오!: 김용옥의 EBS '한국독립운동사' 비판」, 『월간조선』, 2005년 10월, 162~173쪽.

10) 곽대중, 「'똑똑한 바보' 도올 김용옥 선생 정신 좀 차리시오!: 김용옥의 EBS '한국독립운동사' 비판」, 『월간조선』, 2005년 10월, 162~173쪽.

11) 고승우, 「동아의 보천보 전투 인쇄판, 항일의미 담았었나?」, 『미디어오늘』, 2007년 12월 5일자.

12) 한홍구, 『대한민국사 02: 아리랑 김산에서 월남 김상사까지』, 한겨레신문사, 2003, 155쪽.

13) 남종호, 「모택동 자서전의 시대배경」, 해방군문예출판사 편, 남종호 역, 『모택동 자서전』, 다락원, 2002, 193~195쪽; 이주천, 「제8장 1930년대의 외교(1930~1939)」, 차상철 외, 『미국

외교사: 워싱턴 시대부터 루즈벨트 시대까지(1774~1939)』, 비봉출판사, 1999, 360~361쪽.

14) 한중일3국공동역사편찬위원회, 『미래를 여는 역사: 한중일이 함께 만든 동아시아 3국의 근현대사』, 한겨레출판, 2005, 144쪽.

15) 한승동, 「'역사 물타기'에 취한 일본」, 『한겨레 21』, 제670호(2007년 7월 26일).

16) 하종대, 「난징대학살 70돌, 실리 앞에 숨죽인 反日」, 『동아일보』, 2007년 12월 15일자.

17) 이이화, 『해방 그날이 오면: 한국사 이야기 21』, 한길사, 2004, 212쪽.

18) 황호택, 「대학살 70주년 맞는 난징」, 『동아일보』, 2007년 7월 4일자.

19) 신동준, 『근대일본론: 군국 일본의 국가제도와 그 운용자들』, 지식산업사, 2004, 28쪽.

20) 한 · 중 · 일3국공동역사편찬위원회, 『미래를 여는 역사: 한중일이 함께 만든 동아시아 3국의 근현대사』, 한겨레출판, 2005, 146쪽.

21) 이창위, 「패전 60년, 다시 불거진 일왕 전쟁책임론: 히로히토, 독가스 사용 · 731 부대 마루타 실험 허가했다」, 『신동아』, 2005년 8월호.

22) 한 · 중 · 일3국공동역사편찬위원회, 『미래를 여는 역사: 한중일이 함께 만든 동아시아 3국의 근현대사』, 한겨레출판, 2005, 155쪽.

23) 남종호, 「모택동 자서전의 시대배경」, 해방군문예출판사 편, 남종호 역, 『모택동 자서전』, 다락원, 2002, 197~198쪽.

24) 송건호, 『직필과 곡필: 송건호 전집 10』, 한길사, 2002, 49쪽.

25) 장신, 「1930년대 언론의 상업화와 조선 · 동아일보의 선택」, 『역사비평』, 통권 70호(2005년 봄), 185쪽.

26) 장신, 「1930년대 언론의 상업화와 조선 · 동아일보의 선택」, 『역사비평』, 통권 70호(2005년 봄), 185~186쪽.

27) 「언론권력: 제2부 추악한 과거 (1) 『조선일보』의 친일 곡필」, 『한겨레』, 2001년 3월 28일, 1면.

28) 장신, 「1930년대 언론의 상업화와 조선 · 동아일보의 선택」, 『역사비평』, 통권 70호(2005년 봄), 187~188쪽.

29) 이상옥, 『이효석: 참여에서 순수로』, 건국대학교출판부, 1997, 33쪽; 이중연, 『황국신민』의 시대』, 혜안, 2003, 51~52쪽.

30) 권재현, 「이준식 · 권명아 교수 논문 "中日전쟁 결과가 親日지식인 양산"」, 『동아일보』, 2004년 5월 22일자.

31) 정병욱, 「경성 유학생 강상규, 독립을 열망하다(上)」, 『역사비평』, 통권 83호(2008년 여름), 232쪽.

32) 이은숙, 「제7장 이민문학을 통해서 본 1930년대 북간도 조선이민의 공간인지: 박계주의 작품을 중심으로」, 『우리 국토에 새겨진 문화와 역사』, 논형, 2003, 202~203쪽.

33) 김학철, 『최후의 분대장: 김학철 자서전』, 문학과지성사, 1995, 113, 117쪽.

34) 한상도, 『대륙에 남긴 꿈: 김원봉의 항일역정과 삶』, 역사공간, 2006, 90쪽.

35) 한상도, 『대륙에 남긴 꿈: 김원봉의 항일역정과 삶』, 역사공간, 2006, 97, 112쪽.

36) 김희곤, 「실록 대한민국임시정부 – '윤봉길 거사' 직후 7곳 옮겨다녀: 제2부 (1) 새로운 근거

지를 찾아서」, 『조선일보』, 2005년 3월 9일자.

37) 한상도, 『대륙에 남긴 꿈: 김원봉의 항일역정과 삶』, 역사공간, 2006, 97, 112쪽; 한윤정, 「다시 쓰는 한반도 100년 (23) 매년 '축제' 같았던 中망명객들의 기념식」, 『경향신문』, 2002년 1월 19일, 7면.

38) 권희영, 『한국과 러시아: 관계와 변화』, 국학자료원, 1999, 265쪽.

39) 이선민, 「불모의 땅 달리며 울고 또 울었던 그들 …… 광복절에 돌아보는 '고려인 140년'」, 『조선일보』, 2004년 8월 14일자.

40) 박민영, 「제2장 러시아」, 한국근현대사학회 엮음, 『한국독립운동사강의』, 한울아카데미, 1998, 217쪽.

41) 신주백, 「해외이민의 사회사」, 한국역사연구회, 『우리는 지난 100년 동안 어떻게 살았을까 2』, 역사비평사, 1998, 71쪽.

42) 「사설: 강제이주 70년, 무국적으로 고통받는 '고려인'」, 『조선일보』, 2007년 8월 20일자.

43) 강만길, 『회상의 열차를 타고: 고려인 강제이주 그 통한의 길을 가다』, 한길사, 1999, 74~75쪽.

44) 강만길, 『회상의 열차를 타고: 고려인 강제이주 그 통한의 길을 가다』, 한길사, 1999, 75쪽.

45) 신주백, 「해외이민의 사회사」, 한국역사연구회, 『우리는 지난 100년 동안 어떻게 살았을까 2』, 역사비평사, 1998, 70쪽; 이훈성, 「정상진 북한 제1부상 출신 카자흐스탄 평론가 초청 강연: "70년 전 강제이주 가축용 열차에서 김동환 시 읊으며 고려인 설움 달래"」, 『한국일보』, 2007년 6월 16일자.

46) 권희영, 『한국과 러시아: 관계와 변화』, 국학자료원, 1999, 120, 137쪽.

47) 최규진, 「김단야, 기억 저 편에서 드높고 허망한」, 『진보평론』, 제4호(2000년 여름), 342~344쪽; 이철, 『경성을 뒤흔든 11가지 연애사건』, 다산초당, 2008, 292~299쪽.

48 연희희, 「소련-중앙아시아 강제이주의 수난사」, 『역사비평』, 계간 14호(1991년 가을), 229~230쪽.

49) 이선민, 「불모의 땅 달리며 울고 또 울었던 그들 …… 광복절에 돌아보는 '고려인 140년'」, 『조선일보』, 2004년 8월 14일자.

50) 표상용, 「고려인 강제이주 70주년의 부끄러움」, 『조선일보』, 2007년 2월 7일, A35면.

51) 「사설: 강제이주 70년, 무국적으로 고통받는 '고려인'」, 『조선일보』, 2007년 8월 20일자.

52) 배명복, 「카레이스키 디아스포라」, 『중앙일보』, 2008년 4월 24일자.

53) 이해석, 「"고려인들의 가장 큰 소망 죽기 전에 고국땅 밟는 것", 125명 이끌고 방문 김재영·오채선 씨」, 『중앙일보』, 2008년 6월 5일자.

제7장

1) 전봉관, 「[토요 연재] 30년대 조선을 거닐다 (6) '낙토(樂土) 만주' 이민 열풍」, 『조선일보』, 2005년 11월 12일자.

2) 전봉관, 「[토요 연재] 30년대 조선을 거닐다 (6) '낙토(樂土) 만주' 이민 열풍」, 『조선일보』, 2005년 11월 12일자.

3) 윤해동, 『식민지의 회색지대: 한국의 근대성과 식민주의 비판』, 역사비평사, 2003, 234~235쪽.

4) 김중순, 유석춘 역, 『문화민족주의자 김성수』, 일조각, 1998, 102쪽.

5) 금도은, 「초대석: 『대군의 척후』 펴낸 경제연구가 주익종 박사」, 『동아일보』, 2008년 2월 14일자.

6) 서중석, 『한국현대민족운동연구: 해방후 민족국가 건설운동과 통일전선』, 역사비평사, 1991, 56~57쪽.

7) 한승동, 「"일제의 한국경제 영향 평가 실력양성 측면도 인정해야"」, 『한겨레』, 2008년 2월 17일자.

8) 정태헌, 『한국의 식민지적 근대성찰: 근대주의 비판과 평화공존의 역사학 모색』, 선인, 2007, 209쪽.

9) 카터 J. 에커트, 주익종 옮김, 『제국의 후예: 고창 김씨가와 한국 자본주의의 식민지 기원, 1876~1945』, 푸른역사, 2008, 71쪽.

10) 카터 J. 에커트, 주익종 옮김, 『제국의 후예: 고창 김씨가와 한국 자본주의의 식민지 기원, 1876~1945』, 푸른역사, 2008, 372쪽.

11) 정태헌, 『한국의 식민지적 근대성찰: 근대주의 비판과 평화공존의 역사학 모색』, 선인, 2007, 232쪽.

12) 카터 J. 에커트, 주익종 옮김, 『제국의 후예: 고창 김씨가와 한국 자본주의의 식민지 기원, 1876~1945』, 푸른역사, 2008, 378쪽.

13) 카터 J. 에커트, 주익종 옮김, 『제국의 후예: 고창 김씨가와 한국 자본주의의 식민지 기원, 1876~1945』, 푸른역사, 2008, 378쪽.

14) 카터 J. 에커트, 주익종 옮김, 『제국의 후예: 고창 김씨가와 한국 자본주의의 식민지 기원, 1876~1945』, 푸른역사, 2008, 379쪽.

15) 정태헌, 『한국의 식민지적 근대성찰: 근대주의 비판과 평화공존의 역사학 모색』, 선인, 2007, 233~234쪽.

16) 정태헌, 『한국의 식민지적 근대성찰: 근대주의 비판과 평화공존의 역사학 모색』, 선인, 2007, 234쪽.

17) 카터 J. 에커트, 주익종 옮김, 『제국의 후예: 고창 김씨가와 한국 자본주의의 식민지 기원, 1876~1945』, 푸른역사, 2008, 9~10쪽.

18) 주익종, 『대군의 척후: 일제하의 경성방직과 김성수·김연수』, 푸른역사, 2008, 332~333쪽.

19) 손제민, 「이사람: 주익종 박사 "식민지 기업의 日협력과 친일 구분해야"」, 『경향신문』, 2008년 2월 16일자.

20) 주익종, 『대군의 척후: 일제하의 경성방직과 김성수·김연수』, 푸른역사, 2008, 340쪽.

21) 주익종, 『대군의 척후: 일제하의 경성방직과 김성수·김연수』, 푸른역사, 2008, 354~355쪽.

22) 주익종, 『대군의 척후: 일제하의 경성방직과 김성수·김연수』, 푸른역사, 2008, 324, 327쪽.

23) 주익종, 『대군의 척후: 일제하의 경성방직과 김성수·김연수』, 푸른역사, 2008, 329~330쪽.

24) 한승동, 「"일제의 한국경제 영향 평가 실력양성 측면도 인정해야"」, 『한겨레』, 2008년 2월 17일자.

25) 김희곤, 「실록 대한민국임시정부-제2부 (1) 새로운 근거지를 찾아서: '윤봉길 거사' 직후 7곳 옮겨 다녀」, 『조선일보』, 2005년 3월 9일자; 김구, 도진순 주해, 『백범일지: 백범 김구 자서전』, 돌베개, 2002, 368~369쪽.

26) 김희곤, 「실록 대한민국임시정부-제2부 (1) 새로운 근거지를 찾아서: '윤봉길 거사' 직후 7곳 옮겨 다녀」, 『조선일보』, 2005년 3월 9일자.

27) 한상도, 『대륙에 남긴 꿈: 김원봉의 항일역정과 삶』, 역사공간, 2006, 122~130쪽.

28) 김호웅·김혜양 편저, 『김학철 평전』, 실천문학사, 2007, 119~120쪽.

29) 염인호, 『김원봉연구: 의열단, 민족혁명당 40년사』, 창작과비평사, 1992, 106~107쪽.

30) 김호웅·김혜양 편저, 『김학철 평전』, 실천문학사, 2007, 119쪽; 심지연, 『조선신민당연구』, 동녘, 1988, 27쪽.

31) 심지연, 『김두봉 연구: 잊혀진 혁명가의 초상』, 인간사랑, 1993, 82~83쪽.

32) 한상도, 『대륙에 남긴 꿈: 김원봉의 항일역정과 삶』, 역사공간, 2006, 74쪽.

33) 한상도, 『대륙에 남긴 꿈: 김원봉의 항일역정과 삶』, 역사공간, 2006, 74쪽.

34) 이동렬, 「조선의용대 '마지막 분대장' 김학철 옹 "남북 모두 독립 운동사 왜곡"」, 『한국일보』, 2001년 6월 5일, 31면.

35) 이승하, 「이해 못할 '친일파 이해론'」, 『문화일보』, 2004년 2월 7일, 6면.

36) 이위재, 「한국 찾은 아들 고영광씨, 41년 출간 『아리랑』 초판 원본 받아」, 『조선일보』, 2002년 12월 10일자; 백선기·홍정선, 「한 장의 사진과 김산의 생애」, 『문학과 사회』, 제44호(1998년 겨울), 1515쪽.

37) 박민희, 「김산을 부르마」, 『한겨레21』, 2003년 6월 12일자.

38) 한홍구, 『대한민국사 02: 아리랑 김산에서 월남 김상사까지』, 한겨레신문사, 2003, 131~132쪽.

39) 조정진, 「"아버지 항일운동 공식인정 뿌듯", 독립유공자 서훈 김산 아들 고영광 씨」, 『세계일보』, 2005년 8월 5일, 25면.

40) 백선기·홍정선, 「한 장의 사진과 김산의 생애」, 『문학과 사회』, 제44호(1998년 겨울), 1515~1529쪽.

41) 정철훈, 「27세 때 김산의 모습, 홍정선 씨 『아리랑……』의 주인공 사진공개」, 『국민일보』, 1998년 11월 13일자.

42) 박록삼, 「항일혁명가 김산 아들 한국 왔다, 고영광 씨 재외동포재단 초청받아」, 『서울신문』, 2002년 12월 10일, 23면.

43) 이위재, 「한국 찾은 아들 고영광 씨, 41년 출간 『아리랑』 초판 원본 받아」, 『조선일보』, 2002년 12월 10일자.

44) 「사설: 사회주의 독립운동가의 復權」, 『경향신문』, 2005년 8월 4일, 27면; 조정진, 「"아버지

항일운동 공식인정 뿌듯", 독립유공자 서훈 김산 아들 고영광 씨」, 『세계일보』, 2005년 8월 5일, 25면.

45) 임종국, 반민족연구소 엮음, 『실록 친일파』, 돌베개, 1996, 169~170쪽.

46) 임종국, 반민족연구소 엮음, 『실록 친일파』, 돌베개, 1996, 211쪽.

47) 한윤정, 「다시 쓰는 한반도 100년 (14) 일제의 '황민화 기본방책' 문건」, 『경향신문』, 2001년 11월 17일, 7면.

48) 최유리, 『일제 말기 식민지 지배정책연구』, 국학자료원, 1997, 179쪽.

49) 김삼웅, 『친일정치 100년사』, 동풍, 1995, 161~162쪽.

50) 송건호, 『한국현대사 2: 송건호 전집 4』, 한길사, 2002, 30쪽.

51) 송건호, 『한국현대사 2: 송건호 전집 4』, 한길사, 2002, 30쪽.

52) 유종호, 『나의 해방전후 1940~1949』, 민음사, 2004, 40쪽.

53) 다카사키 소지, 이규수 옮김, 『식민지 조선의 일본인들: 군인에서 상인, 그리고 게이샤까지』, 역사비평사, 2006, 166쪽.

54) 박완서, 『두부: 박완서 산문집』, 창작과비평사, 2002, 177~178쪽.

55) 지명관, 『경계를 넘는 여행자』, 다섯수레, 2006, 23, 29쪽.

56) 「언론권력: 제2부 추악한 과거 (1) 『조선일보』의 친일 곡필」, 『한겨레』, 2001년 3월 28일, 1면.

57) 역사학연구소, 『메이데이 100년의 역사』, 서해문집, 2004, 81쪽.

58) 박용규, 「일제 말기(1937~1945)의 언론통제정책과 언론구조변동」, 『한국언론학보』, 제46~1호(2001년 겨울), 201쪽.

59) 최민지·김민주, 『일제하 민족언론사론』, 일월서각, 1978, 149~150쪽.

60) 다이애너 기틴스, 안호용·김홍주·배선희, 『가족은 없다: 가족이데올로기의 해부』, 일신사, 1997, 196쪽.

61) 이임하, 『계집은 어떻게 여성이 되었나: 한국 근현대사 속의 여성 이야기』, 서해문집, 2004, 21~22쪽.

62) 오성철, 『식민지 초등교육의 형성』, 교육과학사, 2000, 346~347쪽.

63) 오성철, 『식민지 초등교육의 형성』, 교육과학사, 2000, 347쪽.

64) 이범진, 「"한국인 이중징용, 고이소 총리가 지시": 1944년 일본 각료회의 극비문서 발견」, 『주간조선』, 2004년 9월 30일자.

65) 주동황·김해식·박용규, 『한국언론사의 이해』, 전국언론노동조합연맹, 1997, 45~47쪽.

66) 「언론권력: 제2부 추악한 과거 (1) 『조선일보』의 친일 곡필」, 『한겨레』, 2001년 3월 28일, 1면.

67) 송건호, 『한국현대사 2: 송건호 전집 4』, 한길사, 2002, 21~22쪽.

68) 변은진, 「전시파시즘하 국내 민족해방운동의 변화」, 강만길 외, 『통일지향 우리민족해방운동사』, 역사비평사, 2000, 226쪽.

69) 이중연, 『'황국신민'의 시대』, 혜안, 2003, 55~56쪽.

70) 이중연, 『'황국신민'의 시대』, 혜안, 2003, 61~62쪽.

71) 지수걸, 「조선 정치사상범 탄압을 문제삼아야 할 이유: 일제의 광기와 대학살」, 『역사비평』,

통권 45호(1998년 겨울), 101쪽.

72) 김민철, 「일제하 사회주의자들의 전향 논리」, 『역사비평』, 계간 28호(1995년 봄), 240쪽.

73) 송건호, 『한국현대사 2: 송건호 전집 4』, 한길사, 2002, 21~22쪽.

74) 김민철, 「일제하 사회주의자들의 전향 논리」, 『역사비평』, 계간 28호(1995년 봄), 240쪽.

75) 「언론권력: 제2부 추악한 과거 (1) 『조선일보』의 친일 곡필」, 『한겨레』, 2001년 3월 28일, 1면.

76) 임종국, 반민족연구소 엮음, 『실록 친일파』, 돌베개, 1996, 137쪽.

77) 임종국, 반민족연구소 엮음, 『실록 친일파』, 돌베개, 1996, 212~214쪽.

78) 민족문제연구소, 「황국의 영웅, 조국의 배신자 (44) 박희도(1889~1951)」, 『노동일보』, 2002 년 8월 6일자.

79) 정운현, 「정직한 역사 되찾기: 친일의 군상(5회)」, 『서울신문』, 1998년 9월 7일, 6면.

80) 모던일본, 윤소영 외 옮김, 『일본잡지 모던일본과 조선 1939: 완역 『모던일본』 조선판 1939 년』, 어문학사, 2007, 9, 524쪽.

81) 윤치호, 김상태 편역, 『윤치호 일기 1916~1943: 한 지식인의 내면세계를 통해 본 식민지시 기』, 역사비평사, 2001, 436쪽.

82) 정운현, 「정직한 역사 되찾기: 친일의 군상(24회)」, 『서울신문』, 1999년 2월 8일, 13면.

83) 그레고리 헨더슨, 박행웅·이종삼 옮김, 『소용돌이의 한국정치』, 한울아카데미, 2000, 176쪽.

84) 윤해동, 『식민지의 회색지대: 한국의 근대성과 식민주의 비판』, 역사비평사, 2003, 47쪽.

85) 이중연, 『'황국신민'의 시대』, 혜안, 2003, 29쪽.

86) 윤해동, 『식민지의 회색지대: 한국의 근대성과 식민주의 비판』, 역사비평사, 2003, 24쪽.

87) 윤해동, 『식민지의 회색지대: 한국의 근대성과 식민주의 비판』, 역사비평사, 2003, 48쪽.

88) 강성률, 『친일영화』, 로크미디어, 2006, 130쪽.

89) 이영재, 『제국 일본의 조선영화: 식민지 말의 반도~협력의 심정, 제도, 논리』, 현실문화, 2008, 52~53쪽.

제8장

1) 이병담, 『한국 근대아동의 탄생』, 제이앤씨, 2007, 63~64쪽.

2) 박지향, 『제국주의: 신화와 현실』, 서울대학교출판부, 2000, 277쪽.

3) 한영우, 『역사학의 역사』, 지식산업사, 2002, 307~310쪽; 박인호, 『한국사학사대요』, 이회, 2001, 198~217쪽; 신형식, 『한국사학사』, 삼영사, 1999, 255~259쪽.

4) 윤치호, 김상태 편역, 『윤치호 일기 1916~1943: 한 지식인의 내면세계를 통해 본 식민지시 기』, 역사비평사, 2001, 336쪽.

5) 윤치호, 김상태 편역, 『윤치호 일기 1916~1943: 한 지식인의 내면세계를 통해 본 식민지시 기』, 역사비평사, 2001, 355~356쪽.

6) 서중석, 『한국현대민족운동연구: 해방후 민족국가 건설운동과 통일전선』, 역사비평사, 1991, 81~82쪽.

7) 이민원, 『한국의 황제』, 대원사, 2001, 43~44쪽.

8) 박은식, 김승일 옮김, 『한국통사』, 범우사, 1999, 3쪽.

9) 정옥자, 「새로 쓰는 선비론 (22) 백암 박은식: 애국계몽—항일무장투쟁 병행 지행일치 실천한 '노소년'」, 『동아일보』, 1998년 3월 13일, 30면; 한영우, 『역사학의 역사』, 지식산업사, 2002, 248쪽.

10) 한영우, 『역사학의 역사』, 지식산업사, 2002, 247쪽.

11) 신용하, 『일제강점기 한국민족사(중)』, 서울대학교출판부, 2002, 144쪽.

12) 신용하, 『일제강점기 한국민족사(상)』, 서울대학교출판부, 2002, 31쪽.

13) 정지환, 「조선사편수회가 남긴 이병도 행적기」, 『시민의신문』, 2006년 7월 1일자; 신형식, 『한국사학사』, 삼영사, 1999, 254~255쪽.

14) 정지환, 「조선사편수회가 남긴 이병도 행적기」, 『시민의신문』, 2006년 7월 1일자.

15) 송건호, 『한국현대사 2: 송건호 전집 4』, 한길사, 2002, 39~40쪽.

16) 신복룡, 「신복룡 교수의 한국사 새로보기 (17) 두계학파와 실증사학」, 『동아일보』, 2001년 7월 28일, 12면.

17) 신복룡, 「신복룡교수의 한국사 새로보기 (17) 두계학파와 실증사학」, 『동아일보』, 2001년 7월 28일, 12면.

18) 김일수, 「이병도와 김석형: 실증사학과 주체사학의 분립」, 『역사비평』, 통권 82호(2008년 봄), 100~101쪽.

19) 조동걸, 『현대 한국사학사』, 나남출판, 1998, 44쪽.

20) 한승동, 「야나기는 진정 조선예술을 사랑했을까」, 『한겨레』, 2007년 9월 29일자.

21) 정운현, 『서울시내 일제유산답사기』, 한울, 1995, 51쪽.

22) 한승동, 「야나기는 진정 조선예술을 사랑했을까」, 『한겨레』, 2007년 9월 29일자.

23) 정일성, 『야나기 무네요시의 두 얼굴: 민예운동가인가, 문화정치 이데올로그인가』, 지식산업사, 2007, 8쪽.

24) 정일성, 『야나기 무네요시의 두 얼굴: 민예운동가인가, 문화정치 이데올로그인가』, 지식산업사, 2007, 11쪽.

25) 정일성, 『야나기 무네요시의 두 얼굴: 민예운동가인가, 문화정치 이데올로그인가』, 지식산업사, 2007, 235쪽.

26) 한영우, 『한국민족주의역사학』, 일조각, 1994, 209~210쪽.

27) 한영우, 『한국민족주의역사학』, 일조각, 1994, 210쪽.

28) 필립 모로 드파르쥐, 이대희 · 최연구 옮김, 『지정학 입문: 공간과 권력의 정치학』, 새물결, 1997, 15, 45쪽.

29) 이원순, 「국민을 어디로 끌고 가려는 역사교육인가」, 이원순 · 정재정 편저, 『일본 교과서, 무엇이 문제인가: 올바른 역사인식을 위한 비판과 제언』, 동방미디어, 2002, 11~22쪽; 정재정, 「일본 역사교과서에 나타난 한국사관의 특징」, 이원순 · 정재정 편저, 『일본 교과서, 무엇이 문제인가: 올바른 역사인식을 위한 비판과 제언』, 동방미디어, 2002, 71~107쪽.

30) 김동춘, 『1997년 이후 한국사회의 성찰: 기업사회로의 변환과 과제』, 길, 2006, 477~478쪽.

31) 차성수, 「융합·잡종의 반도기질」, 『경향신문』, 2005년 5월 30일, 5면.

32) 조선일보사 사료연구실, 『조선일보 사람들: 일제시대편』, 랜덤하우스중앙, 2004, 315쪽.

33) 김윤식, 『이광수와 그의 시대 2』, 솔, 1999, 334쪽.

34) 이상진, 『한국근대작가 12인의 초상』, 옛오늘, 2004, 34쪽.

35) 조선일보사 사료연구실, 『조선일보 사람들: 일제시대편』, 랜덤하우스중앙, 2004, 316~317 쪽; 김병익, 『한국문단사 1908~1970』, 문학과지성사, 2001, 233~234쪽.

36) 정운현, 「정직한 역사 되찾기: 친일의 군상」, 『서울신문』, 1998년 9월 7일, 6면.

37) 김상태, 「평안도 기독교 세력과 친미엘리트의 형성」, 『역사비평』, 통권 45호(1998년 겨울), 186~187쪽.

38) 김상태, 「평안도 기독교 세력과 친미엘리트의 형성」, 『역사비평』, 통권 45호(1998년 겨울), 187쪽.

39) 윤치호, 김상태 편역, 『윤치호 일기 1916~1943: 한 지식인의 내면세계를 통해 본 식민지시 기』, 역사비평사, 2001, 305쪽.

40) 송건호, 『한국현대사 2: 송건호 전집 4』, 한길사, 2002, 93쪽; 양현혜, 『윤치호와 김교신: 근 대조선에 있어서 민족적 아이덴티티와 기독교』, 한울, 1994, 92~93쪽.

41) 정병준, 『우남 이승만연구: 한국 근대국가의 형성과 우파의 길』, 역사비평사, 2005, 390~ 393쪽.

42) 양현혜, 『윤치호와 김교신: 근대조선에 있어서 민족적 아이덴티티와 기독교』, 한울, 1994, 94쪽; 윤치호, 김상태 편역, 『윤치호 일기 1916~1943: 한 지식인의 내면세계를 통해 본 식 민지시기』, 역사비평사, 2001, 415~416쪽.

43) 김상태, 「일제하 신흥우의 '사회복음주의'와 민족운동론」, 역사문제연구소, 『역사문제연구 1』, 역사비평사, 1996, 201쪽.

44) 장규식, 『일제하 한국 기독교민족주의 연구』, 혜안, 2001, 211~212쪽.

45) 박찬승, 『민족주의의 시대: 일제하의 한국 민족주의』, 경인문화사, 2007, 333쪽.

46) 박헌호, 「이태준과 한국 근대소설의 성격」, 소명출판, 1999, 97쪽.

47) 장규식, 『일제하 한국 기독교민족주의 연구』, 혜안, 2001, 211~212쪽.

48) 윤치호, 김상태 편역, 『윤치호 일기 1916~1943: 한 지식인의 내면세계를 통해 본 식민지시 기』, 역사비평사, 2001, 560쪽.

49) 김상태, 「일제하 신흥우의 '사회복음주의'와 민족운동론」, 역사문제연구소, 『역사문제연구 1』, 역사비평사, 1996, 199쪽.

50) 전택부, 『한국 기독교청년회 운동사』, 범우사, 1994, 395쪽.

51) 김상태 편역, 『윤치호 일기 1916~1943: 한 지식인의 내면세계를 통해 본 식민지시기』, 역사 비평사, 2001, 591~592쪽.

52) 김성현, 「'左·右'가 함께 쓴 홍난파」, 『조선일보』, 2006년 5월 13일자.

53) 「사설: 일제하 조선인의 삶을 친일·반일 잣대로만 잴 순 없다」, 『조선일보』, 2008년 4월

31일자.

54) 윤정란, 『한국기독교 여성운동의 역사: 1910년~1945년』, 국학자료원, 2003, 174~175쪽.

55) 양현혜, 『윤치호와 김교신: 근대조선에 있어서 민족적 아이덴티티와 기독교』, 한울, 1994, 160쪽.

56) 김세령, 「전영택의 초기소설 연구」, 상허학회, 『1920년대 동인지 문학과 근대성 연구: 상허학보 2집』, 깊은샘, 2000, 250~251쪽.

57) 윤치호, 김상태 편역, 『윤치호 일기 1916~1943: 한 지식인의 내면세계를 통해 본 식민지시기』, 역사비평사, 2001, 548쪽.

58) 윤치호, 김상태 편역, 『윤치호 일기 1916~1943: 한 지식인의 내면세계를 통해 본 식민지시기』, 역사비평사, 2001, 553쪽.

59) 박석분 · 박은봉, 『여성인물사: 한국편』, 새날, 1994, 244~245쪽.

60) 심승희, 『서울 시간을 기억하는 공간』, 나노미디어, 2004, 26쪽.

61) 송건호, 『한국현대사 2: 송건호 전집 4』, 한길사, 2002, 27쪽.

62) 한국기독교역사연구소, 『한국기독교의 역사 II』, 기독교문사, 1990, 288~289쪽.

63) 윤치호, 김상태 편역, 『윤치호 일기 1916~1943: 한 지식인의 내면세계를 통해 본 식민지시기』, 역사비평사, 2001, 356쪽.

64) 송건호, 『한국현대사 2: 송건호 전집 4』, 한길사, 2002, 27쪽.

65) 박문수, 「일제하 천주교단의 친일활동」, 『역사비평』, 계간 23호(1993년 겨울), 138~148쪽.

66) 윤선자, 『일제의 종교정책과 천주교회』, 경인문화사, 2001, 267, 279쪽.

67) 한국기독교역사연구소, 『한국기독교의 역사 II』, 기독교문사, 1990, 302, 315쪽.

68) 한국기독교역사연구소, 『한국기독교의 역사 II』, 기독교문사, 1990, 320쪽.

69) 한국기독교역사연구소, 『한국기독교의 역사 II』, 기독교문사, 1990, 293쪽.

70) 유영대, 「8 · 15 특집 광복과 기독교 (중) 한국교회의 친일」, 『국민일보』, 2004년 8월 14일, 26면.

71) 민경배, 『한국교회찬송가사』, 연세대학교출판부, 1997, 157쪽.

72) 한국기독교역사연구소, 『한국기독교의 역사 II』, 기독교문사, 1990, 303쪽.

73) 한철호 역, 『미국의 대한정책 1834~1950』, 아세아문화연구소, 1998, 46쪽.

74) 윤치호, 김상태 편역, 『윤치호 일기 1916~1943: 한 지식인의 내면세계를 통해 본 식민지시기』, 역사비평사, 2001, 478쪽.

75) 서정민, 『한국교회의 역사』, 살림, 2003, 48~49쪽.

76) 전주문화재단, 「일제의 전주 침탈과 식민시대 구술실록(1903~1945): 전주 근대생활 조명 100년(1907~2006) 제1권』, 전주문화재단, 2007, 88쪽.

77) 유영대, 「8 · 15 특집 광복과 기독교 (중) 한국교회의 친일」, 『국민일보』, 2004년 8월 14일, 26면.

78) 한국기독교역사연구소, 『한국기독교의 역사 II』, 기독교문사, 1990, 337~338쪽; 양현혜, 『윤치호와 김교신: 근대조선에 있어서 민족적 아이덴티티와 기독교』, 한울, 1994, 193쪽.

79) 지호일, 「만세운동·광복군 …… '남(男) 못잖은 항일투쟁' : 3·1절 88돌—여성독립운동가 열전」, 『국민일보』, 2007년 3월 1일, 3면.

80) 양현혜, 『윤치호와 김교신: 근대조선에 있어서 민족적 아이덴티티와 기독교』, 한울, 1994, 196쪽.

81) 박석분·박은봉, 『여성인물사: 한국편』, 새날, 1994, 249쪽; 이덕일, 「주기철 목사의 일사각오(一死覺悟)」, 『조선일보』, 2007년 11월 9일자.

82) 조연현, 「한국 기독교 120년 숨은 영성가를 찾아 (18) 주기철 목사의 아내 오정모」, 『한겨레』, 2007년 6월 26일자.

83) 한국기독교역사연구소, 『한국기독교의 역사 II』, 기독교문사, 1990, 323쪽.